四川省教育科研重点项目《以文化人的小学语文结构化教学实践研究》(批准号:SCJG22A041)

以文化人
语文结构化教学新思维

刘文虎 ◎ 主编

光明日报出版社

图书在版编目（CIP）数据

以文化人：语文结构化教学新思维 / 刘文虎主编. —北京：光明日报出版社，2025.4. -- ISBN 978－7－5194－8705－8

Ⅰ.G623.202

中国国家版本馆 CIP 数据核字第 2025D7J219 号

以文化人：语文结构化教学新思维
YIWENHUAREN：YUWEN JIEGOUHUA JIAOXUE XINSIWEI

主　　编：刘文虎	
责任编辑：李　晶	责任校对：郭玫君　李学敏
封面设计：中联华文	责任印制：曹　净

出版发行：光明日报出版社
地　　址：北京市西城区永安路 106 号，100050
电　　话：010-63169890（咨询），010-63131930（邮购）
传　　真：010-63131930
网　　址：http：//book.gmw.cn
E － mail：gmrbcbs@ gmw.cn
法律顾问：北京市兰台律师事务所龚柳方律师
印　　刷：三河市华东印刷有限公司
装　　订：三河市华东印刷有限公司
本书如有破损、缺页、装订错误，请与本社联系调换，电话：010-63131930

开　　本：170mm×240mm	
字　　数：336 千字	印　　张：19
版　　次：2025 年 4 月第 1 版	印　　次：2025 年 4 月第 1 次印刷
书　　号：ISBN 978－7－5194－8705－8	
定　　价：89.00 元	

版权所有　　翻印必究

编委会

主　编：刘文虎

副主编：王　琪　　刘文可

编　委：薛江屏　　张　娟　　董晓红　　刘欣仪
　　　　　樊晓莉　　廖洪英　　米　珈　　马　毅
　　　　　张倩影　　马　佳　　李世春　　叶　敏
　　　　　纪　彬　　蒋　毅　　刘亚丽　　李　婧
　　　　　刘　宇　　黄　馨　　黄　莺

前　言

语文是我们的母语，是我们每个人从降生以后就听到的语言、学说的语言，并由此开始学习、与人交流和自我思考。母语让每个幼小的生命从牙牙学语就开始接受文化和文明的熏陶。因此，语文不仅是一门学科，更是文化传承的桥梁、心灵滋养的泉源。语文教育教学应当以立德树人为宗旨，发挥语文学科育人的功能。

在过去十年里，我们通过对区域内学生的语文学业水平监测，以及对区域联盟学校、研究基地学校和实验学校的问卷调查发现，学生在语文学习尤其是在以文化人方面存在以下问题：对文本蕴含的主题兴趣不浓，对内容主旨的理解缺乏层次和逻辑，在价值取向和自我认知发展上受限等。同时，教师在教学中对文本内涵解读不到位，对文本主旨传授不深入，对主题揭示较生硬，教学过程中容易出现碎片化、机械化、标签化的问题，以至于学生难以将所学知识纳入自己的认知结构，也就难以形成内在的个人素养。

为了打破这样的教学僵局，走出这样的育人困境，开创一条有利于学生学业水平提高，有助于教师专业能力成长，并能够提升区域内学校办学品质的有效路径——"以文化人的小学语文结构化教学"实践研究应运而生。我们致力于小学语文结构化教学的育人实践研究，其间经历了"主题结构化""内容结构化""育人结构化"三个阶段，课题研究有较大进展并取得了丰硕的成果，本书即其中研究成果之一。

在"主题结构化"阶段，我们梳理了教材中的人文主题及其内涵。2017年义务教育"三科统编教材"在全国使用，针对新教材的教学，我们积极调研，发现教学中存在"有主题，不聚焦"的情况。因此，我们采用线下集中教研和线上"后茶馆式"的研讨方式，梳理出小学语文教科书结构化人文主题框架，即"人与自然""人与社会""人与自我"三方面的内容。从"关注单元导语""整合教材内容体系""融合文化与教学活动""厘清语文要素和人文主题的关系"四方面开展对单元主题和教材内涵的理解。

在"内容结构化"阶段，我们着眼于教材主题单元的整合教学。基于前一阶段的研究成果，教师能抓住小学语文统编教科书"人文主题"与"语文要素"双线教学，但不能较好整合目标、内容、方法进行单元教学，呈现"有聚焦，不统整"的情况。我们依托结构化系列课题，采用"UTS"协同研究模式联合高校（U）、区域教研机构（T）、学校（S）展开研究，在区域内成立并组建7个子课题组，选取8所具有代表性的学校为基地校：青羊区教科院附属实验学校、成都市泡桐树小学、成都市东城根街小学、青羊实验中学附属小学、成都市实验小学西区分校、成都市实验小学战旗分校、成都市浣花小学和成都市泡桐树小学绿舟分校。以四种力量纵向深入研究："后备力量"上课观课，验证成果；"新生力量"联合教研，论证成果；"中坚力量"评课导课，优化成果；"领军力量"培训交流，扩大成果影响。此阶段，我们形成了以教材主题单元整合教学的结构化教学体系。

在"育人结构化"阶段，我们聚焦以核心素养为指向，以"以文化人"为中心的结构化教学模式。随着研究的深入，对新的调研数据的分析发现，教师能对教学内容进行统整，但没有形成系统化的学科育人体系，出现"有统整，不全面"的情况。2021年在青羊区教科院叶剑副院长以及全国、各省市专家的指导下，我们开启了全新的"以文化人的小学语文结构化教学"的区域实践，聚焦核心素养，以课题区域联盟的形式开展学科育人研究。2022年，此项研究被立项为四川省教育科研重点课题，同年，教育部颁布了《义务教育语文课程标准（2022年版）》（以下简称《课标》），新《课标》提出的"教师应理解核心素养的内涵，全面把握语文教学的育人价值，突出文以载道、以文化人"，与我们的核心研究理念不谋而合。

《义务教育课程方案（2022年版）》（以下简称《方案》）和新《课标》的颁布印证了结构化教学是语文学科育人的手段和路径。《方案》中指出"基于核心素养培养要求，明确课程内容选什么、选多少，注重与学生经验、社会生活的关联，加强课程内容的内在联系，突出课程内容结构化，探索主题、项目、任务等内容组织方式"。"整体理解与把握学习目标，注重知识学习与价值教育有机融合，发挥每一个教学活动多方面的育人价值。探索大单元教学，积极开展主题化、项目式学习等综合性教学活动，促进学生举一反三、融会贯通，加强知识间的内在关联，促进知识结构化。"《课标》的教学建议中指出："加强课程内容整合"的课程理念，强调以"学习任务群"进行内容组织与呈现，"对学生语文学业成就具体表现特征的整体刻画"，"整体规划学习内容"。我们寻寻觅觅探索结构化教学路径，通过结构化的语言材料和言语实践活动，让学生获得语言规则，建构语言图式，内化认知策略，积淀言语经验，形成言语能力和思维，逐步培养其核心素养，实现培根铸魂、立德树人的育人目标。

十年间，我们系统学习了"认知结构理论""生命·实践"教育理论、"结构—定向"理论的知识，扎实进行实践研究，研究范围涵盖单篇阅读、多文本阅读、整本书阅读、交流表达以及学习任务群。依据教学规律、知识结构以及学生认知结构，系统设计促进学生知识学习、心智成长的教学路径：第一，指向大概念、大观念的系统化教学，实现育人目标的结构化；第二，基于大单元的篇章统整，实现育人内容的结构化；第三，设计驱动性的任务组群，实现育人任务的结构化。形成了"课""题""点""线""面""体"的育人层级，开创出"教材解读结构化——文以载道""教学设计结构化——以文传道""教学评价结构化——以道化人"的实施路径，聚焦学科课型中的主问题、重难点、主线索、育人面，最终达到"以文化人"的目的。

从2023年启动撰稿至今，历时一年多，聚集区域内的特级教师、名师以及优秀骨干教师数十名，引用了百余个赛课获奖、教研课的优秀教学案例，汇集了近十年的教育教学实践研究成果，编写出本书。

本书分为上编和下编两部分。上编中的第一章"结构化视域下的以文化人教学观"在第一节阐释了以文化人的内涵逻辑、实践路径以及与结构化教学的关系；第二节陈述了以文化人的现实困境；第三节概述了以文化人的实施路径。上编中除第一章外，其他每章都分为"教材解读""教学设计""教学评价"和"教学案例"四个小节，体现了与新《课标》"教—学—评"一致的教学理念，后面的教学案例是为了完整地呈现整个结构化教学过程。

"教材解读""教学设计"和"教学评价"具体操作路径概述如下。

第一，"横向—纵向"的教材主题内容解读体系：涵盖"宏观—中观—微观"的育人目标解读路径和单篇阅读、多文本阅读、口语交际、习作表达、任务群等课程"文以载道"的主题解读模式。

第二，"教学设计结构化——以文传道"：形成"学习主题""学习内容""学情分析""学习目标""任务活动""评价细则"的教学闭环设计结构；构建基于学习任务群的"以文传道"的教学模式。

第三，"教学评价结构化——以道化人"：根据区域教学现状制定《任务群视域下以文化人的教学实践研究》课堂评价指南以及"三级四维"主题评价量表，便于科学检验以文化人的育人成效。

编写本书，是为了把我们潜心研究十余年的教学成果向先贤致敬，激励同道。这是我们将理论与实践相结合的结晶，是我们在实践中总结和改进，再次在实践中验证的成果。希望本书能够得到广大同仁的关注和认可，成为小学语文教育实践的重要参考书籍。也希望本书能够引起更多教育工作者对小学语文教育的关注和思考，共同推动小学语文教育的改革和进步。

愿我们共同努力，采用以文化人的小学语文结构化教学模式，培养更多具有良好语文素养和文化修养的学生！

刘文虎

2025 年 2 月

目 录
CONTENTS

上 编

第一章 结构化视域下的以文化人教学观 **3**
 第一节 以文化人与结构化教学的逻辑关系 3
 第二节 以文化人的结构化教学困境 16
 第三节 以文化人的结构化教学实施路径 23

第二章 单篇阅读结构化教学：培养具有基本阅读素养的人 **42**
 第一节 三题为导，解读教材 43
 第二节 紧扣三题，设计教学 47
 第三节 对标三题，实施评价 52
 第四节 教学案例 56

第三章 多文本阅读结构化教学：培养善于阅读思考的人 **62**
 第一节 "议题为核——双线交融式"解读文本 64
 第二节 "问题链接——推进议题"的教学设计模式 70

第三节　"四维评价——学思并进"的教学评价方式 …………… 77
　　第四节　教学案例 …………………………………………………… 85

第四章　口语交际结构化教学：培养能文明交际的人 …………… 92
　　第一节　教材解读：领悟要旨，言之有据 ………………………… 93
　　第二节　教学设计：运用策略，言之有法 ………………………… 95
　　第三节　教学评价：把握分寸，言之有度 ………………………… 100
　　第四节　教学案例 …………………………………………………… 101

第五章　习作表达结构化教学：培养为生命成长立言的人 ……… 105
　　第一节　教材解读："三题"定位，靶向文心 …………………… 106
　　第二节　教学设计："三线一心"，育人为核 …………………… 110
　　第三节　评改提升：关注课堂和学生，达成育人目标 …………… 119
　　第四节　教学案例 …………………………………………………… 126

下　编

第六章　基础性任务群结构化教学 …………………………………… 135
　　语言文字积累与梳理：培养传承母语能力的人 …………………… 135

第七章　发展性任务群结构化教学 …………………………………… 167
　　第一节　实用性阅读与交流：培养生活中善于交流沟通的人 …… 167
　　第二节　文学阅读与创意表达：培养具备健康审美意识和
　　　　　　正确审美观念的人 ………………………………………… 187
　　第三节　思辨性阅读与表达：培养具有理性思维和理性精神
　　　　　　的人 …………………………………………………………… 207

第八章　拓展型任务群结构化教学 …………………………… **233**
  第一节　整本书阅读：培养精神丰盈的人 …………………… **233**
  第二节　跨学科学习：培养用语文解决真实问题的人 ……… **260**

后　记 …………………………………………………………… **286**

上 编

第一章

结构化视域下的以文化人教学观

第一节 以文化人与结构化教学的逻辑关系

党的十八大以来,习近平总书记在多个重要场合谈及了"以文化人",发表了一系列重要讲话。如"对历史文化特别是先人传承下来的价值理念和道德规范,要坚持古为今用、推陈出新,有鉴别地加以对待,有扬弃地予以继承,努力用中华民族创造的一切精神财富来以文化人、以文育人"①。概括习近平总书记关于以文化人相关论述的主要内容,即以人民群众为出发点和落脚点,以中华优秀传统文化的浸润为切入点,以进行社会主义核心价值观的培育为着力点,重点阐述了"用何文""如何化""化何人"以及"化成何人"等基本问题,回答了新时代进行"以文化人"时文本选择、方法遵循、化育对象以及目标指向的重点问题。

基于《义务教育课程方案(2022年版)》(以下简称《方案》)《义务教育语文课程标准(2022年版)》(以下简称《课标》)以及其他相关政策文件和问题的分析,从理论和实践两方面入手,厘清二者之间的关系,确立以"认知结构理论""生命·实践"教育理论和"结构—定向"理论为理论支撑。根据教学中的实际问题,从文以载道、以文传道和以道化人三个维度分析学科育人中存在的问题,梳理三者的内涵及逻辑关系,确定了从结构化的教材解读、教学设计和教学评价三个角度开展研究与实践,实现学科育人的目标。

---

① 把培育和弘扬社会主义核心价值观作为凝魂聚气强基固本的基础工程[N].人民日报,2014-02-26(1).

一、"以文化人"的内涵逻辑

(一) 以文化人的内涵

对"以文化人"进行溯源可以发现,在汉语系统里,"文化"最早出自《易经·贲卦》:"观乎天文,以察时变;观乎人文,以化成天下。""文"与"化"最开始都有各自独立的含义。"文"的本义指各色交错的纹理,如《易·系辞下》中有"物相杂,故曰文";《礼记·乐记》中说"五色成文而不乱"。"化"本义是改易、生成、造化,如《庄子·逍遥游》中说"化而为鸟,其名为鹏";引申义为教行迁善。西汉后,"文"与"化"合成一个整词,本义是"以文教化",即对人性情的陶冶、品德的教养。在新文化运动中,"文化"含义得到进一步的扩展,发展成一个核心的概念,"文化"的意思也引申为人类创造的物质财富和精神财富的总和。如今,"文化"的含义变得十分丰富,涉及哲学、教育、科学、艺术等领域。广义上的"文化"是指人类创造的一切物质产品和精神产品的总和。狭义上的"文化"则指语言、文学、艺术等一切意识形态在内的精神产品。

西方一些著名的哲学家、教育家、思想家从不同角度倡导了文化育人的理念,以达到人的全面发展的目标。例如,夸美纽斯出版了《大教学论》这本著作,为教育绘画了蓝图,设计了以文化育人的知识体系,激发了后人不断探索教育的积极性。昆体良指出了学习文学的重要性,并强调一个成功的人必须拥有扎实的文化基础,同时还指出了好的榜样和教师的激励能够促进学生高效学习。

华中师范大学秦在东教授则将"以文化人"从文化的功能角度进行解释,他指出:"'以文化人',就是教会人们如何用文化的眼光看世界、看问题,教会人们如何进行正确的价值判断。"[①] 四川大学党委副书记李向成在《用"以文化人"推进大学生核心价值观宣传教育的实践路径探析》一文中,表明"以文化人"是使文化以潜移默化的方式影响人的各个方面,从而促进人的全面发展。[②] 一些学者从儒家的诗教观出发,提出"以文化人"是文艺思想理论的重要内容,他们主要围绕人的价值追求、国家文化软实力、中华民族传统文化展开论述,

---

[①] 秦在东. 正确认识"以文化人"的层次性与复杂性 [J]. 思想教育研究,2015 (11):24.

[②] 李向成. 用"以文化人"推进大学生核心价值观宣传教育的实践路径探析 [J]. 思想教育研究,2015 (11):27.

从而建设社会主义文化强国。① 还有学者认为"以文化人"就是要用中华优秀传统文化化人，化的过程中要注重渗透性和无形性，从而将人化成担负民族复兴大任的时代新人。② 综上所述，"以文化人"的内涵丰富，并且在特定的时代会生发出特定的内涵。

所谓以文化人，从字面意思来理解，即运用"文"来教化人，包括一些文章、文德、文教、风俗中的内涵意蕴等。《易经》中提及"以文化人"具体的意思更侧重的是一种德治理念，是一种与武力治国相对立的治国方略。而在现代汉语语境中，以文化人强调用什么"文"去化人，如何去"化"人，"化"的对象主体是谁并且最终要"化"成什么样的人的问题。换言之，"以文化人"是指用"文"来教化、感化、浸化、悟化人，从而使人在"文"的滋养和熏陶下，不断提高自身的内在素养，成为更好的人、能担当时代重任的人。在语文教学中，以文化人主要包括文本解读、目标拟定、方法选择、对象分析、主旨及意蕴的揭示理解等。

（二）以文化人的逻辑关系

以文化人的实质是借助载体"文"来感染人、教化人，只有深入理解"以文化人"的概念、维度和特征，才能在"化人"活动中做到"心中有数"，科学有效组织教学，实现语文课程立德树人根本目标。"文""化""人"三者之间有以下的辩证逻辑关系。

1. 文以载道："文"为载体，"道"是灵魂，是以文化人的基础和前提

从孔子到唐代的韩愈、柳宗元，宋明理学家和清代桐城学派，关于"文以载道"的论述很多。如唐代的柳冕在《答荆南裴尚书论文书》中就说："夫君子之儒，必有其道；有其道必有其文。道不及文则德胜，文不及道则气衰。"言说者强调文道兼备。宋朝的周敦颐，直接指明了"文以载道"的关系："文所以载道也。轮辕饰而人弗庸，徒饰也。况虚车乎？文辞，艺也；道德，实也。笃其实而艺者书之；美则爱，爱则传焉。"宋朝的朱熹对文与道关系的比喻更为明彻、直白，他认为"道者文之根本，文者道之枝叶。惟其根本乎道，所以发之于文皆道也。三代圣贤文章，皆从此心写出，文便是道"。因此"文"为载体，"道"是育人的灵魂，是以文化人的基础和前提。

---

① 陈亚. 论"文以化人"思想的时代内涵：从儒家诗教观出发[J]. 名作欣赏，2018（24）：167-168.
② 马云霞，党阳. 以文化人在大学生社会主义核心价值观教育中的运用[J]. 华北理工大学学报（社会科学版），2019，19（4）：74-79.

《课标》在课程实施中指出：立足核心素养，彰显教学目标以文化人的育人导向。教师应理解核心素养的内涵，全面把握语文教学的育人价值，突出文以载道、以文化人。课程内容的主题和载体形式主要为"中华优秀传统文化""革命文化""社会主义先进文化"。引导学生在学习语言文字运用的过程中。逐步树立正确的世界观、人生观、价值观，体认和传承中华优秀传统文化、革命文化、社会主义先进文化，积淀深厚的文化底蕴，增强文化自信。语文教材中选用的课文都是教材编写者在《课标》的指导下，以立德树人为根本任务，着眼于教育的育人本质，经过深思熟虑和推敲后凝聚出来的精华，凝聚着教材编写者的智慧结晶，体现了民族璀璨文明和革命优良传统——育人之道。既有经典性，又兼具时代性，因此都是育人的绝佳材料。优秀的文化资源有利于学生和社会发展，加强思想道德修养、滋养心灵。

2. 以文传道："文"为介体，"传"是手段，是传递"道"的方式和路径

"以文传道"是"文以载道"和"以道化人"的中介，即育人的方式和路径。语文教学中的"以文化人"，要以尊重学生的身心发展特点为前提，通过教化、感化、浸化、悟化等方式，让学生能够全身心地投入课堂学习中，突显的是"春风化雨，润物无声"的教育理念。在育人过程中，整合学习内容、情境、方法和资源等要素进行教学设计，让学生积极参与到课堂活动中，根据学生的知识基础和能力水平，以更适合学生接受的方式进行教学，晓之以理，动之以情，运用课文育人资源使学生受到感染和熏陶，循序渐进地向学生传播观念、思想。学生在这种良好的文化氛围中受到启发和鼓舞，从而自觉摒弃原有的错误观念，建立起正确的价值体系。通过这种循序渐进的渗透方式，培养其良好的志趣和思维品质，培养提出问题、探究问题、解决问题的意识，培养领悟文本之道的能力。学生才能把这些价值观念深入内心而不流于表面。

3. 以道化人："人"是对象，"化"是目的，是将"道"化入人心的最终目标

无论是强调载体的重要性，还是注重语文教学过程中的方式方法，其最终目的都要归结到"人"，教育归根结底是"人"的教育，"人"才是语文教学"以文化人"的主体。苏霍姆林斯基认为："你作为一个人生了下来，但要成为一个大写的人。真正的人要有一种精神——人的精神，这种人的精神会在信念与情感、意志与追求之中，会在对待他人和自己本人的态度上，会在分明的爱与憎，在善于看到理想并为之而奋斗方面表现出来。"[①] 青少年是祖国未来的建

---

① 苏霍姆林斯基. 怎样培养真正的人 [M]. 蔡汀，译. 北京：教育科学出版社，1992：16.

设者，是实现中华民族伟大复兴中国梦的中坚力量，因此必须明晰育人方向，加大育人力度。通过语言文字，培养学生热爱中华文化，体认和传承中华优秀传统文化、革命文化、社会主义先进文化，积淀深厚的文化底蕴，厚植爱党、爱国、爱社会主义的情感，养成自尊自信、无私奉献等美好品德，树立正确的世界观、人生观和价值观，培养具有人文情怀、健全人格和理想信念的人，最终实现以文化人的育人目的——培根铸魂、立德树人。

通过梳理文以载道、以文传道和以道化人三者的内涵逻辑，我们认识到："文"为育人之体，"道"为育人之根，"化"是育人之径，"道"贯穿其中，是"以文化人"的根脉。"文以载道""以文传道""以道化人"三者相辅相成，共同促使学生成为一个德才兼备、品行优良的人，使其以后能够在社会上发挥积极、正面的作用。

二、"以文化人"的实践路径

基于对"生命·实践"教育理论、"结构—定向"理论和"认知结构理论"的学习并将其作为研究的重要理论依据，我们提出了以"结构化教学"的方式落实"以文化人"的教学主张，这更有利于培养学生的核心素养，实现学科育人价值。

（一）认知结构理论

结构化思维起源于心理学，后被管理学领域关注。瑞士认知心理学家皮亚杰认为：认识是不断建构的产物，建构形成结构，结构从简单到复杂，从低级到高级，其建构过程依赖主体的不断活动，认知结构以图式、同化、顺应和平衡的形式表现出来。美国认知心理学先驱布鲁纳提出认知—结构课程理论，并将该理论应用于美国的学校课程改革中，主张课程应该按照学科的基本结构选择和编排内容，通过教学让学生掌握"科学的结构"来实现教学目的（见表1-1）。[①]

表1-1 认知结构理论

	认知结构理论	
学习观	学习实质	主动地形成认知结构
	学习三过程	获得、转化、评价

---

① 布鲁纳. 教育过程[M]. 邵瑞珍，译. 北京：人民教育出版社，2023.

续表

教学观		认知结构理论
	教学目的	理解学科的基本结构（基本概念、基本原理、基本态度和方法）
	教学方法	发现学习

1. 学习观

学习的实质是主动地形成认知结构。布鲁纳认为，学习的实质不是被动地形成刺激——反应的联结，而是主动地形成认知结构。什么是认知结构？他并没有给出一个统一的说法。概括地说，认知结构就是人关于现实世界的内在的编码系统（coding system），是一系列相互关联、非具体性的类目，它是人用以感知外界的分类模式，是新信息借以加工的依据，也是人的推理活动的参照框架。学生不是被动地接受知识，而是主动地获取知识，并通过把新获得的知识和已有的认知结构联系起来，积极地构建其知识体系。由此，布鲁纳十分强调认知结构在学习过程中的作用，认为认知结构可以给经验中的规律性以意义和组织，使得人能够超越给定的信息，举一反三，触类旁通。他主张，应当给学生提供具体的东西，以便他们"发现"自己的认知结构。

学习包括知识的获得、转化和评价三个过程。布鲁纳认为，学习活动首先是新知识的获得。新知识可能是以前知识的精练，也可能与原有知识相矛盾。获得了新知识后，还要对它进行转化，我们可以超越给定的信息，运用各种方法将它们变换成另外的形式，以适应新任务，并获得更多的知识。评价是对新知识的一种检查。通过评价可以检验我们处理知识的方法是否适合新的任务，或者运用得是否正确。因此，评价通常包含对知识的合理性进行判断。

总之，布鲁纳认为学习任何一门学科的最终目的都在于构建学生良好的认知结构。因此，教师首先应明确所要建构的学生的认知结构包含哪些组成要素，最好能画出各组成要素的关系图解。在此基础上，教师应采取有效措施来帮助学生获得、转化和评价知识，使学科的知识结构转化为学生的认知结构，使书本的死知识变为学生自己的活知识。

2. 教学观

教学的目的在于理解学科的基本结构。由于布鲁纳强调学习的主动性和认知结构的重要性，他主张教学的最终目标在于促进学生对学科结构的一般理解。他认为："不论我们选教什么学科，务必使学生理解该学科的基本结构。"学科的基本结构是指学科的基本概念、基本原理以及学习该学科的基本态度和方法，教学不能只是着眼于一门学科的事实和技巧的掌握，学习一门学科的关键是理解，掌握那些核心的、基本的概念、原理、态度和方法，抓住它们之间的意义联系，并将其他的知识点与这些基本结构有逻辑地联系起来，形成一个有联系的整体。①

综上所述，布鲁纳对认知结构理论内在机制的系统研究及积极有效的实践，使认知结构理论被人们广泛理解和使用，而后当代众多学者不断扩充其内涵，为真正的课堂教学提供具体的理论指导，启发一线教师关注对学生思维结构的建构。

（二）"生命·实践"教育理论

"'新基础教育'认为，育人价值是语文教学的逻辑起点。"②"语文教学不仅注重学生的背诵记忆、思维练习，而且注重言语想象力、创造力，注重审美情趣，注重人格养成等。"③"每个教师为教好书，需要先明白育什么人。将教学的价值指向与培养目标统一起来，把"教书"与"育人"统一起来。"（见表1-2）④

表1-2 "生命·实践"教育理论

相关专家	提出理论或观点	理论说明
华东师范大学"生命·实践"教育学研究院卜玉华教授、杨晓娟教授	提出了学科育人价值的内涵及其框架结构	强调学科育人价值的理智性与生成性，将学科育人价值划分为三个层次，即认识性价值（显性价值）、智慧性价值（转化价值）和教养性价值（隐性价值）

在学科教学方面，须通过深度开发每个学科独特的育人价值来实现。学科本身内含独特育人价值，包括思维、道德和未来探索等多个方面，例如，符号系统、知识要素、结构体系、内在逻辑、研究方法、发展历史、杰出人物、社会贡献、人类价值、学科精神、未知领域、前沿问题、多元观点、探索方向和

---

① 布鲁纳. 教育过程［M］. 邵瑞珍，译. 北京：人民教育出版社，2023.
② 李重. 语文学科"育人价值"的深度挖掘与融通转化［J］. 课程·教材·教法，2019，39（10）：98-103.
③ 华东师范大学"生命·实践"教育学研究院. "生命·实践"教育学研究（第三辑）［M］. 上海：上海教育出版社，2019：31-40.
④ 叶澜. "新基础教育"发展性研究报告集［M］. 北京：中国轻工业出版社，2004：21.

不同可能等。卜玉华和杨晓娟提出了学科育人价值的内涵及其框架结构，强调学科育人价值的理智性与生成性，将学科育人价值划分为三个层次，即"认识性价值、智慧性价值和教养性价值"①。三者构成了学科育人价值冰山图，认识性价值主要包括知识内容或技能系统，属于显性价值；智慧性价值主要包括学科特有的运算符号和工具，学科的独特视角和思维策略，与学科相关的学习策略，该学科独有的学习经历与体验，学科中的精神性、情感性价值；教养性价值主要包括合作分享、理解善待他人，乐于倾听与对话，策划与在现实中践行的生命自觉意识与能力，审美意识与能力，生命自觉的意识和能力……智慧性价值使教学从第一层次向第二层次转化；教养性价值主要指学科教学的教养性或品格性价值，后两者都属于隐性价值，是教师应该在教学过程中呈现的质的飞跃。

"生命·实践"教育学研究主张基于国家课程的地位，提升语文教学的价值高度。这主要体现在两方面：一是满足现代民族国家建构的需要；二是传承、发扬中华优秀传统文化，吸纳人类优秀文明成果。从语文教学内容的角度来看，学科育人价值需要深度挖掘。从零到整，由篇达类，深度挖掘语文学科育人价值，跳出就单篇、教单篇的点状思维，从整体筹划、彼此关联的角度来做好语文单元整体教学或语文教学的课型研究，以一带多，由篇达类，实现学生听说读写能力的整体提升。② 语文教学育人过程强调儿童立场，主张将国家意志、社会主流的价值元素春风化雨、润物无声地汇入学生的生命价值及听说读写能力形成过程之中。③ 以"点状式教学"的改变为目标，以"结构关联"的方式，推进学科育人价值的具体转化，实现"结构式教学"，这里的结构兼有"内容结构""方法结构""过程结构"以及贯穿其中的"类型结构"等。在结构的意义上，基于"长程两段式教学"理念提出"教结构与用结构"的教学理念。在"教学结构"阶段，主要是让学生从现实问题出发，在问题解决的过程中发现和建构知识，充分感悟和体验知识之间内在关联的结构存在，逐渐形成学习的方法结构。在"运用结构"阶段，主要是让学生运用学习的方法和步骤结构，主

---

① 华东师范大学"生命·实践"教育学研究院."生命·实践"教育学研究（第三辑）[M].上海：上海教育出版社，2019：23-27.
② 华东师范大学"生命·实践"教育学研究院."生命·实践"教育学研究（第三辑）[M].上海：上海教育出版社，2019：35.
③ 华东师范大学"生命·实践"教育学研究院."生命·实践"教育学研究（第三辑）[M].上海：上海教育出版社，2019：33-34.

动学习和拓展与结构类似的相关知识。①

（三）"结构—定向"理论

"结构—定向"教学的出发点是提高教学效能，加速人才培养。结构化和定向化教学是"结构—定向"教学的两个基本观点。所谓结构化教学，即教学应确立以构建学生心理结构为中心的观点；所谓定向化教学，是说教学的成效在于心理结构的形成，而要提高教学的成效，则必须依据心理结构形成、发展的规律实施定向培养（见表1-3）。

表1-3 "结构—定向"理论

相关专家	提出理论或观点	理论说明
心理学家冯忠良教授	1. 提出的"结构—定向"教学理论 2. "课文结构"观点	此理论包括结构化教学和定向化教学两个观点。 课文结构可指课文的内容结构，也可指课文的形式结构。构建"综合—分析—综合"（或"整体—局部—整体"）的阅读教学模式

1. 结构化教学观点

结构化教学观点是"结构—定向"教学思想的基本观点。结构化教学观点从教学心理学角度来说，即教学应首先确立以构建学生的心理结构为中心的观点。也就是说，所有教学工作或教学系统的各个方面，都是为了使学生的心理产生预期的变化，即使一定的心理得以形成与发展。一定心理的形成与发展，是通过一定的心理结构的构建实现的，这是一切直接或间接从事教学工作的人必须首先确立的教学观点，其包括认知经验结构、情感经验结构与动作经验结构。

结构化教学观点的提出，深化了对教学系统的认识。教学系统通常由教学目标、教材、教学活动与教学成效的考核及评估系统这样四方面或环节构成。依据结构化教学观点，教学目标即教学过程中所要构建的心理结构的内容。教材则是教学过程中用以构建心理结构的手段或工具。教学过程或教学活动则是心理结构的构建过程。教学成效的考核及评估则是对所要形成的心理结构的检查与评定。教学系统认识的深化，有助于发现教学系统各方面的内在联系及相互制约关系。教学是以构建学生的心理结构为中心的系统工程。由于教学是以

---

① 华东师范大学"生命·实践"教育学研究院. "生命·实践"教育学研究（第三辑）[M]. 上海：上海教育出版社，2019：10-11.

构建心理结构为中心的系统工程，因而其中某个因素的改变，必将引起其他因素相应改变。这样才能使教学系统正常运转，才能保证教学功能的良好发挥。因而，教学改革必须从整体出发，立足于整体改革。结构化教学观点的实践意义，一方面在于它为教学系统提供了以构建心理结构为中心的整体认识及整体观，从而为教学的整体改革提供了心理学依据。另一方面，结构化教学观点还坚持了内因与外因作用的辩证统一。

2. 定向化教学观点

定向化教学观点是"结构—定向"教学思想的又一基本观点。定向化教学观点从教育心理学的观点来说，即教学的成效在心理结构的形成；要提高教学的成效，则必须依据心理结构形成、发展规律，实施定向培养。所谓定向培养，即定向构建相应的心理结构。所以，定向化教学观点，也叫作定向构建心理结构的教学观点。确立定向化教学观点，需以心理结构及其形成、发展规律能被客观认识为前提。心理结构及其形成、发展具有一系列的客观性。这表现为心理结构，源于客观影响，产生于人脑的能动反映及构建，作用于行为的控制，其形成、发展受制于一定的条件并且具有内在联系。借助心理结构及其形成、发展规律的客观性，人们就可以通过科学研究来揭示其本性及其形成、发展的规律。定向化教学观点的确立，正是以心理结构及其形成、发展规律的可认识性为前提的。如果否认其可认识性，就不可能确立定向化教学观点。这样，心理结构及其形成、发展规律的客观性及可认识性为实施定向化教学提供了可能。

对心理结构的形成、发展实施定向培养不仅是可能的，而且是必要的。因为定向化教学的目的在于使教学以心理结构的形成、发展规律为依据，采取必要措施，创设必要条件，自觉促进心理结构的形成、发展与完善。这就可以避免因教学的盲目性而走不必要的弯路，就可以把教学成效提高到最大限度。

综合理论研究和教学过程的基本环节可知，结构化地解读教材中承载的育人之道，结构化地设计和组织教学活动传授育人之道，最后以结构化的方式进行评价，体现了"教—学—评"的一致性，这样才能促进学生搭建结构化的知识体系，形成结构化的言语能力，建构结构化的思维，最终结构化地促进学生的情智发展和培养学生的核心素养，有效地实现立德树人。

三、以文化人和结构化教学的关系

以文化人是语文学科育人的目标和方向。《课标》的教学建议中指出："立足核心素养，彰显教学目标以文化人的育人导向。教师应该理解核心素养的内涵，全面把握语文教学的育人价值，突出文以载道、以文化人。把立德树人作为语文教学的根本任务，清晰、明确地体现教学目标的育人立意。"

结构化教学是语文学科育人的手段和路径之一。《方案》中指出："基于核心素养培养要求，明确课程内容选什么、选多少，注重与学生经验、社会生活的关联，加强课程内容的内在联系，突出课程内容结构化，探索主题、项目、任务等内容组织方式。""整体理解与把握学习目标，注重知识学习与价值教育有机融合，发挥每一个教学活动多方面的育人价值。探索大单元教学，积极开展主题化、项目式学习等综合性教学活动，促进学生举一反三、融会贯通，加强知识间的内在关联，促进知识结构化。"

《课标》的教学建议中提出"加强课程内容整合"的课程理念，强调以"学习任务群"进行内容组织与呈现方式，"对学生语文学业成就具体表现特征的整体刻画"，"整体规划学习内容开展教学"。让学生通过结构化的语言材料和言语实践活动，获得语言规则，建构语言图式，内化认知策略，积淀言语经验，形成言语能力和思维，逐步培养核心素养，实现培根铸魂、立德树人的育人目标。

（一）文以载道以结构化解读教材为基础

布鲁纳认知结构理论的知识观认为，任何知识结构都可以用动作、图像和符号三种表象形式来呈现。动作表象是借助动作进行学习，无须言语的帮助，图像表象是借助表象进行学习，以感知材料为基础，符号表象是借助语言进行学习，经验一旦转化为言语，逻辑推导便能进行。至于在具体教学中究竟应该选用哪一种呈现方式，应该根据学生的知识背景和课题性质来决定。

在语文课堂的实践教学中，冯忠良教授还提出了无论课文的内容如何变化、形式如何多样，从内容上来看，课文都有一个内在结构，即每个文本都是一个图式。[①] 为此，他还构建了"综合—分析—综合"（或"整体—局部—整体"）的阅读教学模式，为语文结构化教学的研究提供了依据。叶澜教授在"新基础教育"的研究中提出了一个重要的思想——教结构、学结构、用结构，她对"结构化教学"的研究十分重视，主张用"长程两段整体设计"，即第一段"学结构"、第二段"用结构"的整体设计。[②]

叶澜教授曾言："新基础教育"的研究，就是要让大家意识到，语文也是讲逻辑的。此语背后有丰富的内涵，至少我们稍加审视，就可发现语文教学实践过程中没有逻辑和不讲逻辑的现象比比皆是，而这一切都被所谓"人文""弹性""情感"和"审美"等戴在语文头上的帽子给遮蔽了。实际上，语文教学

---

① 冯忠良. 结构化与定向化教学心理学原理［M］. 北京：北京师范大学出版社，1998.
② 叶澜. "新基础教育"发展性研究报告集［M］. 北京：人民教育出版社，2004.

是有逻辑的：文本解读有自己的逻辑，教学设计有自己的逻辑，教学过程有自己的逻辑，甚至包括语文教师的反思也有自己独特的逻辑，种种逻辑共同构成语文教学的逻辑，整体上与英语教学、数学教学的逻辑区分开来。"新基础教育"语文教学研究始终强调，语文教师需要对语文教学的知识逻辑和过程逻辑有整体把握，这样才能确保我们上的是一堂语文课，给学生精神世界提供的是基于语文逻辑的文化涵养，如此，语文教学才会有根有基。

学生不仅是对与结构相关的知识的牢固掌握和熟练运用，直到内化；更为重要的是，学生具有发现、形成结构的方法及掌握和灵活使用结构的能力。每个学科都有自己的结构群，不同学科结构群的学习、内化，有助于学生头脑中形成诸多有差异又能相通的结构群和结构思维的方法，这对于学生在陌生复杂的新环境中用综合的眼光去发现问题、认识问题和解决问题具有基础性作用，是身处复杂多变时代的人之生存、发展所需要的一种基础性的学习能力，也是学生的学习能力可自我增长的重要基础。①

理解语文学科的基本结构有以下好处：第一，可以使得学科更容易理解。学科的基本原理弄懂了，其他具体内容就更好理解了，因为那些内容常常是围绕着这些基本的核心内容转化、衍生出来的。第二，有助于学科知识的记忆。布鲁纳指出："除非把一件件事情放进构造得很好的模型里面，否则就会忘记。详细的资料是靠简化的表达方式保存在记忆里的。这些简化的表达方式，具有一种特性，可以叫作'再生的'特性。"第三，从结构中获得的基本概念原理将有助于以后在类似的情境中广泛地迁移应用，学习者就可以把事物作为更普遍的事物的特例去理解。第四，有助于提高学习兴趣。第五，可以促进学生智慧的发展。基于这些有结构联系的基本概念原理，学习者可以进一步独立探求知识，以获得更高层次的知识。② 因此，"以文化人"的前提，必须结构化地解读"文"中载的"道"，以搭建"以文化人"的知识结构体系，让学生能理解学科的基本结构，从而建构自己的知识结构体系。

（二）以文传道以结构化教学设计为途径

一门学科的课程教学应该决定于对能达到的、给那门学科以结构的根本原理的最基本的理解。教授专门的课题或技能而没有把它们在知识领域更广博的基本结构中的脉络弄清楚，这从深远的意义上来说，是不经济的。第一，这样

---

① 叶澜."新基础教育"论——关于当代中国学校变革的探究与认识［M］.北京：教育科学出版社，2006：255.
② 布鲁纳.教育过程［M］.邵瑞珍，译.北京：人民教育出版社，2023：1.

的教学，要使学生从已学得的知识推广到他后来将碰到的问题，这将非常困难。第二，不能达到掌握一般原理的学习，从激发智慧角度来说，不大有效果。使学生对一个学科有兴趣的最好办法，是使这个学科值得学习，也就是使获得的知识能在超越原来学习情境的思维中运用。第三，获得的知识，如果没有完整的结构把它连在一起，那是种多半会被遗忘的知识。不连贯的论据在记忆中仅有短促得可怜的寿命。根据可借以推断出论据的那些原理和观念来组织论据，是降低人类记忆丧失速率唯一的已知方法。

掌握事物的结构，就是以允许很多别的东西与它有意义地联系起来的方式去理解它。简单地说，学习结构就是学习事物是怎样相互关联的。学习结构经常是无意识的。这个性质，也许能在人们学习本族语言中得到最好的说明。例如，学生学会了变换一些句型而不改变它们的意义——"狗咬人"与"人被狗咬"——规则之后，他就能更广泛地变换他的语言组织了。但是学生尽管有使用语言结构规则的能力，可能还不能说出这些规则是什么。因此，教学必须适应各个年龄阶段的学生的特点，按照学生观察和理解事物的方式去表现学科的结构，以文传道的过程中需要结构化设计和教学，才能引导学生更好地理解学科结构，从而更好地内化知识、悟化语文学科中的文化精髓，进而提升自己的语文素养和文化自信。

（三）以道化人以结构化教学评价为标准

评价被看作一种教育智慧，它是指导课程建设和教育学的。评价要有效果，必须在某一点上和一种教学努力相结合，以便使学生对教学的某具体过程的反应能够被评定出来。评价所要检查的不仅是学习的效果，还有学习过程，检查学生学习之后是否掌握了所学的材料；只有如此才能检查出教与学的效果。不能把内容和教学分开，因为正是教与学才引导学生具有批判的态度去对待内容，而这样的态度才能发展并表达他的技能和价值观念。评价作为探索和发展一般智力技能的手段，要考虑教师的教和学生的学。一门课程，代表一个知识实体，本身是有明确顺序的，评价时也应该有顺序。学和教都是有程序的，它们依赖于在教学资料和学习者之间的某种连接环节。[1]

基于此，结构化解读"文"中之"道"，搭建了结构化的育人知识体系；结构化设计"育人之策"，建构了结构化的育人过程，必然也需要结构化评价"育人之效"，因此，建立结构化的评价体系，是必然之举。

综上，"文以载道""以文传道""以道化人"是以文化人的过程，最终形

---

[1] 布鲁纳. 教育过程［M］. 邵瑞珍，译. 北京：人民教育出版社，2023.

成以文化人的结构化教学体系。教材解读结构化，是梳理"文"和解读"道"的结构及其体系；教学设计结构化，是在"化"的过程中，依托文本，遵循学生学习规律，厘清教学逻辑主线，以"春风化雨、润物无声"的方式去润泽心灵，引领学生的价值追求，丰富其精神境界；教学评价结构化是检验"化人"的达成度，从多维度、多种方式评价教学效果和学习效果。

第二节 以文化人的结构化教学困境

2017年义务教育和高中"三科统编教材"的使用，是落实立德树人，培养社会主义建设者和接班人的国家意志的体现，具有重要的育人作用。要把培育和弘扬社会主义核心价值观作为凝魂聚气、强基固本的基础工程，要从娃娃抓起、从学校抓起，做到进教材、进课堂、进头脑。党的十八大明确提出立德树人是教育的根本任务，教材是学校教育教学的基本依据，是解决"为谁培养人、培养什么人、怎样培养人"的根本问题的重要载体，直接关系党的教育方针的落实、教育目标的实现。所以，一线教学要用好统编教材，落实语文课程立德树人的根本任务。

2019年中共中央、国务院发布《关于深化教育教学改革全面提高义务教育质量的意见》，提出"五育"并举，全面发展素质教育的具体要求。在关于智育水平的提升上指出"充分发挥教师主导作用，引导教师深入理解学科特点、知识结构、思想方法，科学把握学生认知规律，上好每一堂课"①。《意见》明确了教学中一线教师要准确把握学科特点，深入分析知识结构，科学、系统地进行课堂教学进而提高智育水平的具体方略。简而言之，教学要遵循学生认知规律和教学内在机理。

2022年，教育部颁发了《义务教育语文课程标准（2022年版）》，指明了培养时代新人，不断提升核心素养等方向，明确了教师应全面把握核心素养的内涵，全面把握语文教学的育人价值，突出语文学科文以载道、以文化人的重要作用。因此，用好统编教材，提升育人水平，充分发挥教材培根铸魂、启智增慧的作用，是新时代教师的责任所在。

但在现实中，语文教学无论是在学生的学习方面还是教师的教学方面均存

---

① 中共中央 国务院关于深化教育教学改革全面提高义务教育质量的意见［EB/OL］．中国政府网，2019-07-08．

在不可忽视的问题，语文教学尚不能较好完全落实教材编写意图，在教学上呈现碎片化、标签化现象，缺少体系化与内涵化，不能促进学生结构化的认知发展和学习，弱化了语文学科的育人功能。

一、学生学习方面存在的问题

（一）学习内容方面：学生对文本蕴含的主题兴趣不浓

语文学习，必备的知识能力是基础，浓厚的学习兴趣更能促进学生挖掘潜能，不断学习，不断进步。语文课程内容中的中华优秀传统文化、革命文化、社会主义先进文化蕴含着丰富的人文价值和育人内涵，对青少年树立健康向上的审美观和正确的世界观、价值观和人生观，继承和弘扬中华优秀传统文化具有重要意义。但学生感兴趣的往往是和生活紧密联系、易于理解的内容，对于文本主题较难，趣味性不强，离自己的知识背景和生活较远的内容学习兴趣不浓，这导致学生缺乏与文本的对话和心灵的交流，自主学习意识薄弱，对语文学科蕴含的主题价值体认欠缺。

（二）学习过程方面：对内容主旨的理解缺乏层次和逻辑

核心素养是学生通过课程学习逐步形成的正确价值观、必备品格和关键能力，是课程育人价值的集中体现。核心素养四方面是一个整体，其中语言运用是基础，思维能力是撬动学习的工具。但现行学习中学生普遍存在两种问题：一是学生在学习过程中更多关注语言文字的表层意义，学习流于表面，缺乏探究和钻研精神，对重点浅尝辄止，对难点绕道而行，这种人为降低学习难度的行为导致学生在知识和主旨的学习上没有深度；二是学生的学习活动没有真实展开，缺乏有效学习的策略引导，在知识和主旨的理解上缺乏层次和逻辑，不易建立清晰的认知结构。

（三）学习结果方面：在价值取向和自我认知发展上受限

《课标》强调"增强课程实施的情境性和实践性，促进学习方式变革"，"创设丰富多样的学习情境……促进学生自主、合作、探究学习"。学生在真实情境中的自主、合作、探究学习才能让真实学习、深度学习发生。学生对于文本所蕴含的育人价值要通过感悟获得，而不是只靠教师讲解。从区域学生综合素质测评抽样调查结果分析发现，学生的"认知"平均得分率为88.7%、"应用"得分率为79.6%、"信息提取"得分率为88.4%，这些直接获取知识的指标得分较高，但是"综合概括"得分率为63.9%、"逻辑关系"得分率为68%、"分析"得分率为63.9%，这些与情智发展和文本之道关系密切的指标中得分较低，表明学生在学习活动中体验浅，对文本背后所蕴含的情感、价值观和人文精神体悟不深，在价值取向和自我认知发展上受限，导致核心素养的整体性发展不足。

二、教师教学方面存在的问题

（一）教材解读方面：对文本主题的解读不到位，弱化了以文化人的价值定位

《课标》指出："工具性与人文性的统一，是语文课程的基本特点。"[①] "工具性"和"人文性"的关系就是语文学科长久以来备受争议的"文"和"道"的关系。在现行的语文教学中仍然存在教师对学科特性缺乏关注，对学科课程育人特点的认识不全面，弱化了以文化人的价值定位的现象。

1. "重文轻道"：对"道"的理解狭窄化、标签化，忽略了学科的价值取向

随着语文课程改革的探索与实践，教师们对语文学科特点有了一定的认识，但仍存在"重文轻道"现象，过分关注符号型结论性知识，忽视了学科的价值取向。有的教师把语文学科当作与自然科学知识一样的确定知识来教，偏重听说读写内容的学习，试图通过不断的练习来提高学生的语言能力，使语文课成为纯粹的语言文字训练课；有的教师则在涉及人物形象、价值观念、道德品质等方面采用直接贴标签的形式进行教学，这样的方式不仅让语文课堂枯燥无味，更重要的是学生对学科不可替代的育人价值感悟不到位，无法在语文学习中实现自我精神成长，无法实现学生核心素养的发展。

为了解小学一线语文教师对学科特点的认识、理解和实践现状，我们在区域内进行了抽样问卷调查，共计填写105份，其中有效问卷105份，回收率为100%，有效率为100%。调查显示：教师们多能认识到"文道统一"才能更好实现语文学科育人价值。但是，在"以文化人"的材料选择、价值判断、推进方式上把握不到位，对达成目标的方法不明晰。教师们对学科育人特点的认识还存在一定偏差，更重要的是缺乏落实文本指导的有效路径。

2. "文道脱离"：对"道"的理解机械化、碎片化，脱离语言文字机械传道

语文学习要重视听说读写知识和能力的学习，更要关注学生认知和情感发展的有机融合。在教学中，部分教师对文本主题的理解仅停留在道德品质、情感态度、价值观上的简单说教，缺乏对审美创造、文化自信的熏陶和感染过程

---

① 中华人民共和国教育部. 义务教育语文课程标准：2022年版 [S]. 北京：人民教育出版社，2022：1.

的重视。教学中将知识与育人价值割裂开来，将书本和生活割裂开来，将学生和文本割裂开来，脱离语言文字进行机械讲授，忽视了学生内在的学习规律和教学的内在规律，使文本所蕴含的主旨传授机械化、碎片化。

（二）教学设计方面：对文本主旨的传授不深入，减弱了以文化人的育人动能

课程结构应遵循学生身心发展规律和核心素养形成的内在逻辑，但教师易忽视学段特点，对不同学段学生发展认识不足，课程理解缺乏连贯性，导致教学设计上欠科学，对学科内在结构的系统性研究不足，减弱了其以文化人的育人动能。

1. 教材理解：不能有效地帮助学生厘清内在脉络，理解教材主题序列

课标提出"语文学习任务群"构建语文课程内容，明确提出义务教育语文课程内容主要以学习任务群组织与呈现，要围绕特定学习主题，确定具有内在逻辑关联的语文实践活动。那么，对教材的把握就要有整体构思，明确各个单元在知识能力、方法策略、意识培养等方面进行横向勾连，纵向呼应。统编语文教科书是提升语文素养的重要支撑，教材采用"人文主题"和"语文要素"双线组元的方式，围绕上述两方面精选文本，整册教材按螺旋上升的知识和能力体系进行设计。但是教师们往往缺乏对教材的整体把握意识，对教材逻辑体系不清，对不同年段、不同册次间的主题、能力训练点缺乏整体性认识，只按教材中课文的编排顺序逐篇教授，对于每一篇课文在教材中的位置，在单元、册次中的功能缺乏清晰认识和准确把握。尤其是在主题理解上，单元内各板块、课文呈现孤立、单一解读的现象，以致主题教学不系统，学生不能理解教材主题序列，无法体会内在脉络。

同样以抽样问卷调查结果作为参照，通过分析发现，对单篇文本理解无法精确把握的新教师占比较大，为52.27%；10年以内教龄难以把握一个单元课文之间的层次和差异的教师，占比大于80%，表明这部分教师缺乏教材整体意识，较少有教师能整合教学文本，以整体、系统的方式展开教学。也就是说，教师比较缺乏教学整体建构和推进的能力，影响了学生对教材主题的整体把握。

2. 文本解读：不能深入地让学生遵循文章内在情感主线，领悟文本之道

落实学科育人价值，需要教师对教学文本深入解读。进行全面精准文本解读要有"三个明确"：首先要明确文章中心意识，即文章讲了什么，告诉了读者什么；其次要明确作者中心意识，即文章是怎么写的，作者为什么这样写；最后要明确文本中心意识，即文本可以教什么，可以怎么教。在教学定式影响下，教师碎片化解读文章主题，只关注局部文本内容，能够部分引导学生发现言语

表达方式，但是在文章主旨的领悟上往往缺乏深入理解、思考和探索，不能从"单元主题—课文主旨—课后问题"教材逻辑线上层层深入解读文本，导致学生不能从言语共生入手梳理文章内在的情感脉络，领会文本育人之道。

3. 目标制定：缺乏科学方略，难以达成学生对内涵和价值取向的领悟

统编教材以"双线组元"的方式，将人文主题和语文要素逐一分散在单元的课文中落实，将知识、方法和技能等有机融入语文要素，解决了教什么的问题。如何借助教学内容精准落实语文要素？准确拟定教学目标是前提。但在目前教学中，教学目标的拟定存在以下问题：一是教学目标随意，横向勾连不足，有失准确性。二是割裂三维目标，在拟定教学目标时将其分割成知识与能力、过程与方法、情感态度与价值观进行单项训练。三是忽视年段要求，纵向呼应不够，拔高或降低学习要求，教学目标难以落实。四是教学目标没有操作性和检测性，空泛且指向不明。教学目标的制定缺乏科学方法策略，极大影响了语文要素的落实，学生难以领悟文章丰富的内涵和价值取向。

4. 学情分析：没有恰当地让学生的活动按认知规律走向深入，促进自我成长

学习是认知活动、智力活动的复杂过程，对事物的认知先有感性认知，才能有理性思维和行为。《课标》指出义务教育语文课程结构遵循学生身心发展规律和核心素养形成的内在逻辑。要提高学生的学习能力，必须遵循学生的认知规律。但在实际教学中，教师缺乏对学生认知规律的了解，教学活动难以促进学生成长。

第一，忽视了学生真实的需求和情感体验。教师在备课时、教学中，更关注教学内容与教学方案的执行，易忽视课堂中的学生，尤其是学生的真实问题、学习需求、上课的状态。这种情况往往导致教学效果低下，学生基本的听说读写能力尚不能得到良好发展，在语言文字的理解与运用中获得核心素养的发展，实现学科育人价值的目标更是困难。

第二，忽略对学生思想价值形成的基础条件与要素分析。知、情、意、行是人类思维的基本规律，也是学生完成自我身心发展和对外部客观世界改造活动需要遵循的总要求。"知"是"情""意"获得的基础，"行"是实现的关键和标志。但是在教学中，教师往往忽略了影响学生"情"和"意"发展的基础，忽略了学生最近发展区，生硬地灌输，包办代替学生的思维过程，这样的行为无疑背离了认知规律，难以促进学生思维品质和价值观念的形成。

第三，备课中缺少对学生情感发展层次的思考与设计。知识与能力、过程与方法、情感态度与价值观是相互融合与协调发展的过程。但有教师的教学问题设计停留在知识性学习上，缺乏情感态度与价值观的观照，无法促进学生的

情感体验和发展；也有教师问题设计缺乏难度和梯度，较少过程性指导，难以将学生情感体验及价值认知进一步引向深入。

总之，教学设计中忽略了教材内容的"瞻前顾后"，导致教学知识无体系，不能有效促进学生思维的结构化发展；忽视文本内容的"承前启后"，导致教学设计无梯度，教学行为支离破碎；忽视学生认知规律，导致学生核心素养能力发展受限。这三方面的问题，让学生不能全面、系统、符合认知发展规律地由低向高发展，减弱了以文化人的育人动能。

（三）教学评价方面：对主题的揭示较生硬，降低了以文化人的育人效能

《课标》指出应"重视对学生思想情感的熏陶感染作用，重视价值取向"。借用"冰山"模式直观地表达学科教学育人价值的层次关系，一个人的"自我"就像一座冰山一样，能看到的只是表面很少的一部分——行为，而更大一部分的内在世界藏在更深层次，不为人所见，恰如冰山。应用于教学中，我们可以理解为，学生价值观影响不能只注重外显的行为，透过学生行为能发现内在学习问题，更能反映教学问题。20世纪80年代中国学者冯忠良提出的"结构—定向"教学心理学原理指出：提高教学成效必须依据心理结构形成、发展的规律，实施定向培养①，但在现实教学过程中教师往往忽视了学生认知发展规律，对学生思想价值的影响方式不当，使学生难以建立结构化学习的规律，降低了以文化人的育人效能。

1. 以文化人的手段方式：重"灌输"轻"渗透"

学科核心素养是学科育人的价值追求，但在教学中出现重语言文字直接灌输，轻"文本之道"浸润、习得的现象，知识背后的审美、文化等的渗透理解更易被忽视，不能做到学习过程结构化。其背后的主要原因有以下几点：一是教学中没有以学生为中心，教师只关注教学内容和教学设计的实现，学生的学习以被动接受为主，学习过程没有真实展开，甚至出现"假学习"现象。二是教学问题缺乏关联。课堂上设计的问题碎、小、细、乱，缺乏核心问题的引领，问题与问题之间隔离开来，以致知识的学习以点状形式出现，学生缺少深度思考的时间，难以形成由低到高的知识结构，学生的能力发展受限。三是学生学习过程与真实情境脱离。学生对很多历史久远、离自身生活较远的文本学习兴趣本身就不浓，但教学中教师依然是就文本教文本，没有问题驱动和情境创设帮助学生建立与文本之间的联系。

在对区域在校一、三、五年级学生为调查对象进行的抽样调查中，通过课内单篇阅读、多文本阅读、整本书阅读和综合运用四个板块设计题型，考查学

---

① 冯忠良. 结构化与定向化教学心理学原理[M]. 北京：北京师范大学出版社，1998.

生对知识能力的迁移运用水平及对文本的内容、细节、结构和主旨等全面理解的能力水平。结果发现三个年级的学生在信息提取等直接获得知识的题目中得分率更高，可见教师在教学中对知识的传授重视程度较高，但教师仍然缺乏转化文本之道的有效途径和策略。

2. 以文化人的生成路径：重"形式"轻"内生"

语文学科育人的价值和意义在于通过将语文知识和学生心智建立内在的连接，使知识和学生形成互动关系，将教材中的知识活化，重建抽象知识与学生生活世界丰富、复杂的联系。同样以第二阶段学生素质与能力抽样评价结果为例，发现学生对知识的内化和迁移水平并不高，表明教师在教学中发现和建构知识还停留在形式上，缺乏对文本之道的有效转化策略。以"知识内化与迁移水平分析"为例，分析发现，学生群体"语言运用"情境得分率为84.1%，而"社会文化"情境得分率为76.5%，这表明学生在"语言运用"情境中的表现优于在"社会文化"情境中的表现。在"任务场景"中，学生在"文学鉴赏"栏目得分最低，在"诗词鉴赏""散文鉴赏"等审美鉴赏与创造的素养上也不高。由此可以看出，教师在日常教学过程中，对文本形式的教学较为重视，但缺少文本之道的活化与运用，不能找到文本形式与文本之道的衔接点和提升点，并对学生在知识的内化迁移上进行有效教学，从而导致传道育人效果不佳。

综上可知，教师对文本主旨的碎片化解读及教学导致学生的学习和理解缺乏整体性，弱化了以文化人的育人价值；教学过程缺乏逻辑和结构，导致学生对主旨的感受层次性不强，减弱了以文化人的育人动能；教师对主旨强势、僵化地揭示，导致学生的感悟停留在表面，降低了以文化人的育人效能。

那么，如何有效解决以上问题，落实语文学科以文化人的育人功能呢？以结构化教学理念，构建"结构化的教材解读—结构化的教学设计—结构化的教学评价"三方面推进的逻辑闭环，是实现小学语文以文化人的有效手段。首先，解读为纲，提高教师对教材和文本的解读能力，深入挖掘其中的育人价值；其次，设计为核，系统、层级推进课堂教学，实现学生言语生命共生；最后，评价为尺，科学评价教师教的效果和学生学的效果，引导教师和学生发现问题，解决问题，实现教学评一体化。

3. 以文化人的效能评价：重"结果"轻"过程"

"文本之道"的学习强调依据教学内容和学生的年龄特征而定，重在过程的体验和感受。但在教学中出现重视知识与技能的训练结果，轻视过程、方法、情感态度与价值观的感受、体验和渐染现象。

近年来，在区域第一阶段学生素质与能力评价抽样调查中发现，一线教学存在一定程度上重知识获得，轻心智发展的现象。共抽样8569份样本，从最新数据结果来看,学生在"信息提取""应用"这两个直接获取知识的指标中得分较高,分别为82.2%和91.1%,但是在"综合概括""分析""逻辑理解"和"关系理解"这些情智发展的高阶指标中得分较低,最高为81.9%,且区域内校际、班际、生际差异较大,说明教师在平时教学中较重视知识的传授,忽略发展学生的认知发展与体验过程。

第二阶段的学生素质与能力抽样评价在第一阶段的基础上增加了与育人相关的指标,通过关联数据分析,学生的学习缺乏意义建构,多单项技能习得。

从数据分析可以看出,学生在"应用""表达""书写"等单项技能指标上得分较高,分别为91.3%、89.1%和94.7%,而在与文本之道关系密切的指标中得分较低。其中,学生能力板块中"关系理解"得分较低,为79.5%,影响到了知识板块中"语意""语篇"和"主题"的得分,分别为71.5%、79.2%和78.2%,反映出学生对文本的内容细节、结构和主旨全面理解的问题有所欠缺;还影响了技能板块中"评价"和"创作"的得分,分别为75.3%和76.1%,这两项指标直接指向学生对文本之道的建构和运用,表明区域教师在教学中对文本之道意义建构的教学整体把握不足,导致彼此关联、相互影响的现象。

综上可知,学生在与育人相关的指标中有所欠缺,表明了教师在教学中对知识结果的获取重视程度高于知识的构成、内涵、情意获得过程。教学活动设计忽略了学生认知规律,减少了以文化人的育人动能。

第三节 以文化人的结构化教学实施路径

以文化人是中国传统文化中的重要教育理念,强调通过教育培养人的道德情操、审美情趣和文化素养等。在小学语文教学中,贯彻以文化人的理念,不仅有助于学生核心素养的提升,促进学生全面发展,对学生的思想品德和人文素养也具有深远的影响。同时,以文化人也是传承和弘扬中华优秀传统文化的重要途径,有助于激发学生的爱国情怀和文化自信心。

经过长期的教育教学实践,坚持以"以文化人"为育人导向,以"结构化"思维模式,建构了多元化、多形式的课程实施框架和操作策略(详见图1-1),形成了"课""题""点""线""面""体"的育人层级,探索出"教材解读结构化——文以载道""教学设计结构化——以文传道""教学评价结构化——以道化人"的实施路径,聚焦学科课型中的主问题、重难点、主线索、育人面,最终达到"以文化人",培养学生核心素养,实现"立德树人"的育人目的。

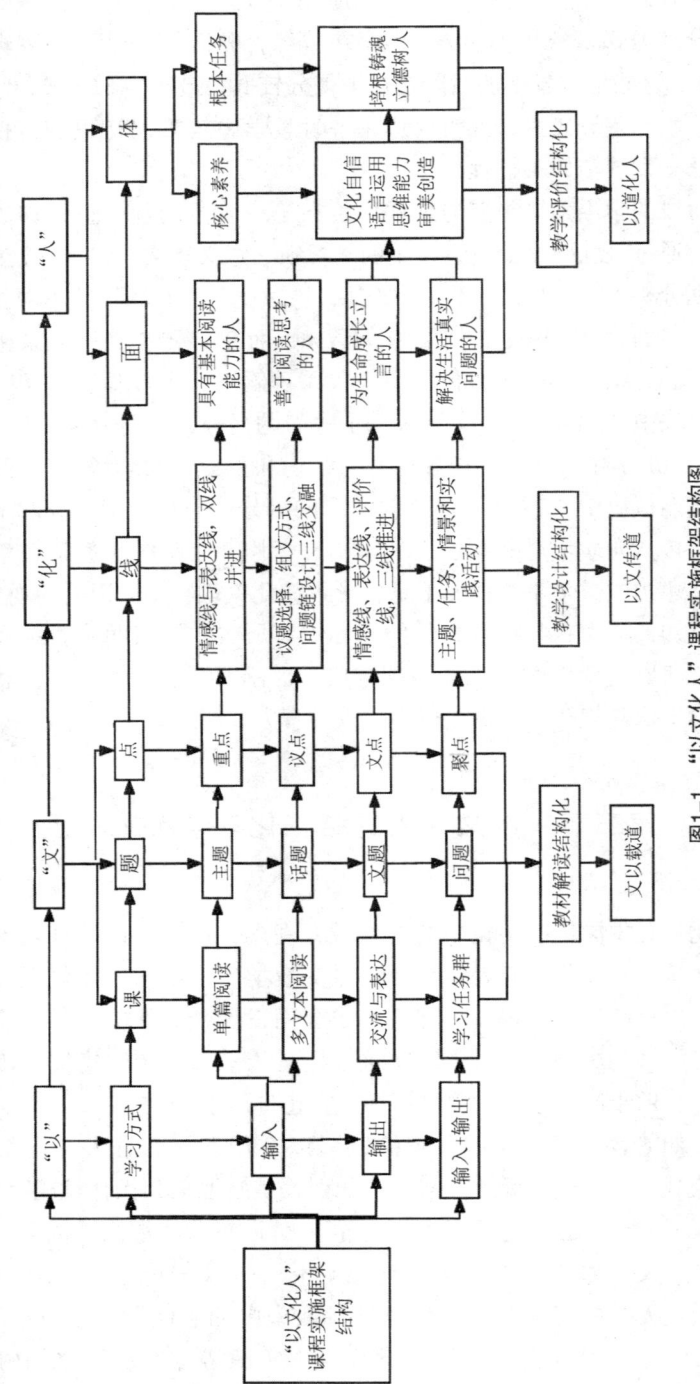

图1-1 "以文化人"课程实施框架结构图

一、教材解读结构化——文以载道

文以载道是指文本中蕴含的道理、传递的精神和承载的思想。解读教材就要从这方面入手明晰文本的育人价值。统编版小学语文教材主题集中体现了中华优秀传统文化、革命文化、社会主义先进文化，涉及文化传承和文化交流，蕴含着丰富的审美意蕴，反映了社会生活中的人文关怀和道德观念。通过对教材主题的结构化解读，引导学生从中领悟人生道理，培养正确的道德价值观和对美的感知能力，并提升其审美情趣和鉴赏能力，使学生在了解和感悟优秀文化的同时，增强文化自信心和文化认同感。

教材主题的结构化解读一般从教材主题的选取、教材主题的解读、教材主题的拓展、教材主题的评价等方面进行，注重与学生生活和成长相关联，这样既能引起学生的兴趣，又能够反映人文情怀和社会责任感。如三年级上册第一单元的人文主题是学校生活，教材编排了《大青树下的小学》《花的学校》《不懂就要问》三篇课文，口语交际话题是"我的暑假生活"，习作是以"猜猜他是谁"为主题写一位同学，让学生从多个角度对主题进行深入剖析，通过学习贴近其生活的课文，以讲解、讨论、阅读、写作等方式，引导学生多层次、多维度地深入思考，感受学校生活的美好和意义，增强学生对学校生活的喜爱，培养其良好的人际关系。教材主题结构化解读注重与学生的实际生活和社会实践相结合，引导学生将主题延伸到现实生活中，通过观察、体验、实践等方式，加深对主题的理解和感悟，并全面客观地评价学生的学习情况和发展水平，包括认知、情感和行为方面，对学生的理解能力、表达能力和思维能力进行评价，为学生的进一步发展提供指导和帮助。

（一）"横向—纵向"教材主题解读体系

在小学语文教学中，教材主题是教学内容的核心，对学生的认知、情感和品德修养具有重要影响。如何帮助学生全面理解和把握教材主题，成了语文教学中的一项重要任务。在以文化人为指导的小学语文结构化教学区域实践中，采取"横向—纵向"解读教材主题的内容体系，培养学生的综合素养和文化品格。

"横向—纵向"解读教材主题的内容体系，是指在教学过程中，既要横向对比不同教材主题之间的内在联系和相互呼应，又要纵向剖析同一主题的不同层次和维度，以全面理解和把握教材主题的内涵和意义。

1. 结构化视域下的教材解读框架

以课标为基，以统编教材为本，在解读教材主题的内容体系时，横向维度梳理出了"人与自然""人与社会"和"人与自我"的结构化人文主题框架，促进教师全面把握语文教学的育人价值，突出文以载道、以文化人。可以将主题整合为以下七大类（见图1-2）。

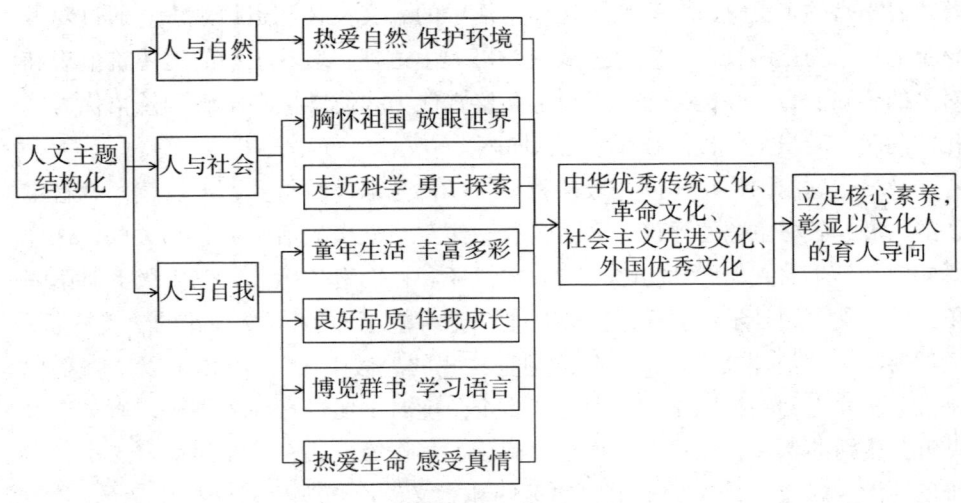

图1-2 教材人文主题结构图

（1）横向梳理结构化的教材主题体系

横向梳理统编版教材的主题，比较不同主题之间的关系，搭建结构化的教材主题体系，可以帮助学生发现不同主题之间的内在联系和相互呼应，增强其对教材整体结构的把握能力。如"童年生活，丰富多彩"和"博览群书，学习语言"两个主题，学生通过比较可以发现童年生活和阅读时的喜怒哀乐是有内在联系的，即热爱阅读、热爱学习的人往往会有着丰富的精神世界、多彩的童年生活，而有趣的童年生活往往少不了群书的滋养，少不了学习的快乐。这种比较可以激发学生对学习、阅读和生活的深刻思考，培养其正确的价值观念和良好的品德素养。

表 1-4 横向梳理结构化的教材主题体系

主题分类	单元册次	人文主题	语文要素
童年生活 丰富多彩	二年级上册 第三单元	儿童生活	阅读课文，能说出自己的感受或想法；借助关键词句，理解课文内容
	二年级下册 第四单元	童心	运用学到的词语把想象的内容写下来；试着默读
	三年级上册 第一单元	学校生活	阅读时，关注有新鲜感的词语和句子；体会习作的乐趣
	三年级下册 第六单元	多彩童年	运用多种方法理解难懂的句子；描写身边的一个人，尝试写出他/她的特点
	四年级上册 第六单元	多彩童年	学习用批注的方法阅读；通过人物的动作、语言、神态体会人物的感情
	五年级下册 第一单元	童年往事	体会课文表达的思想感情
	六年级下册 第六单元	难忘的 小学生活	学习整理资料的方法
博览群书 学习语言	二年级上册 第七单元	想象	展开想象，获得初步的感情体验；尝试默读
	三年级上册 第三单元	有趣的童话	感受童话中的丰富想象；试着自己编童话，写童话
	三年级上册 第四单元	阅读策略	预测：一边读一边预测，顺着故事情节去猜想；学习预测的一些基本方法；尝试编故事
	三年级下册 第二单元	寓言故事	读寓言故事，明白其中的道理；把图画的内容写清楚
	三年级下册 第五单元	大胆想象	走进想象的世界，感受想象的神奇；发挥想象写故事，创造自己的想象世界
	三年级下册 第八单元	有趣的故事	了解故事的主要内容，复述故事；根据提示，展开想象，尝试编童话故事
	四年级上册 第二单元	学贵有疑	阅读时尝试从不同角度去思考，提出自己的问题
	四年级上册 第四单元	魅力神话	了解故事的起因、经过、结果；感受神话中鲜明的人物形象
	四年级下册 第二单元	奇思妙想	阅读时能提出不懂的问题，并试着解决

续表

主题分类	单元册次	人文主题	语文要素
博览群书学习语言	四年级下册第三单元	轻叩诗歌的大门	初步了解现代诗的一些特点，体会诗歌的情感；根据需要收集资料，初步学习整理资料的方法
	四年级下册第八单元	奇妙的童话	感受童话的奇妙，体会人物真善美的形象
	五年级上册第二单元	阅读效率	学习提高阅读速度的方法
	五年级上册第三单元	民间故事	了解课文内容，创造性地复述故事
	五年级上册第五单元	说明文	阅读简单的说明性文章，了解基本的说明方法
	五年级上册第八单元	读书	阅读时注意梳理信息，把握内容要点
	五年级下册第二单元	古典名著	初步学习阅读古典名著的方法
	五年级下册第八单元	语言的魅力	感受课文中巧妙的对话和风趣的语言
	六年级上册第三单元	阅读方法选择	根据不同的阅读目的，选用恰当的阅读方法
	六年级上册第四单元	小说的魅力	读小说，注意情节、环境，感受人物形象
	六年级上册第五单元	立意为宗	抓住关键句，把握文章的主要观点
	六年级上册第七单元	艺术之旅	借助语言文字展开想象，体会艺术之美
	六年级下册第二单元	外国文学名著	了解作品梗概，把握名著的主要内容，就感受深刻的人物和情节交流感受

（2）纵向剖析同一主题的螺旋进阶

通过纵向剖析同一主题的不同层次，可以帮助学生深入理解主题的内涵和意义，拓展其思维深度和广度，提升其文化素养和审美情趣。如"胸怀祖国，放眼世界"这一主题，通过纵向剖析会发现随着学生年段增加，人文主题内涵逐渐加深，语文要素逐渐增多，对学生语文核心素养的培养逐渐增强。

表1-5 纵向剖析同一主题的螺旋进阶

主题分类	单元册次	人文主题	语文要素
胸怀祖国放眼世界	一年级上册第一单元	识字	认识"田"字格;笔顺规则:从上到下、先横后竖
	一年级上册第五单元	识字	学习常见偏旁部首及会写字的笔顺;认识常用的量词;认识会意字;认识部首与字义的关系;学习笔顺规则,从左到右、先撇后捺
	一年级下册第一单元	识字	看图识字、韵语识字、字族文识字、字谜识字、了解形声字的构字规律
	一年级下册第五单元	识字	学习运用形声字的构字规律进行识字
	二年级上册第二单元	识字	运用形声字形旁表义、声旁表音的特点归类识字;学习"部首查字法"查字典
	二年级上册第六单元	伟人	借助词句,了解课文内容;形声字声旁表音的特点
	二年级下册第三单元	识字	传统文化:形声字形旁表义的特点
	三年级上册第六单元	祖国河山	借助关键语句理解一段话的意思;习作的时候,试着围绕一个意思写
	三年级下册第三单元	中华优秀传统文化	了解课文是怎样围绕一个意思把一段话写清楚的;综合性学习;生活中的传统节日
	五年级上册第四单元	爱国之情	结合查找的资料,体会课文表达的思想感情
	五年级下册第三单元	遨游汉字王国	感受汉字的有趣,了解汉字文化;学习搜集资料的基本方法
	六年级上册第二单元	革命岁月	了解文章是怎样点面结合描写场面的
	六年级上册第八单元	革命战士	借助相关资料,理解课文主要内容
	六年级下册第一单元	民风民俗	阅读时,分清内容的主次,体会作者是如何详写主要部分的

"横向—纵向"解读教材有助于培养学生全面理解和把握教材主题的能力。通过横向比较和纵向剖析,学生不仅能够深入理解教材主题的内涵和意义,还能够拓展思维广度和深度,增强对语文学科的认同感和情感共鸣。因此,教师

在教学中可以运用这样的解读方法，结合具体的教学内容和学生的实际情况，设计更加多样化和具有灵活性的教学活动，引导学生进行综合性思考和分析，培养其独立思考和创造性思维能力。

2."四大文化"的结构化体系

课标课程内容的主题主要包括中华优秀传统文化、革命文化、社会主义先进文化，还选择反映世界文明优秀成果、科技进步、日常生活特别是儿童生活等方面的主题。统编语文教材一到六年级12册教材采取与单元主题、语文要素匹配的方式编排四大文化主题的课文，将选文分散到不同的单元。因此，将课文按照四大文化和学段进行结构化的梳理，形成四大文化的结构体系。这样从零到整，由篇达类，深度挖掘语文学科文化价值，更有助于学生传承、发扬中华优秀传统文化，吸纳人类优秀文明成果。

（1）中华优秀传统文化

优秀的传统文化是一个民族的灵魂，一个民族的精神。传承中华优秀传统文化就是传承文化的根、精神的根，就是增强民族的凝聚力。统编版小学语文教材一共编排了与传统文化相关的古诗文129篇，约占总篇目数的30%，从汉字文化、古代蒙学读物、古代文学作品、历史名人故事、文化艺术、文化常识和民风民俗等方面选编了相关内容。传统文化如古诗文，通过多渠道呈现，在识字、课文、课后题、语文园地的"日积月累"栏目中都有所涉及。

在第一学段32个单元（包含两个拼音单元）中，"中华优秀传统文化"遍及23个单元，占比为71.88%，是第一学段学习的主要内容。以蒙学与经典诗文为主，通过学习汉字的字音、字形、字义，了解其历史发展以及背后的故事，让学生受到传统文化的熏陶，培养其热爱国家通用语言文字、热爱中华文化的意识。传统节日是中华文化传统的重要组成部分，统编教材在低年段选编了4篇与传统节日有关的课文，其中《春节童谣》《端午粽》《难忘的泼水节》侧重介绍一个传统节日，而《传统节日》综合介绍多个传统节日，具有鲜明的文化特色。

第二学段一共编排了5个与传统文化有关的单元，在本学段占比为15.6%，在整个小学阶段占比为5.3%。从历史名人故事、文化艺术、文化常识和民风民俗等方面进行了选编。其一在识字教学中渗透传统文化。通过学习汉字的来源、演变和书写等，学生可以感受到汉字的美和韵，从而提高传承与弘扬中华优秀传统文化的意识。其二在语言感悟中渗透传统文化。中华优秀传统文化是语文学科的重要内容和资源，中华优秀传统文化中的汉字文化、诗词文化等，是培养学生语文核心素养的重要资源。本学段古诗文通过多渠道呈现，例如，三年级下册选编了《元日》《清明》和《九月九日忆山东兄弟》，渗透传统文化教育。三年级开始安排文言文《司马光》《守株待兔》，四年级上册安排《精卫填海》《王戎不取道旁李》等进一步渗透传统文化学习。

第三学段中华优秀传统文化分布在 16 个单元，占该学段课文的 53.3%，在整个小学阶段（94 个单元）中，中华优秀传统文化单元的分布及占比为 17%。

小学学段注重古诗词鉴赏与文言文阅读，内容涉及圆明园、故宫博物院等建筑文化以及京剧戏曲文化、少数民族文化、节日民俗等。其中最有特色的是《少年中国说（节选）》、四大名著单元和大量的古诗词——这些是纯粹的文学艺术作品，直接体现中国古代传统文学的艺术风格和审美情趣。同时还大量选编了经典古诗词和浅易的文言文，如《论语》选段、《孟子》中的寓言、《史记》故事等，这些不仅帮助学生积累了古汉语知识，还深入体会了中华文化的精髓。在本学段，通过课文和语文园地介绍中国的传统节日（如春节、中秋节）及其习俗，如《北京的春节》《嫦娥奔月》等，让学生了解并传承传统文化；通过历史名人的故事，如《司马光》《草船借箭》等，展现中华文化的智慧。

从第一学段的简单背诵古诗，到第三学段的古诗词鉴赏与文言文阅读，学生对中华传统文化的理解逐渐加深。通过不同年段、不同角度的传统文化内容安排，形成对中华传统文化的全方位认知，实现由感性认知到理性理解的螺旋式上升。

（2）革命文化

"人民有信仰，民族有希望，国家有力量。"党中央高度重视社会主义精神文明建设，特别是思想道德建设，高度重视立德树人、以德铸魂。语文教材就是落实社会主义核心价值观的重要载体，统编小学语文教材选入了老一辈无产阶级革命家和革命英雄人物的代表性作品及反映他们生平事迹的传记、故事等作品，反映党领导人民革命的伟大历程和重要事件的作品，有关革命传统人物、事件、节日、纪念日活动等方面的作品，阐发革命精神的作品，如革命圣地、革命旧址和革命文物等，将社会主义核心价值观同学生的语文学习有机融合，力求做到"润物细无声"。

在第一学段 32 个单元（包含两个拼音单元）中，"革命文化"遍及 5 个单元，占比为 15.23%。革命文化主题的课程内容遵循学段特征和学生学习认知规律进行整体规划。从选文和编排来看，第一学段充分考虑了学生的认知规律及文本和学生之间的距离，采取与单元主题、语文要素相匹配的方式编排革命文化主题课文，将选文分散到不同的单元中。除了二年级上册"伟人"主题单元采用集中编排，其余选文分散编排在不同单元如二年级上册三单元语文园地"我爱阅读"板块《王二小》、二年级下册第一单元《邓小平爷爷植树》。相较其他教学内容，这样的编排方式，主要是为了适应低段语文要素隐性编排的特点，引导学生在言语学习中"初步感受伟大革命人物的美好品质"。

  第二学段革命文化一共有 4 个单元，在本学段占比为 12.5%，在整个小学阶段占比为 4.3%。三年级主要相关课文分散在不同单元，例如，三年级上册第一单元《不懂就要问》，第八单元《灰雀》和《手术台就是阵地》，三年级下册第六单元《我不能失信》。四年级同一单元选编的革命文化类课文数量逐步增加，如四年级上册第七单元《为中华之崛起而读书》《梅兰芳蓄须》《延安，我把你追寻》，四年级下册第六单元《小英雄雨来》，第七单元《黄继光》，旨在引导学生初步感受伟大革命人物的美好品质。本学段关于革命文化的内涵主要集中在"感悟情怀"和培养"朴素情感"上，如对爱国主义的情怀，对党和国家的情感以及民族自豪感，这是文化自信的自觉表达。语文实践的内容则包含了复述、交流、诵读、分享等形式在内的多种活动。

  第三学段革命文化分散在 4 个单元中，占该学段课文的 13.3%，在整个小学阶段的占比为 4.3%。本学段侧重学习革命英雄故事，如《狼牙山五壮士》《小英雄雨来》等，通过讲述革命先烈的英勇事迹，培养学生的爱国情怀和革命精神。还通过选取红色经典文章或片段，如《延安，我把你追寻》，让学生感受革命岁月的艰辛与伟大。通过不同历史时期、不同角度的革命故事，构建起学生对革命文化的系统认知，形成对革命精神的传承与弘扬。总的来说，第三学段有相当篇幅的内容，因离学生生活较远，难度是比较大的，内涵逐步丰富和加深。

  革命文化从第一学段的初步了解革命英雄，到第三学段的深入理解革命精神，通过讲述革命先烈的英勇事迹，培养学生的爱国情怀和革命精神。

  （3）社会主义先进文化

  牢牢把握中国特色社会主义共同理想并积极倡导社会主义核心价值观，延续中华民族的血脉和精神。在义务教育阶段教材中主要有反映社会主义建设事业中取得的重大成就、涌现出来的模范人物与先进事迹的作品；反映当代中国从站起来、富起来到强起来的奋斗历程和重大事件，以及体现中国式现代化新道路和人类文明新形态的相关作品；反映和谐互助、共同富裕、改革创新、劳动创造美好生活等方面的作品。

  第一学段 32 个单元（包含两个拼音单元）中，社会主义先进文化遍及 9 个单元及一年级上册入学适应单元，占比为 28.13%。第一学段是学生思想启蒙的孕育期，遵循学生身心发展规律和核心素养形成的内在逻辑，从识字与写字、阅读与鉴赏、交流与表达等语文活动中，培养学生的爱国主义、集体主义、社会主义思想道德，逐步形成正确的世界观、人生观和价值观。

第二学段的社会主义先进文化一共有16个单元，在本学段占比为50%，在整个小学阶段占比为17%。选材突出社会主义核心价值观教育，多与儿童生活、祖国河山、科学知识有关。表现形式也更加灵活，以动物寓言、童话故事等为载体，渗透情感、态度、价值观的培养，体现社会主义先进文化导向。

第三学段选取反映社会主义建设时期人民生活和精神风貌、介绍当代社会的先进人物和事迹的作品为主，占比约为6.7%，在整个小学阶段占比为2.1%。让学生感受社会主义建设的伟大成就，展现社会主义先进文化的时代风貌。

社会主义核心价值观是当代中国精神的集中体现，而语文教材是落实社会主义核心价值观的重要载体，只有在教育教学中加强民族团结、生态文明及科学精神教育，才能培养更多德智体美劳全面发展的社会主义建设者和接班人。教材通过不同侧面、不同领域的社会主义先进文化内容，引导学生形成正确的世界观、人生观和价值观。从初步了解社会主义建设成就，到社会主义核心价值观的渗透，再到深入理解社会主义精神内涵，学生对社会主义先进文化的认识逐步提升。

（4）外国优秀文化

推动社会主义文化大发展、大繁荣，不仅要继承和发扬优秀传统文化、革命文化和社会主义先进文化，也要积极吸收借鉴国外优秀文化，丰富知识，增长才智，为中国特色社会主义现代化建设服务。外国优秀文化的主要载体为外国文学名著、科普科幻作品、实用性文章、中外优秀儿童文学作品等。通过学习外国文学作品，拓展学生的知识面，感知外来文化，获得不同文化的情感体验和价值观的熏陶。

第一学段32个单元（包含两个拼音单元）中，"外国优秀文化"分布在5个单元，占比为15.63%，占比不大。第一学段以学习简单的寓言故事和童话故事为主，培养学生基本的语文学习能力，初步体会作品蕴含的道理，获得初步的情感体验，并且通过阅读这些作品，学生能够获得不同文化的情感体验和价值观的熏陶，落实语文要素。

第二学段中外国优秀文化作品分布较多，一共有4个单元，在本学段占比为12.5%，在整个小学阶段占比为4.3%。以寓言故事、童话故事、神话故事等故事形式呈现，促进学生阅读理解的深化和表达能力的提升，发挥语文学科审美育人的功能。

第三学段中外国优秀文化占比约为6.7%，在整个小学阶段占比为2.1%。通过阅读经典的外国文学作品，认识世界各国的文化习俗、风土人情等，拓宽学生的国际视野。

打造强大文化软实力，必须坚定不移、与时俱进地推进社会主义先进文化建设，同时应汲取中华优秀传统文化精华，借鉴外国优秀文化成果。教材从第一、二学段阅读外国童话故事、寓言故事和神话故事到第三学段深入阅读外国文学名著，学生对外国文化的理解逐渐加深。通过不同年级、不同题材的外国文学作品，构建起学生对世界文化的多元认知，培养学生的跨文化交流能力。

（二）"宏观—中观—微观"育人目标解读路径

在语文教学中，育人目标是教学的核心，教师从"宏观—中观—微观"解读育人目标，全面提升学生的核心素养，从整体到部分，分层次、分阶段地达成育人目标。从宏观层面对整体育人目标进行规划和设计，到中观层面对具体的育人策略和方法进行选择和实施，再到微观层面对教学过程中的细节进行把控和调整。

从纵向角度探索出结构化解读育人目标的操作路径，系统把握教材中承载的育人内容，精准定位育人目标，把握文本之道（见图1-3）。根据课程标准，结合各单元目标，厘清每个单元知识的内在联系，全面、整体地把握知识体系，

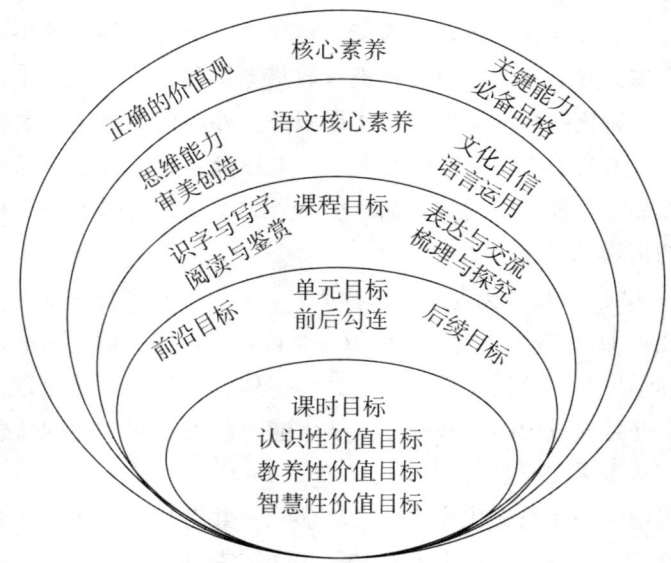

图1-3 教学目标解读结构化的实施路径图

领会单元的育人目标；规划教学课时，提炼出教材中蕴含的情感、态度和价值观的育人要素，将教学内容和教学目标有机融合，这样结构化地解析教材，才能整体、系统地把握文本之道，以便结构化地进行教学设计。

在教学规划阶段，教师根据语文学科特点和宗旨，按照课标的要求从宏观层面对整体育人目标进行规划和设计。具体包括确定育人目标的总体框架和发展方向，明确学生应具备的思想品德和人文素养，为后续的教学实施提供指导和支持。

在教学设计阶段，教师根据教学内容和教材特点，按照课程目标从中观层面对具体的育人策略和方法进行选择和实施。具体包括根据学生的实际情况和教学目标，选择适合的教学内容和教学方法，设计有针对性的教学活动和教学任务，以促进学生的全面发展。

在教学实施阶段，教师根据教学目标和学情，从微观层面对教学过程中的细节进行把控和调整。具体包括关注学生的学习情况和反馈信息，根据学生的实际表现和需要，及时调整教学方法和教学策略，确保教学过程的顺利进行和教学效果的达成。

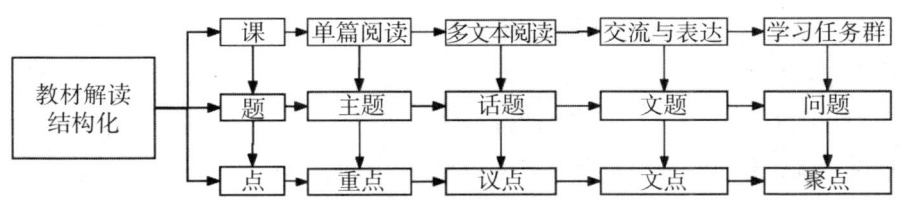

图1-4 "宏观—中观—微观"结构化解读教材的实施路径图

（三）"宏观—中观—微观"结构化解读教材的实施路径

通过实施"宏观—中观—微观"解读育人目标的操作路径，教师根据学生的实际情况和需要，合理安排教学内容和教学方法，设计有针对性的教学活动和教学任务，在教师教学能力得到提升的同时，提高教学质量和效果。再以系统的育人目标规划和实施，多样化的育人策略和方法运用，感悟和欣赏优秀的文学作品，增强学生对传统文化的认同和自豪感，帮助学生树立正确的人生观和价值观，成为德智体美劳全面发展的社会主义建设者和接班人。

二、教学设计结构化——以文传道

在小学语文教学中，教学设计是教学工作的重要组成部分，对于教学效果和学生发展具有重要影响。教学设计是教师根据教学目标和学生特点，制订教学计划和教学方案的过程。其基本理念包括以学生为中心、注重思维活动、多样化教学方法、因材施教等。在以文化人的教学理念指导下，教学设计更加突出整体性、层次性、逻辑性的特点，注重培养学生的核心素养。

课程改革和课标颁布后，小学语文教学内容组织与呈现方式主要是语文学习任务群。语文学习任务群教学作为一种教学方式，打破了传统的单篇独立教学范式，将教学内容视作一个整体，通过对单元内容的梳理与整合，以语文大概念为核心，以结构化的任务、项目、问题为牵引，通过多样化的语文实践活动，以连续的课时，促进学生深度学习，形成语文学科核心素养。语文学习任务群教学的设计与实施关涉多个要素，如内容的整合、任务的设计、情境的创设、活动的开展、课时的变革等，但最为关键的是内蕴的结构化思维。"如果几篇课文没有一个完整的'大任务'驱动，没能组织成一个围绕目标、内容、实施与评价的'完整'的学习事件，那它就不是我们所讲的单元概念。"① 因此，在教学实施过程中不再是简单的知识问答，也不是单个的技能操作，而是在一种真实情境下对不良结构问题的深度思索，教学设计结构化就尤显重要。

（一）教学设计结构化的组织要素

在结构化教学设计方面，逐渐形成了"学习主题""学习内容""学情分析""学习目标""任务活动""评价细则"的闭环结构（见图1-5）。以特定主题创设情境，分析学情，精准制定学习目标，整合学习内容，结构化地设计教

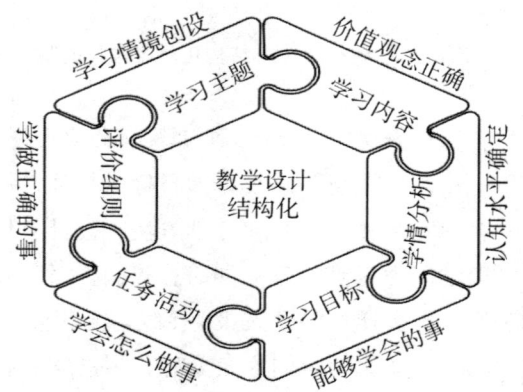

图1-5 教学设计结构化的操作模式图

---

① 崔允漷. 如何开展指向学科核心素养的大单元设计[J]. 北京教育（普教版），2019（2）：11-15.

学,培养学生正确的价值观念,并且建立指向教学效能的评价细则,在真实情境中检验学习效果,让育人可视化。

(二)教学设计结构化的操作路径

小学语文教学设计是一个系统的过程、动态的工程,需要综合考虑学生的认知发展、学习兴趣、教学内容、教学目标等方面。实践中教师分别在单篇阅读、多文本阅读、交流与表达和学习任务群教学中,以结构化教学设计框架理念为指导,从文以载道(教材解读结构化)、以文传道(教学设计结构化)和以道化人(教学评价结构化)三方面进行教学设计(见图1-6)。

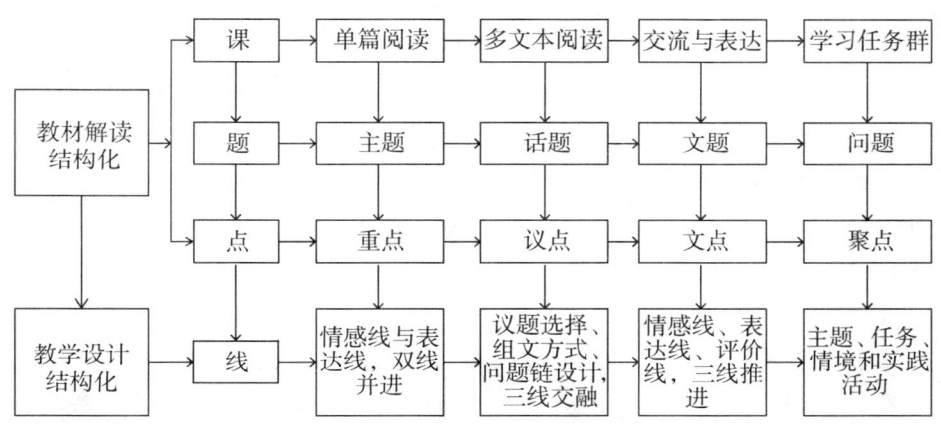

图1-6 教学设计结构化的操作指南图

单篇阅读以三题(单元主题、课文主题、课后习题)为导,解读教材,紧扣三题,设计教学。围绕单元主题,创设学习情境;依据课文主题,明确核心任务;转化课后习题,设计学习活动。借助单元内单篇文本间的内在联系,为学生构建知识体系。将课后习题转化为学习活动,以达成教学目标。通过"单元主题—课文主题—课后习题"的层级学习,引导学生深入文本,领悟主题,提升学生阅读和思维能力,培养具有基本阅读素养的人。

多文本阅读以"议题为核——双线交融式"解读文本。聚焦议题建构,围绕教学目标及重难点,以辨识与提取、比较与融合、评价与反思、应用与创新四个能力为纵向维度,以主问题、子问题和辅助问题串、学生活动和设计意图为横向维度,根据"议题—组文—问题—意义建构",设计结构化的问题链,多维度推进议题的理解。

习作表达以"三题(单元主题、习作话题、习作题目)定位,靶向文心"解读教材。以"三线一心,育人为核"为原则设计教学,其中"三线一心"指的是从主题中提炼文心，围绕文心，从内容线、逻辑线和表达线进行教学设计，以激发学生言语生命的潜质，遵从内在的生命表达意愿的育人路径，形成作文、做事、做人三方面合一的价值信念。

　　核心素养是学习任务群设计的原点，提升学生的核心素养是学习任务群设计的目标。语文学习任务群的设计最终指向正确价值观、必备品格和关键能力的培养，以及学生核心素养的全面提升。对标《课标》，可发现语文学习任务群的设计要素：内在逻辑——身心发展规律和核心素养，场景——生活为基础，主线——语文实践活动，引领——学习主题，载体——学习任务。从中可以看出，语文学习任务群设计的要素是"学习情境""实践活动""学习主题""典型任务""学习内容"。语文学习任务群的设计要重视整合，目标导向，根据教学目标，对教学内容进行结构化的筛选、重组，按照"为什么学（目标与成果表现）—学什么（学习内容）—怎么学（学习方法）—学到什么程度（学习评价）"的内在逻辑，确定学习任务群的设计流程。学习任务群设计路径：创设素养目标—确定学习成果与表现—设计任务情境—学生开展学习—落实教学评价。

三、教学评价结构化——以道化人

　　威金斯和麦克泰格指出："教师在思考如何开展教与学活动之前，先要努力思考此类学习要达到的目的到底是什么，以及哪些证据能够表明学习达到了目的。关注预期学习结果，这样才有可能产生适合的教学行为。"① 教学评价是教学过程中的重要环节，是对教学活动和学生学习情况进行全面评估和有效反馈的过程，对于评估学生学习情况和教学效果具有重要意义。教学评价的基本理念包括促进学生发展、综合评价、因材施教、循序渐进等，主要包括评价目标确定、内容选择、方法设计、工具准备、过程实施、结果分析和反思等环节，这些环节相互关联、相互作用，构成了教学评价结构化的整体框架（见图1-7）。

---

　　① 威金斯，麦克泰格. 追求理解的教学设计［M］. 闫寒冰，宋雪莲，赖平，译. 上海：华东师范大学出版社，2017：14.

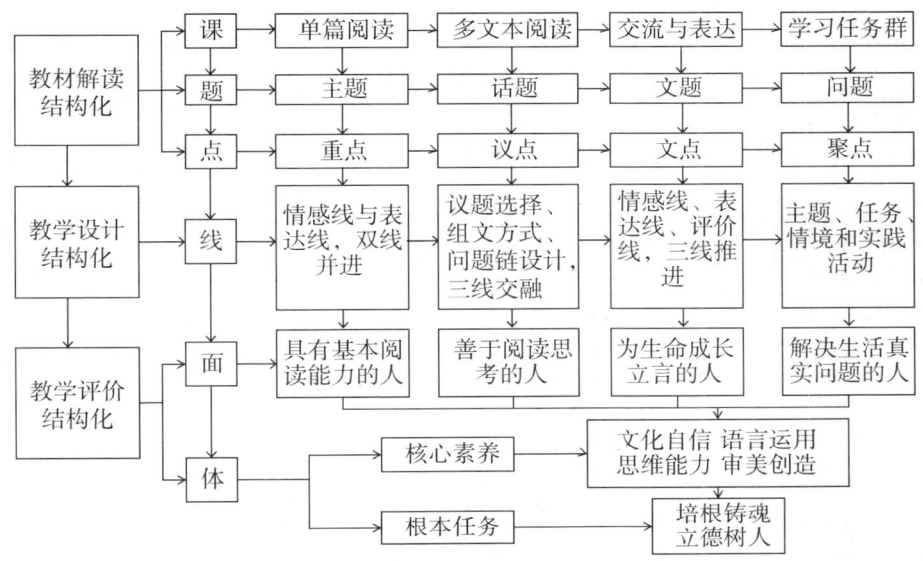

图 1-7 教学评价结构化的操作指南图

结构化视域下小学语文以文化人的实践研究，以"以文化人"的三个落脚点为关键，设计了两级指标，以文以载道（教材解读结构化）、以文传道（教学设计结构化）和以道化人（教学评价结构化）为一级指标。其中，"价值取向"和"文本解读"为文以载道的二级指标，"学情分析""主题把握""逻辑主线"和"认知发展"为以文传道的二级指标，"手段方式"和"教学效果"为以道化人的二级指标，最后对应二级指标进行详细的指标描述和分数量化（详见表1-6）。

表 1-6 《以文化人的小学语文结构化教学》课堂评价指南

一级指标	二级指标	指标描述	分值（总分100）
文以载道（教材解读结构化）	价值取向（10分）	落实《义务教育语文课程标准（2022年版）》	
		作者意图（呈现的情感、人生观、价值观、生活观等）	
		核心素养的体现	
	文本解读（20分）	单元主题	
		文本主旨	
		文本主线	
		助学系统（语文要素、课后习题、阅读提示等）	
		其他：文体、语言、内容、背景、风格等	

续表

一级指标	二级指标	指标描述	分值（总分100）
以文传道（教学设计结构化）	学情分析（10分）	身心发展特点；已有知识水平；存在的问题	
	主题把握（10分）	内涵掌握程度；教学呈现方式	
	逻辑主线（10分）	线索清晰度；教学板块明晰度；主题关联度	
	认知发展（10分）	思维的整体性、发展性、深刻性；情感态度价值观的形成与发展	
以道化人（教学评价结构化）	手段方式（15分）	评价主体（教师、学生、同伴等）	
		评价方式（过程性评价、终结性评价等）	
		评价工具（量表、作业、测评等）	
	教学效果（15分）	主题（道理、精神、思想等）的理解；结构化认知水平（知识的内化与迁移）；学生核心素养的全面发展	

参照课堂评价指南的指标描述，根据单篇阅读、多文本阅读、习作表达和学习任务群的教材解读要素和教学设计要点，分别细化了三级指标和量化分值。以往我们所采用的课堂教学评价往往是基于学生成绩和课文讲评来建立的。比如，教师在测验考试中发现同学的成绩退步或者有一些应知的知识点未掌握，就会对此进行教学评价，在评价中渗透知识点的讲解。这种评价通常分为面对面的师生对话和基于试卷、作业的评语设计两种途径。但是由于这样的评价方式缺乏创意性，学生对教师给出的评价或者评语往往缺乏积极的反馈，缺乏重视。这就导致学生和教师在教学评价上的教学互动效率非常低，学生的学科素养也无法得到提高。如今语文教学强调培养学生的核心素养，传统课堂评价模式的局限性也越发突显，已经不能满足教学需要，越来越多的教育工作者认识到，传统评价路径太单一，评价的方式也太死板，起不到良好的教育引导作用。因此，教育工作者积极探索建立更符合需要的教育评价机制。建立多元化的教学评价路径，是除了课堂上围绕问题、试题、作业进行讲评，或者通过书面评语进行评价，教师还可以尝试进行线上教学评价，在班级微信群中面向学生家长进行评价交流，在线上布置作业，为学生辅导功课的时候进行评价。我们要把教学评价贯穿教育过程的每一个环节，和学生做好充分的互动。要在传统的

课堂评价机制上开辟更多评价渠道，实现教师和学生的有效互动。借助互联网提供的便利性，教师的教学评价形式和内容也更加多元化。这种创新评价激励了教师、学生、家长等更多人员的热情和动力，也让语文教育中教与学的互动更加热烈有效。除此之外，还有让学生与学生之间相互评价，让教师与学生互评等多种评价模式。比如，在《我是一只小虫子》这篇教学时，师生合作朗读第二自然段，请小组汇报伙伴们为什么认为"当一只小虫子一点儿都不好"，让学生思考小虫子是怎样认为的，并遵从学生的想法，引导学生透过小虫子的视角感受它的生活，对学生的理解可以请同学互评。这样既尊重学生的认知表现，又体现出了教师的教学策略、教学方法以学生为主体。教学评价，归根结底是一种教学语言的运用。无论是针对学生课堂表现进行的调研与评价，还是对教师创新教学方式的执行情况和教学效果进行的评价，都是在检验其教学语言运用能力。教学语言运用得当，则评价简明扼要，点明关键，且更容易被学生接受；教学语言运用不当，学生不明所以，教学效率和教学质量也会大打折扣。

事实上，随着时代的发展，小学生群体和教师在认知上的代沟已经越来越大。如今我们面向的是新生代小学生，他们接触互联网的时间非常早，成长环境也与之前的学生截然不同。在评价语言的运用方面，教师应该把握趣味性、严谨性、启发性、鼓励性兼备的原则。教学评价结构化是语文教学中非常重要的组成部分。我们不能一味地去教授知识，更要懂得以评价机制来把握学生的学习情况，给出可行的教育成长方案。

第二章

单篇阅读结构化教学：培养具有基本阅读素养的人

《课标》指出，阅读是语文课程中的重要学习内容，是培养学生搜集处理信息、认识世界、发展思维、获得审美体验的重要途径。在小学语文阅读教学中，单篇阅读是基础，多文本阅读是桥梁，整本书阅读是未来发展方向，共同服务于提升学生的阅读能力、思维能力和人文素养。单篇阅读在培养学生基本阅读素养方面起着重要作用，从认知、理解、运用、分析、评价和创造等多方面为学生后续进行更为复杂和深入的阅读活动奠定坚实的基础。

教材是开展单篇阅读教学的重要载体，其文本内容涵盖中华优秀传统文化、革命文化、社会主义先进文化。小学语文统编教材采用单元编排的方式，每个单元内编排了多篇课文，课文主题与单元主题紧密相连，旨在通过课文的学习深化对单元主题的理解。课文后面附课后习题，习题的设计旨在为学生理解课文主题提供服务。"单元主题、课文主题、课后习题"（简称"三题"）互为支

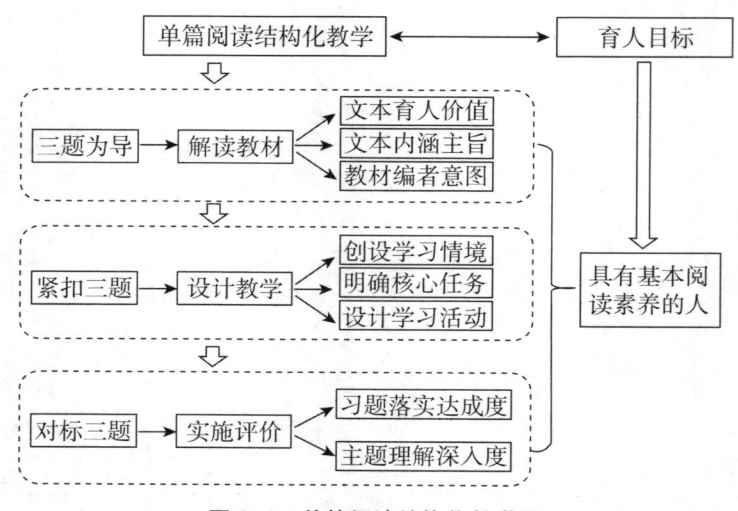

图 2-1　单篇阅读结构化教学图

撑：单元主题是价值引领，课文主题是对单元主题的不同呈现，课后习题体现了编者意图，具有引导学生思考和探究的作用。教师可以依托"三题"之间紧密且相互支持的逻辑关系，实施单篇阅读教学的"教材解读、教学设计、教学评价"，达成"培养具有基本阅读素养的人"的育人目标。

第一节 三题为导，解读教材

教材通过"单元主题、课文主题、课后习题"三个层面，为教师提供了全面、系统的文本解读框架，有助于学生更深入地理解单篇阅读文本。

一、解读单元主题，明晰育人价值

教材自三年级起增设了单元篇章页，包含两大核心要素：精练而富有韵味的单元导语揭示单元人文主题，简洁而清晰明了的语文要素点明具体学习目标。解读单元篇章页可以清晰把握单元教学目标，明确文本育人价值。

（一）细读单元导语，确定人文主题

细致阅读导语内容，捕捉其中的关键词汇和意象，理解其蕴含的情感与意义，归纳概括出本单元的核心人文主题。这一过程旨在把握单元教学的整体方向，引导学生深入探索文本背后的人文精神和价值追求。

以三年级上册第三单元的单元导语为例，可以进行如下解读：单元导语"乘着想象的翅膀，游历奇妙的童话王国，看花儿跳舞，听星星歌唱。"这句话以富有诗意的语言，为学生描绘了一个充满奇幻色彩的童话世界。"想象的翅膀""奇妙的童话王国""花儿跳舞""星星歌唱"这些词汇共同构建了一个梦幻的童话场景，激发了学生对童话世界的好奇与向往。"乘着想象的翅膀"是理解整个单元情感基调和学习方式的关键，它鼓励学生放飞想象，勇于探索未知。从单元导语中，可以提炼出人文主题"奇妙的童话世界"。这一主题旨在通过童话这一文学形式，激发学生的想象力和创造力，让他们在想象的海洋中自由翱翔，感受童话世界的奇妙与美好。

（二）研读语文要素，明确阅读能力

语文要素体现语文知识的核心，主要包括基本的语文知识、必备的语文能力、适当的学习策略和学习习惯。

以三年级上册第七单元为例，单元语文要素是"感受课文生动的语言，积累喜欢的语句",学习并理解课文中生动的语言特点是基本的语文知识。需要具备阅读理解能力,感受课文语言的生动性;具备表达能力,将喜欢的语句积累下来,在适当的场合运用。可以采用批注阅读的方式,标注出课文中的生动语言,尝试运用生动的语言进行写作。

描述语文要素的语句中,关键词承载着重要信息,对于理解整个语句乃至整个单元或课文的语言学习目标至关重要,在解读过程中应给予特别关注。

例如,四年级上册第六单元语文要素"通过人物的动作、语言、神态体会人物的心情",其中"动作、语言、神态"分别指向描写人物具体行为、对话或独白、面部表情、姿态等外在表现的词句,"体会人物的心情"是要求学生能够透过文字,捕捉人物的内心世界,体会他们的喜怒哀乐。通过学习和实践这一要素,学生能够更加敏锐地捕捉文本中的情感色彩,从而丰富自己的阅读体验和情感认知。

语文要素编排呈现体系化、序列化的特点,解读时需要前后勾连,从整体上把握其内在的逻辑关系和发展脉络。

四年级上册第六单元"通过人物的动作、语言、神态体会人物的心情"是对"概括"阅读能力的训练,属于把握文章的情感、主旨与人物品质方面的语文要素。本单元是对此项能力的首次学习,为后续学习打下基础,详见表2-1。

表2-1 把握文章的情感、主旨与人物品质方面的语文要素

册别	单元	语文要素
四年级上册	六	通过人物的动作、语言、神态体会人物的心情
四年级下册	一	抓住关键语句,初步体会课文表达的思想感情
四年级下册	七	从人物的语言、动作等描写中感受人物的品质
五年级上册	四	结合资料,体会课文表达的思想感情
五年级上册	六	体会作者描写的场景、细节中蕴含的感情
五年级下册	一	体会课文表达的思想感情
五年级下册	四	通过课文中动作、语言、神态的描写,体会人物的内心
五年级下册	六	了解人物的思维过程,加深对课文内容的理解
六年级上册	六	抓住关键句,把握文章的主要观点
六年级下册	四	关注外貌、神态、言行的描写,体会人物品质

二、解读课文主题，挖掘文本内涵主旨

在解读课文主题的过程中，整体把握与多层次分析是相辅相成的两大关键步骤。整体把握是理解文本的基石，可以明确课文的中心思想或情感倾向；多层次分析则是挖掘文本内涵主旨的重要手段。

（一）整体把握课文主题

张庆先生提出"提领而顿，百毛皆顺"理念，强调在阅读教学中要抓住课文的"文眼"或关键点，以此为切入口，牵一发而动全身，从而简洁明了地把握整篇课文的语言、结构、思想情感及主题。[①]"提领法"的核心在于抓住课文中的关键处，这个关键处可能是关键字、关键词、关键句或关键问题，它们往往是文章的"文眼"，能够提纲挈领，带动学生对全文的理解。可以从文章的标题、开头、结尾以及过渡段落中的关键词句中寻找"文眼"，以此为切入点，把握全文的主题思想。还可以关注文中反复出现的句子、表达作者情感或观点的句子，理解课文的主题。

以四年级课文《猫》为例。先寻找其"文眼"，从标题可预见文章将围绕猫的特点、习性或故事展开，关键词"可是"在文章中起到了重要的转折作用。老舍先生在描述猫的性格时，多次使用了"可是"一词进行转折，例如，"说它老实吧，它的确有时候很乖……可是，它决定要出去玩玩，就会出走一天一夜，任凭谁怎么呼唤，它也不肯回来。""可是"将猫的老实与贪玩两种截然不同的性格特征进行对比，突出了猫性格的古怪。通过"可是"的转折，揭示了猫性格中的多面性，既胆小又勇猛，既贪玩又尽职，这些看似矛盾的性格特点在"可是"的连接下和谐共存，猫的形象更加立体和丰满。"可是"一词的使用还强化了作者对猫的情感表达，体现对猫性格多面性的理解和包容，对猫深深的喜爱之情。

（二）深入挖掘文本内涵

解读文本内涵的过程是一个由浅入深、逐步深入的过程，可以分为三个层次：表层、里层和深层。第一个层次是表层，这是解读文本的起点。在这一层次，主要关注作品、文本字面所写的意思，即文本的直接表述和表面意义。第二个层次是里层，这是解读文本的关键环节。在这一层次，需要透过文本的表面意义，挖掘其中蕴含的深层情感和思想内涵，深入理解文本的主题、情感色

[①] 周英，王亚. 提领而顿 百毛皆顺：例谈小学语文教学的流程设计 [J]. 教育观察（中下旬刊），2015，4（4）：23-24，31.

彩以及作者的写作意图。第三个层次是深层，这是解读文本的最高境界。在这一层次，主要关注字面之外的风格，领略文本在语言表达、结构布局、意象运用等方面的独特魅力。

以四年级课文《巨人的花园》为例，分为三个层次进行解读。第一个层次是表层解读。通过字面意思，可以了解课文描述了一个巨人拥有一个美丽的花园，起初他并不愿意让孩子们进入玩耍，后来因为一系列的变化，他改变了态度，花园也因此变得更加美丽。第二个层次是里层解读。为什么巨人起初不愿意让孩子们进入花园，他的态度反映了什么样的情感和思想，后来他又为什么改变了态度，背后蕴含着什么样的深层含义？通过思考以上问题，从而理解课文主题，感受到作者想要传达的关于分享、宽容和爱的思想，以及这些思想如何影响巨人和花园的命运。第三个层次是深层解读。作者运用生动、形象的语言来描绘花园的美丽和巨人的变化，在结构布局上巧妙而有序，在意象运用上独特而富有创意。比如，花园的四季变换、孩子们的欢声笑语等意象都富有象征意义，为文本增添了内涵和魅力。

三、解读课后习题，厘清教材编者意图

教材的课后习题，是编者对"课标"的学段目标要求的细化和分解，并按照相关的知识点或能力点来设计的。解读课后习题，是帮助学生巩固学习内容、理解编者意图和提升语文素养的重要环节。

（一）探寻文本内容主旨

课后习题中关于文本内容主旨的问题，往往直接针对课文的核心思想和主要情节进行设置。这类习题旨在引导学生深入理解和把握课文的主题要义，反映出编者强调对文本整体理解和感悟的意图。

以《草船借箭》的课后习题为例，"默读课文。按起因、经过、结果的顺序，说一说故事的主要内容"，这道题目要求学生先默读课文，以加深对文本内容的熟悉程度，然后按照故事的起因、经过和结果的顺序，复述整个故事的主要内容。默读课文，捕捉故事中的关键信息和细节，是理解文本内容主旨的基础。按起因、经过、结果的顺序复述故事，旨在引导学生对课文进行结构化分析，有助于清晰把握故事情节，促进对故事内在逻辑的理解。通过这样的复述过程，学生不仅能够全面而准确地把握《草船借箭》这一文本的内容主旨，即诸葛亮凭借其非凡的智慧和策略，成功解决了看似无解的难题，还能深刻体会到编者强调的对文本整体理解和感悟的重要性。

（二）体会语言表达特点

在课后习题中，编者经常会设计一些关于语言表达特点的题目，体现了对提升学生语言敏感度和表达能力的重视。

以三年级课文《海底世界》课后第三题为例，这一题目很好地体现了编者这一意图。题目是这样的："读一读，注意加点的部分，体会这样写的好处。海底的动物常常在窃窃私语。还有些贝类自己不动，却能巴在轮船底下作免费的长途旅行。"在这道题中，加点的部分是"窃窃私语"和"免费的长途旅行"，这两个词组都运用了拟人的修辞手法。"窃窃私语"一词原本用于形容人们私下小声说话，在这里却被用来形容海底的动物发出的微弱声音。这种表达方式不仅让学生能够更直观地感受到海底世界的神秘和宁静，还通过赋予动物以人的动作和情态，增强文本的趣味性和可读性。同样，"免费的长途旅行"也是一种拟人化的表达，赋予了这些无生命的贝类以生命力和冒险精神。通过这道课后习题的引导，学生能够更加深入地体会作者在《海底世界》一文中如何巧妙运用拟人等修辞手法来增强文本的表现力。

（三）确定应用拓展落点

迁移运用的习题设计，旨在促使学生将课堂上学到的知识应用到实际生活中去，体现了编者希望学生能够做到学以致用。通过解读这类课后习题，确定学生迁移运用的拓展落点，是教师帮助学生将课堂所学知识转化为实际应用能力的重要步骤之一。

以三年级课文《陶罐和铁罐》课后第四题为例，要求学生通过阅读"阅读链接"中的故事，思考并找出北风和铁罐之间的相似之处。通过对该习题的解读，教师可以从以下方面确定学生可以迁移运用的拓展落点：一是角色性格的迁移，学生可以通过比较"铁罐"和"北风"两者的言谈举止，实现对角色性格理解的迁移。二是行为方式的迁移，学生思考两者在对待他人时所采取的策略及其后果，理解行为方式对个人形象和人际关系的影响。三是故事寓意的迁移，两个故事所传达的寓意在现实生活中有哪些应用场景，将故事寓意迁移到实际生活中。

第二节　紧扣三题，设计教学

统编教材以"双线组元"编排，包括课文、助读、练习和知识四大系统。"紧扣三题"进行教学设计，是依托教材编排，深挖单元主题，整合知识、内容和方法开展阅读教学。借助单元内单篇文本间的内在联系，为学生构建知识体系。将课后习题转化为学习活动，以达成教学目标。通过"单元主题—课文主题—课后习题"的层级学习，引导学生深入文本，领悟主题，提升学生的阅读和思维能力，达成育人目标。

一、围绕主题，创设学习情境

课标强调以学生为中心，注重学生的全面发展，培养学生的创新精神和实践能力。在这一背景下，围绕学习主题创设学习情境成为实现这些目标的重要途径。

（一）主题与学习情境的关系

情境认知与学习理论认为，认知过程是与情境紧密相连的，知识是在特定的情境中产生的，也是在情境中得到检验和应用的。教师根据主题创设具体、生动的学习情境，使学生在情境中感知、理解、运用语文知识，从而加深对知识的理解和掌握。这种教学方式有助于培养学生的实践能力和创新精神，使学生能够在真实的生活情境中灵活运用所学知识。

单篇阅读教学的学习情境创设既可以依据单元主题，也可以依据课文主题，具体依据哪个主题取决于教学目标、课文与单元主题之间的关联程度。如果单元内的课文之间存在紧密的联系，共同服务于单元主题，那么依据单元主题创设情境可以更好地促进学生对这些课文之间关系的理解和把握。

例如，三年级下册第六单元的人文主题导语是"在童年的百花园里，我们看到了真善美"。虽然导语中提及了"童年的百花园"，但核心在于"我们看到了真善美"，这是一个关于人性美好、道德价值和美学体验的主题。该单元课文《童年的水墨画》《剃头大师》《肥皂泡》《我不能失信》都紧密围绕这一主题展开，共同诠释了童年生活中的真善美。为了更好地促进学生对这些课文之间关系的理解和把握，可以依据单元主题"真善美"创设贯穿整个单元的大情境，比如，"寻找童年的真善美之旅"。在这个情境中，每篇课文都是一个站点，学生需要通过阅读和理解课文来发现和体验真善美。

与单元主题相比，课文主题更加具体和灵活，每篇课文都有其独特的主题和情感价值。依据课文主题创设情境可以更加精准地针对该课文的教学目标和重难点，有助于学生在特定情境中深入理解和感悟课文内容。

例如，五年级上册第一单元人文主题导语是"一花一鸟总关情"，该单元通过多篇课文展现了人与自然、人与动物的深厚情感联系。《落花生》作为该单元的一篇重要课文，其主题通过借物喻人的手法，赞扬了花生不图虚名、默默奉献的品格，并借此教导学生要做有用的人，不要做只讲体面而对别人没有好处的人。课文通过一家人过收获节时谈论花生的好处，生动展现了这一主题思想。为了更加精准地针对《落花生》的教学目标和重难点，可以创设"花生地里的收获与启迪"的具体情境，引导学生深入理解和感悟课文主题。

（二）创设学习情境的步骤

创设学习情境的方法可以归纳为三个步骤：首先，明确主题，这是创设情境的基础和出发点，确保后续的教学活动紧密围绕这一主题展开；其次，分析学情，依据学生的年龄、认知水平和喜好，创设贴近学生生活实际的情境，激发他们的学习兴趣；最后，结合文本环境，即课文内容、风格和背景等，精心创设与主题相关的学习情境，使学生在具体、生动的场景中感知和理解知识，从而更有效地达到教学目标。

以四年级上册第七单元《为中华之崛起而读书》为例。

首先，明确主题。单元主题从宏观角度提出了"天下兴亡，匹夫有责"的普遍真理，课文《为中华之崛起而读书》则从具体人物的成长经历出发，通过周恩来的故事生动诠释了这一主题。两者相辅相成，共同构成了对爱国情怀和责任担当的深刻阐述。

其次，分析学情。四年级学生对于"天下兴亡，匹夫有责"这种较为抽象和宏观理念的理解比较浅显，能够初步认识到个人与国家之间的关系，还无法深刻体会到个人行为对国家兴衰的深远影响。

最后，创设情境。基于以上分析，可以创设"我的梦想与国家的未来"的学习情境，学生在情境中通过系列学习活动，深入理解课文主题，将个人的梦想与国家的未来紧密联系起来，体会"天下兴亡，匹夫有责"这一宏观理念的含义。

二、依据课文主题，明确核心任务

认知心理学理论强调学习过程中的信息加工和认知结构的变化。在单篇阅读教学中，依据课文主题明确教学核心任务，可以帮助学生将注意力集中在关键信息上，进行深层次的认知加工。通过理解、分析、综合等认知活动，学生可以形成对课文内容的全面认识，并构建自己的认知结构。

（一）课文主题和学习任务之间的关联

小学语文教材中的每篇课文都有其独特的主题，这些主题往往与课标中设定的学习任务群紧密相连。学习任务群是基于学生核心素养发展，将课程内容以任务群的形式进行组织的一种教学方式。单篇课文阅读是学习任务群教学的主体，因此，设计核心任务要明确课文主题与哪个学习任务群相关联，以便有针对性地设计任务，促进学生相关素养的发展。

例如，五年级下册课文《田忌赛马》的主题紧密围绕智慧、策略与竞争展开。通过讲述田忌如何运用巧妙的策略在赛马中取得胜利的故事，展现了智慧与策略的重要性，揭示了竞争中的智慧运用和策略选择。这一主题与课标中的"思辨性阅读与表达"学习任务群紧密相连。在"思辨性阅读与表达"学习任务群中，核心目标是培养学生的思辨能力、阅读理解能力以及表达能力。课文《田忌赛马》以其生动的情节、鲜明的策略和深刻的智慧内涵，为该任务群的教学提供了有力的支撑。通过阅读这篇课文，学生可以分析田忌的策略选择，评价其智慧运用，从而让思辨能力和阅读理解能力得到提升。同时，课文中的策略选择和智慧较量也为学生的表达提供了广阔的空间，有助于培养他们的表达能力。

（二）依据课文主题设定学习任务

在明确了课文主题与学习任务群的关系后，接下来需要围绕课文主题，设定核心学习任务。任务目标应该符合课标年段目标，与课文主题紧密相连。任务应该是具体、可操作的，能够引导学生通过完成任务来深入理解课文内容，提升阅读、分析、表达等能力。

基于上面的分析，课文《田忌赛马》的学习任务可以设计为：

核心任务：深入阅读《田忌赛马》，分析田忌的策略选择，评价其智慧运用，并思考策略与智慧在竞争中的重要性。

子任务1：细读课文，梳理田忌赛马的过程，分析其策略选择的巧妙之处。

子任务2：结合课文，探讨智慧与策略在竞争中的重要性。

子任务3：以《田忌赛马》为素材，阐述你对策略与智慧在竞争中运用的看法，并举例说明。

三、转化课后习题，设计学习活动

课标倡导自主、合作、探究的学习方式，设计学习活动可以引导学生采用这些方式进行学习，培养自主学习能力和合作探究精神。课后习题是设计学习活动的重要依据，教师可以通过课后习题明确教学目标和重点，了解学生需要掌握的知识点和能力点，从而有针对性地设计学习活动。

（一）确定教学目标

仔细研读并理解每个题目的设计意图和考查点，识别其中涉及的知识点、技能要求以及思维能力培养目标，以此为基础把握学生的学习需求，确定教学目标。

以四年级下册《海上日出》课后习题为例：

◎默读课文，说说海上日出的景象。
◎读句子，注意加点的部分，想想这样写有什么好处。
  太阳好像负着重荷似的一步一步，慢慢地努力上升，到了最后，终于冲破了云霞，完全跳出了海面，颜色红得非常可爱。

通读两道课后习题，可以发现本课教学重点在培养学生的阅读理解与表达能力，以及语言品味与鉴赏能力。第一题要求学生能够用自己的话描述海上日出的景象（阅读理解与表达能力）；第二题要求学生能够注意句子中的特定表达，理解这样写的好处（语言品味与鉴赏能力）。根据单元语文要素"了解课文按一定顺序写景物的方法"，以及交流平台"如果景物发生了变化，可以按照变化的顺序来写。如，《海上日出》的第2~3自然段就是按照早晨太阳变化的顺序来写的"，可以确定本课的教学目标：①默读课文，通过理解文中关键词句，感受海上日出的壮美景象，并能说出日出时的景象。②了解课文按照太阳变化顺序写景的方法。③仿照课文，学写景物的变化。

（二）细化教学环节

确定了教学目标，需要根据目标细化相应的教学环节。

为了达成"了解课文按照太阳变化顺序写景的方法"这一教学目标，教师可以聚焦课文第二、第三自然段的内容，为学生设计相应的学习任务，细化教学环节。比如，以"赏晴天日出，品景物之变"为核心任务，以三个教学环节来落实任务的达成：①指导学生找出文中表示时间转换的连接词，体会每个词语所代表的时间长短。②指导学生从颜色、亮光、位置三方面感悟太阳的变化。③出示海上日出的图片，找一找每幅图片分别对应课文中的哪个句子，结合图片，说说海上日出的景象。

（三）设计教学活动

教学环节确定后，需要设计相应的具体教学活动，可以借助课后习题语言表述中的一些关键词来进行设计。

仍然以《海上日出》课后习题为例。第一题：默读课文，说说海上日出的景象。"说说"是关键词,"怎么说"是关键。可以分成三步来"说":第一步,概括说;第二步,展开说;第三步,连起来说。每一步"说"都可以设计出具体的教学活动帮助学生学习。"概括说"可以转化为"读课文—找原句—换说法"等教学活动。"展开说"可以转化为"读课文—找不同日出景象—描述画面"等教学活动。"连起来说"就是把前两步连起来,用"总分"段式把海上日出的景象说一说。

同样,课后第二题"读句子,注意加点的部分,想想这样写有什么好处",关键词是"想想",怎么想,可以分两步进行。第一步,厘清表达顺序;第二步,学习表达方法。每一步又可以转化为具体的学习活动,厘清表达顺序可以转化为"读课文—找关键词—阅读交流";学习表达方法可以转化为"读课文—关注描写生动的句子—发现写作写法"。

第三节 对标三题,实施评价

对标"单元主题、课文主题、课后习题"实施教学评价,可以从习题落实的达成度来评价课时教学目标的落实情况,从主题理解深入度评价学生对课文主题和单元主题的理解程度。

一、习题落实达成度

学习活动依据课后习题设计,紧密围绕教学目标,指向对课文主题的理解。教学目标应包括知识目标、能力目标、情感态度与价值观目标,要求具体、可衡量,直接关联到课文主题。评价过程如下:审视每个教学目标与学习活动,找到与之对应的课后习题;对比判断教学目标、学习活动与课后习题的相关性,如果目标和活动根据课后习题确定,并与单元语文要素高度关联,则说明目标明确,可检测;可以通过制定评价量表来评估达成效果。

以二年级上册《小蝌蚪找妈妈》课后第一题"分角色朗读课文"为例,教师可以设计相应的"分角色朗读活动",学生按以下步骤开展学习活动:角色分配,教师将班级学生分成若干小组,每组分配不同的角色;角色准备,学生根据分配的角色,在小组内进行朗读练习;小组表演,小组在课堂上进行分角色朗读表演,其他同学作为观众聆听。根据学习活动制定对应的评价标准,教师可以有效地评估学生在分角色朗读活动中的表现,帮助学生更好地理解和掌握课文内容(见表2-2)。

表 2-2　《小蝌蚪找妈妈》评价量表

评价维度	针对性	角色理解	合作与协作
评价标准	活动紧密围绕课后题"分角色朗读课文"设计，确保学生能够通过活动巩固和深化对课文的理解	在朗读过程中，学生能够通过语气、语调等表现出角色的特点	小组成员之间能够相互配合，共同完成任务

多样化的学习活动可以根据具体的活动内容制定对应的评价标准。以三年级下册《赵州桥》课后第二题为例：

◎假如你是导游，试着用下面的词语，向游客介绍赵州桥。
　　世界闻名　雄伟　创举　美观

根据学习活动的设计，可以制定相应的评价标准，如表 2-3。

表 2-3　《赵州桥》评价量表

学习活动	口头导游模拟	书面导游词创作	小组合作导游角色扮演
评价标准	基础：能够使用所有给定词语进行简单介绍	基础：能够包含所有给定词语并进行简单描述	基础：能够合作完成介绍，并使用给定词语
	提高：能够加入细节使介绍更加生动	提高：能够运用丰富的词汇使导游词更加吸引人	提高：能够进行角色扮演，加入互动元素，如问答环节

学生完成相关的课堂学习任务，也是习题落实达成度的体现。通过学习活动达到预期的学习目标，包括理解并掌握重要的知识点、提升相关技能、培养解决问题的能力等。

以四年级上册《为中华之崛起而读书》课后第一题为例，题目要求是默读课文，想想课文讲了哪几件事，再连起来说说课文的主要内容。要评估学生能否完成此项学习任务，可以制定以下评价细则（见表 2-4）。

表 2-4 《为中华之崛起而读书》评价量表

学习任务	默读课文，想想课文讲了哪几件事，再连起来说说课文的主要内容		
评价维度	理解课文事件	概括主要内容	口头表达能力
评价标准	完整性：能够列出课文中讲述的所有关键事件	全面性：能够概括课文的所有主要信息	清晰度：能够清晰、连贯地进行口头表达
	准确性：能够准确概括课文事件	简洁性：能够用简练的语言表达课文的核心内容	语言运用：能够恰当运用语言，使表达更加生动、准确

多元化的评价方式不仅能够有效提升学生的阅读理解能力，还能激发他们的学习兴趣和创造力。口头提问与即时反馈，是课堂教学中常用的评价方式。

例如，《圆明园的毁灭》这篇课文的主题可以归纳为，表达作者对祖国灿烂文化的热爱，揭露侵略者的野蛮罪行，激发读者的爱国情感和责任感。在教授本课时，教师可以设计一系列与课文主题紧密相关的问题："圆明园被毁前是什么样的，你能用课文中的话来描述一下吗，圆明园的毁灭给你带来了怎样的感受，你认为这一历史事件有什么意义？"根据学生的回答，教师给予即时反馈。对于理解正确的学生，给予肯定和鼓励；对于理解有误或不够深入的学生，进行引导和纠正。教师还可以针对学生的回答，进一步提问或补充相关信息，以帮助学生深化对课文主题的理解。

两种或多种评价方式融合使用，也能有效评价学生对课文主题的理解程度。

例如，三年级课文《慢性子裁缝和急性子顾客》的主题在于通过讲述两个性格迥异的人物之间的故事，强调做事要讲究效率、不能拖沓，同时也展现了沟通与理解在人际交往中的关键作用。为了评价学生对《慢性子裁缝和急性子顾客》课文主题的理解程度，可以采用"角色扮演与情境再现"结合"小组讨论与汇报"的评价方式。具体实施步骤如下：第一步，邀请学生分别扮演慢性子裁缝和急性子顾客，根据课文内容再现故事情节。观察学生在角色扮演中的表现，评价他们是否能够表现角色的性格特点。第二步，学生分小组围绕课文主题进行讨论。讨论的问题可以包括"你觉得这个故事想要告诉我们什么；在生活中，你遇到过类似的情况吗；你是如何处理的？"听取小组汇报，评价学生对课文主题的理解深度、广度以及是否能够结合生活实际进行思考。

除此以外，还可以通过书面作业与测试、创意作品展示、自我反思与评价等方式评价学生对课文主题的理解程度。

二、主题理解深入度

评价主题理解主要包括单元主题和课文主题。

评价学生对课文主题的理解是否深入，能否准确抓住课文的核心思想和观点。考查学生是否能够将课文主题与现实生活相联系，进行深入思考和探讨，展现对主题的深刻理解，体现理解的深度。可以从以下三方面制定标准：一是主题概括能力，即学生能否准确、简洁地概括出课文的主题；二是细节理解能力，即学生是否能够通过课文中的具体细节来支撑和解释主题；三是情感态度与价值观认同，即学生是否对课文主题所蕴含的情感态度和价值观有所认同，并能结合自身经历进行表达。

例如，五年级上册《慈母情深》的课文主题是"母爱"，通过记叙母亲在极其艰难的生活条件下，不顾别人劝阻毅然拿钱给"我"买书的故事，展现了母爱的伟大与无私，表达了作者梁晓声对母亲深深的感激和敬爱之情。学生对课文主题的理解程度如何，可以制定以下评价量表（见表2-5）。

表 2-5 《慈母情深》评价量表

评价内容	主题概括能力	细节理解能力	情感态度与价值观认同
评价标准	优秀：能够准确概括出课文的主题是"母爱"，并能够简要描述课文通过什么故事来展现这一主题	优秀：能够详细描述课文中的关键细节，如母亲的外貌、语言、动作等，并解释这些细节如何体现母爱的伟大与无私	优秀：能够表达出对母爱的深深感激和敬爱之情，并认同课文中展现的母爱价值观
	良好：能够指出课文的主题是"母爱"，但对如何通过故事展现这一主题的描述不够详细	良好：能够提及课文中的一些细节，并尝试解释这些细节与母爱的关系	良好：能够表达出对母爱的感激之情，但对课文中的母爱价值观认同不够深刻
	一般：能够提出课文与"母爱"有关，但无法准确概括出主题	一般：能够指出课文中有一些描述母亲的细节，但无法解释这些细节如何体现母爱	一般：能够提到母爱，但无法表达出深刻的感激和敬爱之情，对课文中的母爱价值观认同有限

评估学生对单元主题的理解是否全面，能否把握单元内各篇课文之间的内

在联系和共同主题。考查学生是否能够在单元主题的引领下，对多篇课文进行整合和比较，从而丰富对主题的认识和理解。

以四年级下册第六单元为例，该单元的导语是"深深浅浅的脚印，写满成长的故事"，单元语文要素是"学习把握长文章的主要内容"。评估学生对单元主题的理解，可以通过课堂讨论、口头提问或书面作业等多种方式，观察学生是否能将这一主题与自己的生活经历相联系，体现出对成长话题的共鸣和思考。首先，学生能够概括《小英雄雨来（节选）》《我们家的男子汉》《芦花鞋》三篇课文的主要内容，识别每篇课文中的成长元素，如挑战、困难、勇气、坚持等。其次，能分析三篇课文在主题、人物塑造、情节发展等方面的共同点，识别课文的共同主题，即成长过程中的挑战与收获。最后，可以制作关于成长主题的手抄报，比较不同课文中的成长故事，分析异同点，思考这些故事如何共同诠释成长的多维性，丰富对单元主题的理解和感悟。

评价学生对单元主题的理解深刻度，可以综合评价其知识掌握情况，即学生是否能准确理解并记忆单元主题相关的知识点，如关键概念、主要事件、人物特点等，以及能否运用所学知识解决实际问题，如在习作中灵活运用单元主题的思想内容。同时，学生的情感态度与价值观也是重要评价指标，包括学生是否对单元主题产生情感共鸣，能否将单元主题中的积极思想转化为自己的情感态度和价值观，形成正确的世界观、人生观和价值观。此外，学生思维能力的发展也是评价其理解深刻度的一个方面，具体表现为学生能否运用批判性思维、创造性思维等方法分析单元主题。最后，学生的学习表现与成果也是评价其理解深刻度的重要依据，包括学生在课堂上的参与度、回答问题的积极性、小组讨论的表现等，以及学生的作业、习作、口头报告等学习成果。

第四节　教学案例

统编小学语文教科书一年级下册三单元《树和喜鹊》

一、三题为导，解读教材

（一）解读单元主题

《树和喜鹊》是统编小学语文一年级下册第三单元的第二篇精读课文，这是一篇童话，是著名作家金波的作品（选作课文时有改动）。该单元的人文主题是"伙伴"，其育人价值包含让学生感受友情的力量，帮助学生形成健康的心理素质和良好的人际关系。

（二）解读课文主题

《树和喜鹊》的主题是"同伴的重要性"。通过讲述树和喜鹊由孤单到快乐的过程，生动地展示了友情的力量。当只有一棵树和一只喜鹊时，它们各自感到孤单；但随着树木和喜鹊数量的增多，它们形成了群体，相互陪伴，共同分享生活的快乐。这一变化过程深刻揭示了友情如何给人带来温暖和快乐，以及人际关系中的互助与合作对于个人幸福的重要性。

（三）解读课后习题

《树和喜鹊》课后第二题为"朗读课文。想一想，树和喜鹊后来为什么很快乐"，这要求学生在朗读课文的基础上进行深入思考和分析，从而更好地理解课文内容、感受文本情感、培养综合能力。朗读《树和喜鹊》应注意语调的起伏、重音的处理以及停顿的恰当，以更好地传达出树和喜鹊从孤单到快乐的情感变化。学生需要回顾课文，了解树和喜鹊情感变化的过程，分析树和喜鹊后来快乐的原因，感悟友情和人际关系的重要性。

《树和喜鹊》课后第三题旨在帮助学生巩固课文中出现的关键词汇，引导学生注意词汇的多样性和丰富性。丰富学生的词汇量，帮助学生在写作和表达中生动形象地描绘事物和表达情感。

二、紧扣三题，设计教学

（一）围绕单元主题，创设学习情境

【学习情境】伙伴奇遇记

【情境描述】在这个学习情境中，学生们可以化身一个个小探险家，踏上一场寻找"伙伴奇遇"的旅程。通过对《小公鸡和小鸭子》《树和喜鹊》《怎么都快乐》三篇文本的学习，体会伙伴之间的友情、互助和快乐，探索建立良好人际关系的方法。

（二）依据课文主题，明确核心任务

【核心任务】探索友情的力量与群体生活的快乐

【任务目标】

（1）理解课文内容：学生能够准确理解《树和喜鹊》这篇课文的主要内容，包括树和喜鹊由孤单到快乐的变化过程。

（2）感受友情的力量：通过课文的学习，学生能够深刻感受到友情给人带来的温暖和快乐，理解友情在生活中的重要性。

（3）认识群体生活的价值：学生能够认识到，与伙伴一起形成的群体生活可以带来相互陪伴和共同分享的快乐，理解人际关系中的互助与合作对于个人幸福的重要性。

（三）转化课后习题，设计学习活动

【活动目标】

（1）通过联系上文了解"孤单""邻居""快乐"的意思，感受树和喜鹊从孤单到快乐的变化。

（2）通过想象画面、联系生活等方法朗读课文，在朗读中体会有伙伴带来的快乐。

【活动过程】

活动1：读好词语，了解故事内容，感知故事主题

（1）教师引读课题。

（2）借助词语回顾故事内容。

一棵树　一个鸟窝　一只喜鹊　孤单　邻居

叽叽喳喳　打着招呼　安安静静　快乐

（3）学生开火车读好生字词语。

【设计意图：将复习词语与回顾故事内容相结合，将词语放在故事画面中，通过朗读词语将学生带入童话情境。】

活动2：读好语段，根据内容提问，任务驱动学习

（1）教师提问"怎么样才能读好故事"，学生带着问题自由朗读课文。

（2）分段朗读课文，把课文读正确，读通顺，读流利。

（3）出示文中结构相同的三个关键句，学生朗读并进行提问。

树很孤单，喜鹊也很孤单。

树有了邻居，喜鹊也有了邻居。

树很快乐，喜鹊也很快乐。

预设：树和喜鹊为什么孤单，喜鹊为什么总和树一样，树和喜鹊是怎么又变得快乐了？……

【设计意图：在把故事的字音读正确，句子读通顺的基础上，通过提问引发思考，让学生带着问题读故事。】

活动3：再读故事，解决真实问题，理解情感变化

（1）了解"孤单"的意思，体会心情读出孤单。

①读"孤单"所在的句子，看"孤"字源的图片，理解什么是"孤"。

②学生交流自己生活中感到孤单的时刻，教师随机点评。

③指导学生联系上文了解"孤单"的意思：出示第一自然段，引导学生找一找从哪些词感受到树和喜鹊的孤单。

预设：我从"一个、一棵、一只"感受到孤单；我还从"只有"感受到树和喜鹊的孤单……

④体会心情，配乐朗读出孤单的感受。

⑤小结方法：用联系上文的方法，读了第一段就知道了"孤单"的意思。

（2）了解"邻居"的意思。

①展示课文前两张插图，引导学生说变化。点明这些变化都是因为有了邻居。

②联系生活理解"邻居"的意思，知道邻居就是住得离自己比较近的人。

③借助图片理解"邻居"的意思。请学生在黑板上贴更多树和喜鹊图，让它们成为"邻居"。

（3）了解"快乐"，体会心情读出快乐。

①感受喜鹊们"天一亮"的快乐。

学生自由朗读，感受小喜鹊快乐的生活。

读好词语"叽叽喳喳"，感受和邻居一起叽叽喳喳的场面。

带上动作读好词语"打着招呼"，想象小喜鹊们早上打着招呼会说什么，和"邻居"一起打个招呼。

引导学生说一说，喜鹊们早上一起飞出去会去哪里。

②感受喜鹊们"天一黑"的快乐。

引导学生想象喜鹊们回来后叽叽喳喳会说些什么，和自己的"邻居"说一说。

请学生展示自己和"邻居"的对话。

指名朗读第五段，在朗读中进一步感受喜鹊们快乐的生活。

③感受树的快乐。想象自己是森林里的一棵树，为什么会感到快乐？抽学生读好树和喜鹊的快乐。

（4）引导学生用一句话回答主问题，明白树和喜鹊因为有了邻居从孤单变得快乐了。

【设计意图：在故事情境中，通过联系上文、借助图片、联系生活、展开想象等方法了解"孤单""邻居""快乐"的意思，指导学生在情境中感受树和喜鹊的心情，读出孤单和快乐的感受。】

活动4：书写"快乐"，提升情感体验

（1）指导书写词语"快乐"。教师范写，学生书空笔顺。

①指导书写"快"字。提示竖心旁的笔顺，先两边后中间，竖心旁写得瘦，

为右边留出位置。

②指导书写"乐"字。提示这是一个独体字,第一笔平撇,写得平,最后写一个"小"字。

③学生在田字格中描红、练习。

(2)生活中,你有没有从孤单变快乐的经历?

预设:我生病时,一个人孤零零地躺在床上,这时,我的好朋友来看我,我一下子就快乐起来。

预设:课间休息时,大家都聚在一起玩游戏,只有我一个人站在旁边,不知道怎么加入伙伴们,这时,一个同学跑过来拉起我的手,让我和他一起玩,我好快乐呀。

(3)生活中,我们难免会遇到一个人独处的时候,难免会感到孤单,这个时候,我们还可以在阅读中找到快乐。《树和喜鹊》是金波爷爷为我们写的故事,他还创作了好多这样的好故事呢。

三、对标三题,实施评价

对标单元主题"伙伴",课文主题"同伴的重要性",以及课后习题对应的知识点和能力点,可以依据学生在课堂上完成学习活动的表现进行评价,评价标准如下表2-6。

表2-6 "同伴的重要性"课堂学习活动评价表

活动内容	评价项目	评价标准
活动1:读好词语,了解故事内容,感知故事主题	读词语	学生能够准确无误地读出词语,发音清晰、准确
	了解内容与主题	学生能够通过词语理解故事的大致内容,并能准确感知故事的主题
活动2:读好语段,根据内容提问,任务驱动学习	读语段	学生能够准确、连贯地读出课文中的各个语段,无明显停顿或错误
	提问	学生能够根据语段内容提出有针对性的问题
活动3:再读故事,解决真实问题,理解情感变化	再读故事	学生能够再次流畅、完整地读出整个故事,无明显遗忘或错误
	解决问题与理解情感	学生能够通过再次阅读故事,解决之前提出的问题,并能深入理解故事中树和喜鹊的情感变化

续表

活动内容	评价项目	评价标准
活动4：书写"快乐"，提升情感体验	书写	学生能够正确地书写"快乐"二字，笔画顺序、结构均正确
	提升情感体验	学生能够联系生活经验，进一步加深对课文中情感体验的理解

（此案例由成都市东城根街小学刘欣仪提供）

第三章

多文本阅读结构化教学：培养善于阅读思考的人

多文本阅读是指个体对于同一主题下的多个相关文本材料进行理解、整合。① 其意义在于此类文本资源既可以是数字文本，也可以是印刷文本。多文本阅读作为一种阅读形态，在日常生活中也常常使用。《课标》倡导"注重阅读引导，培养读书兴趣，提高读书品位"②，统编教材总主编温儒敏教授在《义务教育语文新课标如何在教学中落地？》中指出："现在的单元教学都是'群文教学'的设计，转化为'任务群'教学，也都是'群文教学'为主。"③ 群文阅读和学习任务群本质相通，其中多文本阅读的常见形态是群文阅读。"单篇—多文本—整本书—任务群"是小学语文教学的完整形态，群文阅读在其中起着桥梁作用。

师生在对多个文本进行阅读、比较、议论、统整过程中，对其整体意义或者表达特征进行内化和建构，就是思维能力提升的过程。结构化是多文本阅读的基本特征，是其核心所在，问题链设计是思维结构化的关键，为学生的心智锻炼提供了空间。

问题链聚焦议题，能有效串联多文本教学各个环节，逐级进阶的问题链引导学生从简单到复杂、从具体到抽象地思考问题，激发思考兴趣，促进思维发展，培养善于阅读思考的人（见图3-1）。

---

① 林文毅. 冲突导致改变：多文本阅读理解对高中生认识论信念的影响研究[J]. 心理研究，2019，12（4）：364.
② 中华人民共和国教育部. 义务教育课程方案和课程标准（2022版）[S]. 北京：北京师范大学出版社，2022：3.
③ 义务教育语文新课标如何在教学中落地？[EB/OL]. 网易，2022-09-01.

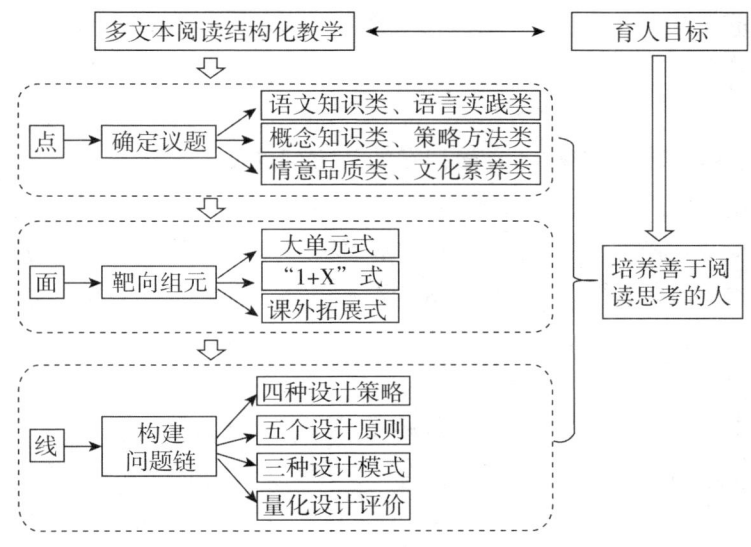

图 3-1　多文本阅读结构化育人图

一、多文本阅读在学生层面存在的三大问题

阅读浅层化。智能时代背景下，多文本阅读成为常态，这在拓宽人们知识面的同时，也使得以快餐式、跳跃性、碎片化为特征的"浅阅读"取代了"深阅读"。学生的阅读倾向更加娱乐化、轻松化，减弱了阅读专注力，破坏了阅读整体性。学生在阅读时不能对文章形成深度思考、清晰有逻辑的表达及较好的评价反思，也不能较好地进行迁移和运用，影响了阅读的厚重度。

思维碎片化。课内阅读思维能力训练不足，课外阅读系统化匮乏，导致学生碎片化思维现象严重。近年来，学生素质与能力评价系统对四、五年级学生监测可以得出：在考查概括、分析、推理等高阶思维能力的题目中，思维能力差的学生难以对语段或篇章进行分析、理解，无法从整体上把握文章的写法、主旨等。具体有以下问题：阅读速度较慢、效率低下；对信息进行比较与整合的能力较弱；不能用完整的语言进行清晰有逻辑的表达；阅读后不能较好地形成评价与反思，难以顺利地迁移和运用。从中可以看出思维能力差是学生学习语文的短板。

能力低位化。群文阅读的辨识与提取、比较与整合、评价与反思、应用与创新四种能力层层递进，环环相扣。由于学生缺乏将信息进行结构化处理的训练，相当一部分学生的阅读能力滞留在辨识与提取低阶层级。其中辨识与提取是基础，比较与融合是进阶，评价与反思是内化，应用与创新是输出。这一系列过程都需要运用结构化思维进行统整，从而达到思维和表达的整体提升。但在多文本的阅读中，由于缺乏结构化的整合方式，部分学生的阅读与思维能力呈现低位化的现象。

二、多文本阅读于教师层面存在的三大问题

文本组元的内在联结缺方法。茱莉亚·克里斯蒂娃提出"互文理论"，将文本间的呼应与互释关系看作文本存在的基本状态，指出没有文本可以独自存在，互文是文本的内在属性。从"互文理论"的基本主张来看，文本之间要有结构化的联结，但在多文本阅读的文本组元中，文本之间关联性不强，把握内在联结性缺乏方法。

议题推进的逻辑层次缺策略。议题是多文本阅读教学的核心，议题能聚集学生的思维，问题链能促进对议题的深入理解。多文本阅读中问题链的设计能使学生进行持续深入的思考，在解决问题过程中，思维变得深刻和灵活。但在教学过程中，教师缺乏有逻辑、有层次的问题引领学生深入探讨，学生思维发展往往受限。

意义建构的整合过程缺系统。建构主义理论主张以学生为中心，强调学生对知识的主动探索、主动发现和意义的主动建构。而多文本阅读教学是一个集体建构的过程。集体建构需要把学生零散的、阶段性的、片面的思维碎片，进行梳理、整合、延展，形成系统的理解结构，最终达成共识。这就是思维结构化。但在真实的多文本阅读教学中，教师引导学生集体建构的策略不足，缺乏系统的问题设计方法，导致学生无法整合成清晰的理解结构。

以上存在的种种问题，凸显了在多文本阅读中进行问题链设计的重要性。问题链使议题更为聚焦，在对主干问题和辅助问题的解决中培养学生的结构化思维，提升核心素养，培养善于阅读思考的人。

第一节 "议题为核——双线交融式"解读文本

在多文本阅读的结构化教学中，以课标为纲，紧扣统编教材人文主题和语文要素，围绕培养"善于阅读思考的人"的育人目标，从三个维度——知识实践、概念方法、品质文化中寻找议题可议点，确定议题和靶向组元双线交融，进行文本解读。

一、议题为核,聚焦议点

西南大学于泽元教授等人认为,"群文阅读议题就是一组选文中蕴含的可以供师生展开议论的话题",议题是贯穿文本的关键,是开展课堂讨论的核心。[①] 因此,解读议题对解读文本至关重要。议题必须具有可议性,其锚定方向,统整文本,驱动任务,内涵丰富,有深邃的探究空间。议题中最为聚焦的点称为议点,它是多文本阅读中最终要解决的问题,其指向学生的最近发展区。议题的范围大于或等于可议点。在多文本阅读课例《英雄是怎么炼成的》中,议题是"英雄是怎么炼成的"。在多次打磨课例过程中,发现议题范围较大,因此收拢寻找议点,议点为研究中国古代神话中英雄们的力量,教学的重点在比较神力、阻力、心力孰大孰小。此议题范围大于议点。

二、"三阶六类"议题解构

从语文学科特点出发,根据华东师大叶澜教授"生命·实践"教育理论提出的认识性价值、智慧性价值、教养性价值,结合学生的认知发展,构建出指向学生结构化思维的"三阶六类式"议题结构。言语实践类与语文知识类归为认知层,概念认知类与策略方法类归为智慧层,情意品质类与文化素养类归为教养层。三个阶段互为补充、相互关联(见图3-2)。

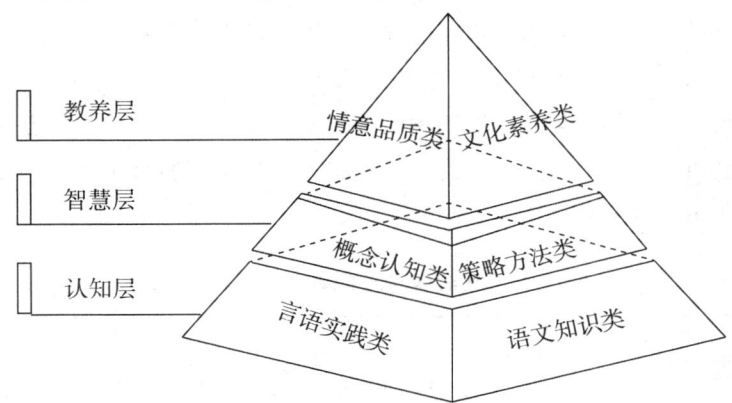

图3-2 多文本阅读"三阶六类式"议题结构

---

① 于泽元,王雁玲,石潇. 群文阅读的理论与实践[M]. 重庆:西南师范大学出版社,2018:78.

（一）从言语实践的角度构建议题

《课标》指出："语文课程应引导学生热爱国家通用语言文字，在真实的语言运用情境中，通过积极的语言实践，积累语言经验，体会语言文字的特点和运用规律，培养语言文字运用能力。"[①] 根据语文学习中学生应具备的语言及书面表达能力，设置言语实践类议题，通过学习这类多文本阅读，学生学会明确地表达自己的观点、想法和感受，并根据需要进行写作，发展书面语言能力。以《巧学比喻句》为例，选择一组典型文本，引导学生先发现比喻句的奥秘，再仿写比喻句，习得比喻的修辞手法。

（二）以语文知识为要义构建议题

语文知识包括语法、逻辑、修辞、写作知识和文学常识等。《课标》中提出"引导学生热爱国家通用语言文字，在真实的语言运用情境中，通过积极的语言实践，积累语言经验，体会语言文字的特点和运用规律"[②]。在《课标》提出的四大核心素养中，语言运用是思维能力、审美创造、文化自信的基础。知识在学生运用中产生价值，学生在运用知识中发展能力，因此可聚焦语文学科知识进行构建。在课例《故事可以不断改写》中，聚焦语文知识改编故事。通过学习《龟兔赛跑（伊索）》《兔子和乌龟第二次赛跑》《龟兔赛跑（拉封丹）》三个故事，学生尝试使用快读、默读、寻读等多文本阅读方法，以"故事的改写"为核心议题，发现其主人公不变、情节变、结局变等写作密码，充分感受寓言故事的特点，发挥想象，积极进行故事改写的语言实践。

（三）以策略方法的语文要素构建议题

这类议题指向教会学生运用阅读策略来解决语言实践活动中遇到的真实问题。统编教材从预测、提问、阅读速度等多方面提出了具体的策略，梳理统编版教材关于策略的要素，如表 3-1 所示。

表 3-1　统编版教材阅读策略和语文要素梳理表

策略	册次	语文要素
预测	三年级上册第四单元	一边读一边预测，顺着故事情节去猜想。学习预测的一些基本方法

[①] 中华人民共和国教育部. 义务教育课程方案和课程标准（2022版）[S]. 北京：北京师范大学出版社，2022：1.

[②] 中华人民共和国教育部. 义务教育课程方案和课程标准（2022版）[S]. 北京：北京师范大学出版社，2022：1.

续表

策略	册次	语文要素
提问	四年级上册第二单元	阅读时尝试从不同角度去思考，提出自己的问题
批注	四年级上册第六单元	学习用批注的方法阅读。通过人物的动作、语言、神态体会人物的心情
阅读速度	五年级上册第二单元	学习提高阅读速度的方法
有目的阅读	六年级上册第三单元	根据阅读目的，选用恰当的阅读方法

以"1+X 群文读本"中统编教科书小学语文四年级上册第二单元《在阅读中学会提问》的教学设计为例：针对提问策略设计为多文本阅读教学，首先，通过一组文本学习，引导学生运用课文中学习到的提问方法，从范围上可针对部分文本或者全文提问，从角度上可针对课文内容、写法、生活经验提问；其次，梳理问题；最后，根据事实、推论、评价三个层次给问题分类，总结提问方式，丰富提问策略维度。

（四）以概念认知为中心构建议题

概念是人们在认知具体事物的过程中，把对事物所感知到的本质特征抽象出来加以概括形成的。① 认知是指人们获得知识或应用知识或信息加工的过程。它包括感觉、知觉、记忆、思维、想象和语言等。② 统编版教材中编排了概念认知的要素单元，如三年级上册第三单元"有趣的童话"、三年级下册第二单元"寓言故事"、四年级上册第四单元"神话故事"等。学生通过阅读文本，在教师的指导下进行理解，在同学间的交流中获得启发，形成自己的观点，而对作品的观点内容把握都需要学生的思维能力作为支撑。因此研究这类议题，有利于促进学生的思维发展。在多文本阅读课例《美誉与恶名齐飞：不一样的狗》中，通过阅读一组有关狗的文本，认识到除了有忠诚勇敢的狗，还有自私、凶狠、贪婪、不自量力、虚荣的狗，丰富了学生对狗的认知。

---

① 李金海，闫梦宇，徐伟华，等．概念认知学习的若干问题与思考［J］．西北大学学报（自然科学版），2020，50（4）：502.
② 彭聃龄．普通心理学［M］．北京：北京师范大学出版社，2010：143.

（五）从文化素养的角度构建议题

《课标》中提出文化自信的核心素养要求，文化自信指学生认同中华文化，对中华文化的生命力有坚定信心。在历史长河中，中华民族形成了伟大民族精神和优秀传统文化，这是中华民族生生不息、长盛不衰的文化基因，也是实现中华民族伟大复兴的中国梦的精神力量，要结合新的时代条件发扬光大。学习中华优秀传统文化，有助于中华文化的积淀、传承、创新，提升学生的文化自信。在《数字与诗境》课例中，引导学生通过求同比异发现数字营造的环境、心境和意境的不同作用；在《杜诗中的历史画卷》中，教师指引学生通过杜诗的创作背景，发现杜诗中藏着的历史事件，从而知道杜甫的诗被称为"诗史"的原因。

（六）以情意品质的人文主题构建议题

梳理统编版教材三到六年级的单元主题发现，涉及"情意品质"的单元主要集中在四年级和六年级，共安排了8个单元的学习。通过此类议题的多文本阅读教学，旨在培养学生形成高尚的思想道德及健康的审美情趣，培养合作创新精神，逐步形成积极的人生观、世界观和价值观。在课例《俗世奇人》和《作家笔下的小人物》中，都通过描写"小"人物，凸显他们的"大"人生观。同时也让学生学习作者描写人物的方法，以此凸显人物性格品质，既有情感的体验、品质的浸染，又有写作方法的习得。

三、"三点式靶向"文本组元

与单篇阅读相比，群文阅读与文本互织理论有更紧密的联系。群文阅读是基于文本互织理论进行组文。因此，根据"三阶六类"议题结构，可以梳理出"三点式靶向"组文方式。"三点"主要指基于单元任务主题点、1+X文本关联点、课内外阅读拓展点。"靶向"指通过以上三点组文的最终目标是完成对核心议题的探索和解决。多文本阅读需将多篇文本的理解融合成一个有机的整体，并非多个单篇简单叠加，因此对多文本靶向组元的文本解读不可缺失。

（一）基于"单元任务主题点"组文

人文主题是承载文化特质的主题，统编教科书各个单元的多个文本都围绕统一的"单元人文主题"进行编排。多文本阅读在进行大单元、大任务教学时，可以将单元人文主题和语文要素设计为文本间的联结点，从这一主题点出发进行多文本组元。以四年级下册第一单元为例，将《乡下人家》《天窗》《三月桃花水》进行组文，开展大单元教学。本单元文章有共同人文主题，表达自然之

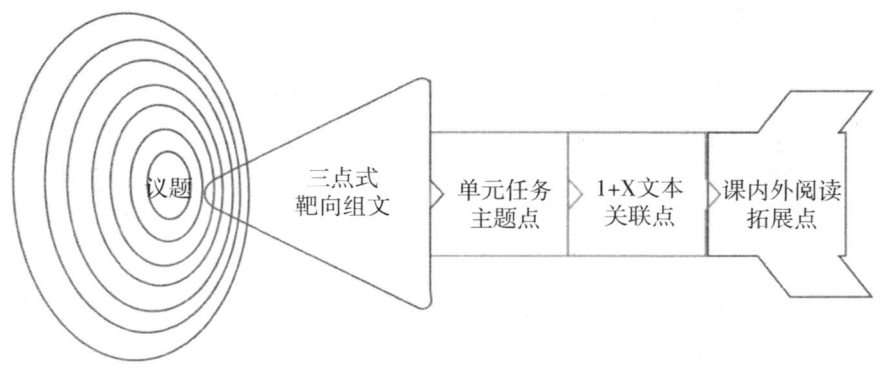

图 3-3 "三点式靶向"组文方法图

趣,但趣中也有不同,《乡下人家》充满乡村景致的自然与生活之趣,《三月桃花水》中描写春水的审美情趣,《天窗》中孩子们通过天窗进行的想象充满奇幻色彩与盎然童趣。《乡下人家》《三月桃花水》是写景散文,《天窗》是抒情散文,文体一致,亦同中有异。因此能够求同比异,通过精心设计的问题链,提升学生结构化思维能力。

(二)基于"1+X文本关联点"组文

统编版语文教材总主编温儒敏先生说:"所谓'1+X'的办法,即讲一篇课文,附加若干篇泛读或者课外阅读的文章,让学生自己读。"①"其中"1"是指统编教材中的每一篇课文。1+X文本关联点的组文方式基于统编教材中语言文字运用能力螺旋上升的特点,以此为出发点,由一篇文本通过与多个文本在体裁、主题、方法或情感等方面的不同关联点进行组文,进而有序列、可推进地提升学生的学习能力。以二年级下册"英雄神话"为例,采用从课内"1"到课外"X"组文形式。本课例以文体——神话故事为议题,以现有的教学内容《羿射九日》为"1",将英雄神话《夸父追日》《鲧禹治水》《刑天舞干戚》作为"X"进行组文。重新编排、取用、调整文章,最大限度优化教学资源,感受神话中的神奇和鲜明的人物形象,帮助实现教学目标。

---

① 杨伟. 尊重新教材 理解新教材 用好新教材:统编本语文教材总主编温儒敏教授访谈[J]. 语文建设,2018(7):4-9.

(三) 基于"课内外阅读拓展点"组文

围绕语文学科核心素养中的文化自信、语言运用、思维能力和审美创造四个维度,教师在教学过程中要突破囿于教材进行教学的束缚,根据课内阅读的知识点、方法点、思维点或活动点等与课外阅读进行拓展,在此过程中注重获取和培养发展语文学科必需的基本知识与关键能力。以《善"变"的动物》一课采用课外拓展阅读的组文形式为例。围绕议题"善'变'的动物",将《蝙蝠与黄鼠狼》《老鹰重生》《狼的智慧——正确的时机(节选)》三篇课外文本进行组文,从动物们变外形、变品种、变策略的不同变化中,体会它们不变的智慧,启发学生向动物学习,做有智慧的人。

第二节 "问题链接——推进议题"的教学设计模式

多文本教学聚焦议题建构,围绕教学目标及重难点,以辨识与提取、比较与融合、评价与反思、应用与创新四个能力为纵向维度,以主问题、子问题和辅助问题串、学生活动和设计意图为横向维度,根据"议题—组文—问题—意义建构",设计结构化的问题链,多维度推进学生对议题的理解。

多文本阅读中结构化的问题链对学生而言,是一种基本的学习策略,能够帮助其建立正确的思维路径;对教师来说,是一种教学手段,能够在单位时间内提高课堂效率。问题链设计的"五原则三模式"可以达成多文本阅读的问题串联,在问答交互中引导学生进行信息的辨识提取,通过比较整合进行评价与反思,在内化理解的基础上实现建构应用,促进学生文化自信、语言运用、思维发展、审美创造四方面核心素养的发展。

一、多文本阅读"问题链设计五原则"

(一) 目的明确,层次鲜明

指向结构化思维的多文本阅读教学问题链需要纵横设计达成目标。纵向上,多文本阅读问题链中辅助问题的设计用于促进子问题的落实,子问题的设计在于落实主干问题,主干问题最终指向核心议题的达成,各级问题间逻辑紧密。横向上,主干问题、子问题、辅助问题各条问题链之间也应该体现清晰的渐进、并列等关系。通过纵向的贯穿和横向的链接将琐碎的问题进行结构化的处理,从而推动多文本阅读教学不断走向深入(见图3-4)。

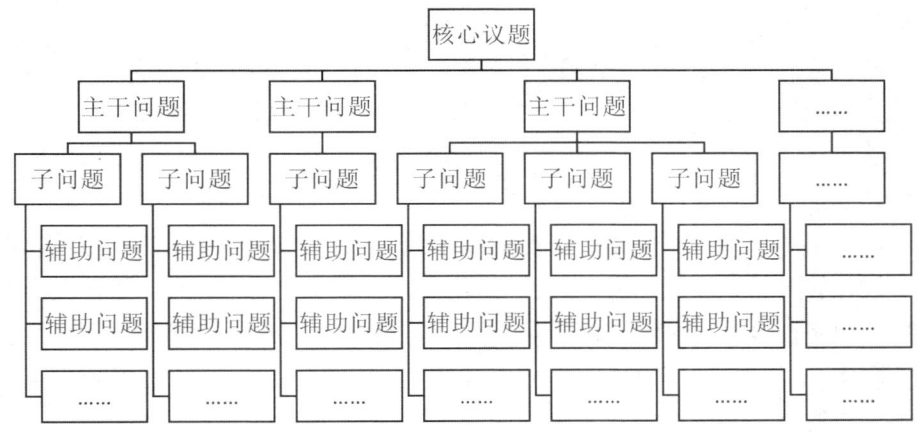

图 3-4 多文本阅读结构化教学问题关系图

（二）数量合适，难度适当

一个多文本阅读设计为核心议题配备 3~4 个主干问题，每一个主干问题又可以根据对学情的预设或现场生成设计多个辅助问题，一般以不超过 3 个为宜，帮助学生在讨论中深入思考，落实核心议题的集体建构。以《从诗词中"笑"看人生》为例，教师围绕"如何像诗人一样笑看人生"这一核心议题设计了 4 个主干问题（见表 3-2）。辅助问题则从《责子》的父母之爱、《约客》的朋友之谊、《六月二十日夜渡海》的人生境遇、《西江月·遣兴》的家国情怀等各个角度渗透作者积极向上的人生价值观，以此引导学生去思考"笑"字的深层含义，从而体会诗人词人的人生态度。

表 3-2 《从诗词中"笑"看人生》结构化问题链设计表

课题	核心议题	主干问题	辅助问题
《从诗词中"笑"看人生》	如何像诗人一样"笑"看人生	诗人的愁是什么	为谁愁
			愁什么
			何以解愁
		诗人的愁谁大谁小	谁的愁大，谁的愁小
		诗人的愁到底解了没有	哪些是有解之愁
			哪些是无解之愁
		面对人生的忧愁，我们可以怎么做	我们可以怎么解愁呢

（三）表述准确，开放易懂

问题链中问题表述是否准确直接影响着学生对于问题的理解和作答的质量，最终指向师生是否能够在核心议题上达成共识。因此教师提出的问题要注意三点：首先，应该结合学生年龄特点和认知水平准确表述；其次，要减少机械式问答，如教师口头经常出现"对不对""会不会"这样的问题，学生仅需回答"是"还是"否"，教师应设计开放性的问题，才有可能获得更丰富的回答；最后，设计的问题要简洁易懂、贴近学生生活，能够驱动学生思考。如在低段群文阅读识字教学《动物名字里的秘密》一课中，核心问题是"动物名字里藏着什么秘密"，如果改成"偏旁、生字以及动物之间有什么联系？"就会变得晦涩难懂，降低学生学习兴趣。

（四）深刻有效，螺旋上升

多文本阅读的核心是结构化，结构化的多文本阅读将知识、能力、思维和教学方式以问题链这一显性结构呈现。结构化的多文本阅读中设计的问题要有层次性，从整体上考虑生成系统化的问题链，应该体现思维发展的要求，从具体到抽象，从简单到复杂，让学生的认识通过问题链的解决逐渐深入，螺旋上升。在多文本课例《诗中物语皆情语》中，四级主干问题逐层深入，对学生能力要求逐步提高，从低阶思维到高阶思维。学生逐渐深入文本，形成清晰的理解结构，突破核心问题，实现对托物言志这一表达方式的掌握。这样的课例既能够帮助学生习得学古诗的一般步骤，也能通过运用这种类型诗的学习方法，自主学习此类诗，或者更多类型的古诗，实现知识和能力的迁移。

表 3-3 《诗中物语皆情语》结构化问题链与能力训练设计表

课题	核心议题	主干问题	层级能力
《诗中物语皆情语》	诗人是如何通过事物表达情感和志向的	诗中所咏之物是什么	信息的辨识与提取的能力
		诗中所咏之物有什么特点	分析、理解能力
		诗人借所咏之物表达了什么情感	分析、整合、评价等高阶思维能力
		咏物诗的表达特点是什么	学习方法和概念的迁移运用

（五）明确学段，把握重点

这一原则指要明确单元和学段的学习任务，规划阶段性的学习内容。低段、中段、高段教学内容各有侧重。在明确了单元和学段的学习任务，规划阶段性的学习内涵之后，还要通过学习任务群进行整合，设计这一堂课的问题链。以目标为导向，打破"逐篇教"的低效格局，以"学方法+用方法"的模式确保学生能掌握方法并用方法顺利把握课堂重点知识。在《古诗词中的快乐童年》这一课例中，核心议题是"通过插图，理解关键词句和古诗大意，感受古代儿童的快乐童年"，在这个核心议题下，设计了两个主干问题，"古代的小朋友玩什么？""古代小朋友会帮家里干些什么活？"为了让学生理解和解决核心问题，基于文本和插图，设计了一系列辅助问题达成目标，整个过程让学生"学方法—用方法"，实现学习方式的迁移运用和能力的提升。

二、多文本阅读"问题链设计三模式"

"问题链设计"源于苏格拉底的"产婆术"和柏拉图的"问答模式"，在"建构主义"的理论基础下，经过多年的教学实践，提出了多文本阅读的"问题链设计三模式"。多文本阅读中指向结构化的"问题链"是具有内容独立性和思维跨度的一系列问题，以内在逻辑关系形成相互关联、统一议题的问题系统。教师需要根据这种内在联系设计出前后连贯、由浅入深的问题序列，抓住问题间的内在关联进行"主干问题"的"结构化"，是形成"问题链"的基本条件。根据多文本阅读课型的差异、课例研讨和梳理，可以提炼出以下三种问题链结构模式。

（一）向心聚合式问题结构模式

这一问题链设计模式主要适用于习得一组文本中的同质性要素。课堂教学中设计的主干问题指向核心问题，各主干问题都是核心问题的分支且指向并服务于核心问题的解决。在《不一样的狐狸》这一多文本课例中，以核心问题为引领设计了四个主干问题，前三个并列的主干问题在信息提取和分析的基础上指向最后一个问题的达成，整个设计体现了思维聚合的过程（见表3-4）。

表3-4 《不一样的狐狸》问题结构设计表

篇名	核心问题	做了什么事	目的是什么	怎样的狐狸	道理
《狐狸和乌鸦》	狐狸给你留下了怎样的印象	讨好乌鸦	吃乌鸦嘴里的肉	坚持、狡猾	站在不同的角度看问题，才能看到事物的全貌
《火焰》		救孩子（逃脱猎人追赶）	解救自己的孩子	伟大、勇敢	
《尾巴上的打气球》		尾巴上的气球上写"你好"	和动物们友好相处	友好、乖巧	

（二）往复对照式问题结构模式

这一问题链设计主要用于利用多篇文本从多个角度理解议题的主要内容，进行比较、求证，形成最终的意义理解。往复对照就是让核心问题在不同的文本和环节中反复出现，让学生在比对、讨论、统整中形成新的认识。这样的"问题链"教学看似重复，实则自有理趣。六年级上册第八单元"借助相关资料，理解课文主要内容"，在以"鲁迅"为主题的基础上，构建了群文课例《不同人眼中的鲁迅》。在教学《我的伯父鲁迅先生》后，教师借助一组表现不同形象的鲁迅的文本，以"鲁迅的形象"为核心问题，让学生从不同文本中提取不一样的鲁迅形象，再将信息进行统整，从而对鲁迅先生形成一个丰满、立体的认识（如图3-5所示）。

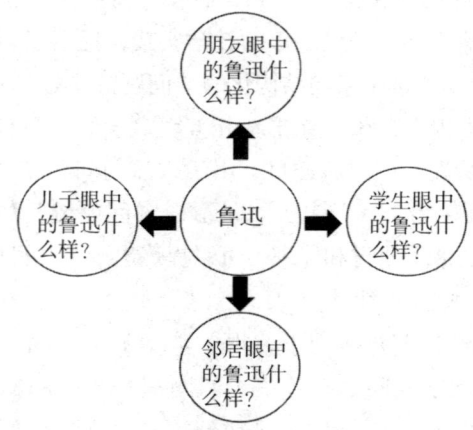

图 3-5　《不同人眼中的鲁迅》对照往复问题结构图

（三）发散比较式问题结构模式

这一问题链设计主要用于找出文本差异，以比较差异作为切入点设计问题链，引导学生在差异的辨析中深入理解文本。问题设计时，核心问题贯穿课堂，主干问题和辅助问题以核心问题为线索串联，使教学环节如珠串般成为整体，凸显教学设计的思路与主题。在群文阅读课例《数字与诗境》中，组文选择《山村咏怀》《望庐山瀑布》《九月九日忆山东兄弟》《江雪》4首古诗。以核心问题"数字入诗有什么不同作用"串联整个课堂，学生在比较、分析中进行集体建构，探究数字入诗的不同作用。

三、多文本阅读"问题链设计四策略"

通过多文本阅读问题链的设计与实践研究,在"向心聚合式问题结构""往复对照式问题结构"和"发散比较式问题结构"三种问题链设计模式的基础上,以问题链设计模式为基础,可以运用四种多文本阅读问题链教学策略。

(一)比较策略

多文本阅读本质上就是比较阅读,比较策略是指在多文本阅读教学过程中,教师运用结构化的问题链引导学生通过比较、对照不同文本,寻找文本之间的异同,探究这种异同的成因,从而建构起对文本更加深刻的理解。因此,比较策略主要包括"求同比较"和"寻异比较"两种策略。

"求同比较"即在设计时找出多文本的共同点。阅读语体相同的文章,可以通过对比阅读发现多篇文本的共同之处,并总结出这一类议题文章言语表达形式的规律。以《诗中物语皆情语》为例,该课例的文本选择《蝉》《蜂》《寒菊》3首托物言志的古诗,运用一篇带多篇的方法,用表格引导学生梳理出物的特点和表达的感情,发现物和情的共通之处,在集体建构的过程中领悟物可以寄寓情感,从而总结出咏物诗托物言志的表达特点。

"寻异比较"即在设计时找出文本的差异,以这种差异为切入点,并引导学生找出文本的差异,这种差异或许是事实的差异,也可能是情感、观点的差异,抑或表达方法的差异。在多文本教学课例《数字与诗境》中,文本选择了《山村咏怀》《望庐山瀑布》《九月九日忆山东兄弟》《江雪》4首古诗。这4首古诗的相同点是诗句中都有数字,不同点是数字的表达形式和意思及传达的情感(见图3-6)。

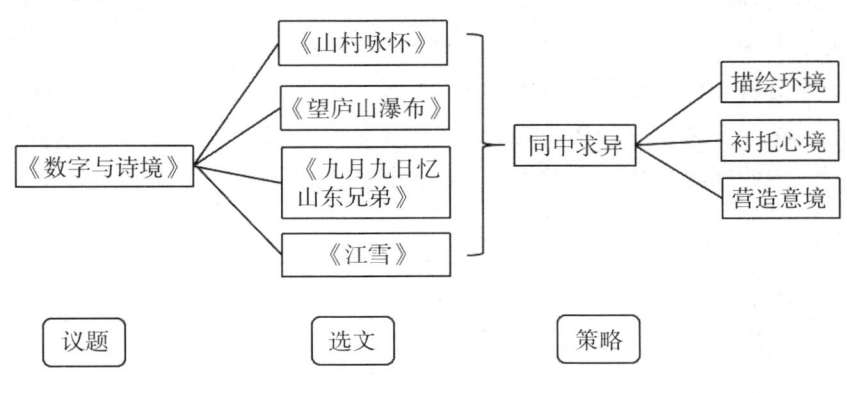

图3-6 "寻异比较策略"实践案例

(二)批判策略

多文本阅读中以辩证性思维看待议题对培养学生批判性思维大有裨益。在议题中抛出具有思辨性、批判性的议题,然后设计层级递进、逻辑螺旋上升的子问题,帮助学生在问题链指导下进行辩证性、批判性的思考。在四年级下册第四单元"体会作家是如何表达对动物的感情的"这一主题单元中,以"万花筒中看老鼠"为议题,分析文学作品中老鼠丰富的性格特征,使学生获得对老鼠不一样的认识和思考。在同类型题材的文本中也可以迁移运用判断策略,提高学生阅读能力,培养学生批判性思维(见图3-7)。

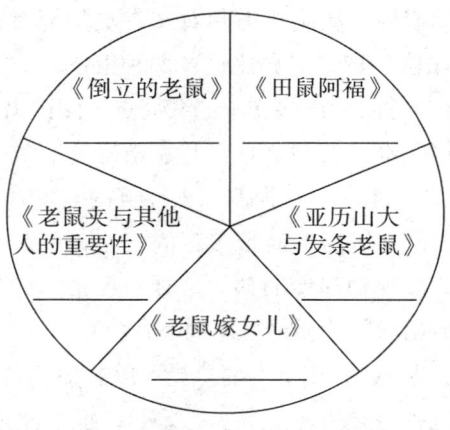

图3-7 "批判策略"实践案例

(三)联结策略

联结策略是以学生为主体,注重学生思维积极参与的阅读策略,它指学生建立文本与外部世界关联,促进对文本和生活的分析和理解。如六年级上册第四单元"小说"单元,以建构"出人意料的小说结局"为议题。以《桥》的结局既出乎意料又在情理之中为例,让学生结合文本和阅读经验猜测《在柏林》《窗》《雪夜》《最后一只乌鸦的最后一句坏话》几篇文本的结局,进一步深化学生对议题的理解,对小说产生更加浓厚的兴趣(见图3-8)。

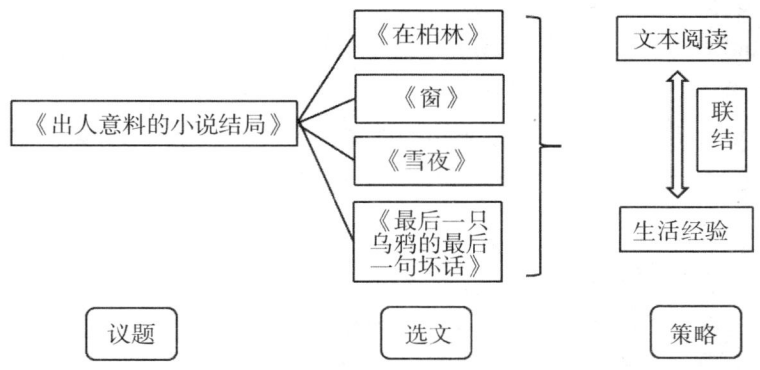

图 3-8 "联结策略"实践案例

(四) 迁移策略

在小学多文本阅读中,"一篇带多篇"是一种常见的阅读方式,学生在阅读中学会举一反三,把握学习内容的实质。这种基于课堂的"举一反三"的阅读,即阅读迁移,这种迁移包括阅读内容、技巧的迁移以及方法的理解、分析与组织。如《俗世奇人》一课就是对这一策略的运用(见图3-9)。

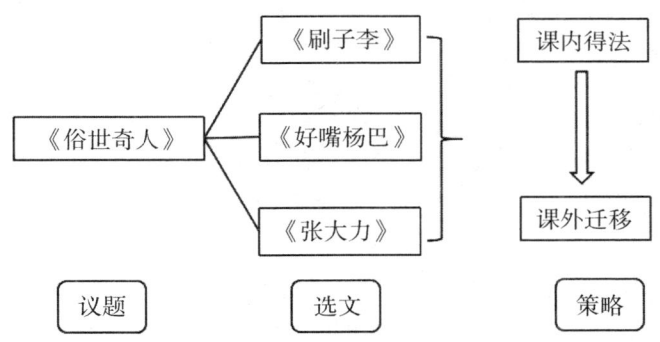

图 3-9 "迁移策略"实践案例

第三节 "四维评价——学思并进"的教学评价方式

量表的使用可使课堂的观测者能有序观察和思考,并通过指标比对赋予课堂分值,使教者和学者能回望课堂本身。指向结构化思维的多文本阅读问题链设计从"议题—组文—问题链设计—阅读发展"四个维度聚焦课堂、关注师生,以此探寻多文本阅读教学以文化人的本质。因此，通过设计《指向结构化思维的多文本阅读问题链设计与实践》评价量表指导观测，达成对多文本阅读教学的议题构建、文本组元、问题链设置和学生阅读效能的评估。量表拟定主要考量以下五个维度：议题建构是否聚焦；组文是否结构化；问题链设计是否合理；"四项关键能力"是否凸显；学习主体是否得到发展。

一、议题的聚焦性

南京师范大学黄伟教授提出三层级阅读教学理论，将学生对文本的阅读理解分为三个层次：释义、解码、评鉴。[①] 此理论可为多文本阅读议题提供重构的思路，议题的设置要聚焦，要有逻辑性和思辨性。逻辑性强调议题的深度，促使学生思维向高阶发展，思辨性则指明了议题的广度，促使学生的思考能综合所学解决问题。

议题的逻辑性。议题的逻辑性强调议题的内在逻辑，使学习主体的学习指向清晰明确，通过精准把握议题的关联点，激发学生的阅读兴趣。如四年级下册第四单元以"小称呼 真情感"为议题，通过对动物的称呼，深入理解明贬实褒的写作手法以及作者所表达的情感，在"小称呼"到"真情感"之间，以称呼切入，以写作手法为落点，体悟作者表达的情感，结论是在梳理文本和统整比较称呼的过程中，逐步析出，清楚表明了它的逻辑性。

议题的思辨性。议题的思辨性有整合多类文本的作用，使学习主体能够从不同角度解读文本，甚至能够规划学习的路径，帮助学生多角度进行思考，在课堂上产生不同的观点，包括矛盾点和冲突点，并以此进行碰撞，最终在集体建构中达成共识。比如，五年级下册的群文议题"有'个性'的小人物"，可以让学生的思维进行适度发散：小人物会有哪些"个性"，什么样的人物才是小人物？在深入文本后，使学生了解这里的"小"可以是生活中平凡的你我他，也可以是文本中不起眼的小角色。

二、组文的逻辑性

多文本阅读要将文本中的知识、技能和思想理念与人生价值观、社会道德观等相结合，使学生形成系统的文本阅读与评价方式，以此推敲是否能帮助学生更好地理解、掌握所学内容，核心素养和社会责任感得到发展。因此，文本

---

① 黄伟.语文教学改革：从平面铺展走向层级进阶："三层级阅读教学理论"问与答（三）[J].中小学课堂教学研究，2021（7）：19-21.

的组元必须有内在的逻辑与关联，要能形成结构化的价值内涵。

（一）文本的逻辑与关联

多文本阅读在互文性视角下，需要分析文本间的内在逻辑关系。多文本阅读组文的呈现方式、排列顺序也需要细细考量。一方面，从宏观视角，联系课标、教材等，找到切入点，从不同角度找到文本的逻辑关联；另一方面，站在中观和微观角度，找到多篇文本中的共性和差异，不能局限在单篇文本字词句段篇的逐一解析，而应包括如主旨情感、线索脉络、表达风格、修辞手法、词句特点等，帮助学生更好地围绕议题理解和掌握文本内容。在多文本教学课例"奇妙的中心句"中，四篇文本分别描述了人物、自然、城市和植物，虽然描写的主体不同，但是四篇文本都以中心句作为线索，可以按照中心句的位置不同排列文本和确认文本的教学顺序（见表3-5）。

表3-5 "奇妙的中心句"课堂教学文本呈现表

篇名	文本中心句	作用	呈现顺序		
			第一轮梳理	第二轮共学	第三轮统整
《专心的玛丽亚》	玛丽亚有个特点：能够专心致志地读书，从来不因为人多而受干扰	开头统领全文	1	2	3
《庐山的云雾》	庐山的云雾不仅千姿百态，而且瞬息万变	中间承上启下	X	-	3
《小而美的澳门》	澳门是一座小而美的城市	结尾总结群文	X	2	-
《梧桐树》	校园里的梧桐树，你是我们的朋友	反复着重强调	X	2	-

（二）文本的价值与内涵

多文本阅读教学需要引导学生对组文内容进行深入分析和解读，学生才能循序渐进，深入理解文本的价值与内涵。如六年级上册多文本教学课例以"触摸自然"为议题，将《风景区》《紫藤萝瀑布》《淮中晚泊犊头》《访戴天山道士不遇》进行组文。四篇文本题材不同，景色各异，在描述景色时均融入了丰富的联想，体现了作者对自然的热爱以及对人生的积极思考。

三、问题链的合理性

多文本阅读教学强调摒弃碎片化的知识传授，通过结构化的问题链设计，实现知识传递、能力培养、思维提升和品格塑造的综合发展。因此，如何评价问题链设计的合理性就显得尤为重要。其关键就在于问题是否聚焦议题。

在多文本阅读教学中，问题链是由一个个具有序列的问题组合而成，问题链设计构成了课堂教学的重要框架，问题形成链接后指向课堂要完成的任务，使学生完成既定的学习目标，即为突破议题服务。因此，在进行多文本阅读的教学评价时，我们要重点关注问题链设计的层次、逻辑、数量，还要探究问题与问题、问题与流程、问题与课堂板块之间的关系。如在多文本教学课例"奇妙的中心句"中，围绕议题中的关键词"奇妙"来设置问题链，可以围绕此议题进行评价性问题："领袖是谁——初识中心句""领袖在哪里——找位置，发现奇妙""领袖能不能乱跑——看顺序，发现奇妙""领袖有没有变化——看变身，发现奇妙"，判断是否围绕"奇妙"二字，说明了中心句的作用和特点。

四、"四项关键能力"的凸显性

倪文锦教授提出群文阅读常用的思维策略包含"信息辨识与提取""比较分析""整合诠释""评价反思"。① 后逐渐发展为指向学生的"四项关键能力"，即"辨识与提取""比较与整合""评价与反思""创新与应用"。

辨识与提取的能力。这项能力需要学生通过阅读对多文本阅读教学中的初始问题进行辨识与提取信息，以便在后续的课堂教学中继续深入分析文本的内在逻辑和结构等，并对理解作者的观点、态度和情感打下基础并做好铺垫。如在多文本群文课例《从诗词中"笑"看人生》里，基于古诗词类文本，教师设置的问题便是："诗人到底在愁什么，又是为谁愁？"学生通过提取和辨识古诗词的背景资料就能迅速找到答案。

比较与整合的能力。通过辨识与提取到的信息，让学生以求同比异的方式运用文本信息进行推理、判断，发现文本在题材、体裁、风格、手法、修辞、情感、主旨等方面的异同，从而形成对所读文本结构化的认知和理解。在四年级多文本阅读教学课例《童话中的想象力——不可思议的情节》中，设计者通过"寻找童话故事中最不可思议的地方"和"童话故事的情节有什么特点"两

---

① 倪文锦. 群文阅读中的思维策略[J]. 课程·教材·教法，2020，40（2）：72-76.

个问题,以表格的形式(见表3-6)整合和提炼出童话的"神奇"带给人的阅读感受:童话故事中不仅有不可思议的情节,往往还有突出的人物形象,你更喜欢哪个人物形象?说说你的理由。

表3-6 《童话中的想象力——不可思议的情节》比较整合表

篇名	不可思议的地方	情节特点
《给乌鸦的罚单》	1. 警察给乌鸦开罚单 2. 乌鸦凑钱还罚单	相反 错位
《神奇橡皮擦》	什么都可以擦的橡皮	夸张
《晴天有时下猪》	1. 日记写的内容会实现 2. 晴天会下猪 3. 妈妈的脖子会变长	夸张 错位 变形
《老鼠养了一只猫》	1. 老鼠会养一只猫 2. 猫会推荐猫粮 3. 猫最后会离家出走 4. 老鼠知道猫不见后会哭	相反 错位

评价与反思的能力。学生对一组文本有了较深入的理解后,还要让他们进行评价与反思,引发他们的思考,评估他们是否能够理性地看待作者的观点和态度,并提出自己的见解等。如在多文本阅读课例《古诗中的志向》中,教师以揭题的方式设置一个问题,评价学生的初始阅读起点:"志",上士下心,心在底部说明是隐藏的心思和想法,你们的志向是什么?而在深入学习四首古诗后,教师再次提问,引发学生对立志的反思:古有王昌龄的"不破楼兰终不还",陆游的"高标逸韵君知否,正是层冰积雪时",文天祥的"人生自古谁无死,留取丹心照汗青",杜甫的"安得广厦千万间,大庇天下寒士俱欢颜",后有周恩来的"为中华之崛起而读书",今有袁隆平的"禾下乘凉梦",那在座的同学们,现在你们的志向发生改变了吗?如果变了,是什么呢?

创新与应用的能力。在学生对一组文本有了自己的看法和见解后,要能够对自己所学进行迁移和运用,因此在课堂要结束的拓展应用阶段,即使时间较紧,也要设计出相应的板块。学以致用的关键是学生是否能够结合所学提出新颖、有创意的想法,是否能够灵活运用文本信息进行创新性的思考和表达等。如多文本阅读课例《有画面感的拟声词》中,教师让学生运用拟声词,创作儿童诗(如图3-10)。

图 3-10 《有画面感的拟声词》创新与应用图

五、学生阅读的发展性

根据"扎实学力"的"四层冰山模型"对教学目标的隐喻问题进行说明：在水面之上的"知识与技能"和"理解与记忆"为显性学力，隐藏在水面之下的"思考力与问题解决力""兴趣与意欲""体验与实感"为隐性学力。[①] 以 SOLO 分类理论的学习评价方法，在评价学生学习效能时，既要观测学生的显性学力，也要评估学生的隐性学力，同时还要关注两者之间的关系。

思维的发展。在新课标中，思维能力作为核心素养之一，强调学生在学习过程中的联想想象、分析比较、归纳判断等认知发展与表现。多文本阅读教学通过学生对问题的思考、任务的完成和交流的反馈，来评估学生思维的敏捷性、灵活性、深刻性、独创性、批判性（见表 3-7）。

表 3-7 思维发展观测指征表[②]

思维发展内容	思维发展指标
汇聚多元视角，展示解读丰富性	学生有无对该材料其他解读的联想
开创新型文本，促进视域更新	学生有无对该材料作为单篇文本时的对比

[①] 杨向东，崔允漷. 课堂评价：促进学生的学习和发展［M］. 上海：华东师范大学出版社，2012：18.

[②] 袁伶逸. 群文阅读对学习者高阶思维发展的影响研究［D］. 重庆：西南大学，2018.

续表

思维发展内容	思维发展指标
建立召唤结构，帮助想象拓展	学生有无对该材料应用拓展的联想
坚持要素整合，注重引导探索	学生共完成几次阅读循环/时间占比
坚持主体性教学，注重创新价值	学生发言展现灵活迁移答案个数/频数占比
开展集体共建，碰撞思维火花	学生是否对所学知识产生新的应用

如在二年级上册议题"小故事 大道理"的群文教学中，学生根据寓言故事体会到文章所表达的道理，并以"劝告"来提醒文中角色。为了避免出现"贴标签"而导致学生无话可说或说空话的现象，教师抓住三篇文本中故事角色间的对话，让学生深入比较与分析《坐井观天》中井的位置、《寒号鸟》中真傻的是谁、《我要的是葫芦》中叶子与果实的关系，使学生悟其理，达其言。

阅读量和阅读速度。通过单位时间内学生阅读要求的完成情况，记录学生在阅读群文时的数量和质量，并根据交流与表达的情况，评估学生的阅读能力。如在多文本课例《奇妙的中心句》里，教师让学生走进一组文本，"把藏在文章中的这个领袖找出来"，接着出示要求：默读四篇文本，用横线勾画出文中的中心句。教师一边巡视一边查看学生提取的信息，便能判断学生对中心句的掌握情况。

阅读方法与策略。对阅读方法策略的指导，可以帮助学生学会从读一篇文本到读一类文本，促进学生在阅读中学会思考。因此，评价学生在多文本阅读过程中，能否运用多种阅读方法和策略，如略读、精读、批判性阅读、比较阅读等是评价学生是否会阅读的重要依据。另外，通过观察学生能否根据文本特点和阅读目的选择合适的阅读方法，并灵活地在不同文本间进行切换使用也比较重要（见表3-8）。如在群文课例《中国民间爱情故事里的秘密》教学中，教师通过学习提示引导学生：默读四个故事，用浏览、跳读等方式，圈出阻挠者，画出阻挠者的手段，概括地说说他们是用什么办法将两个有情人分开？通过勾画提取关键词句，从而判断学生是否能从课内习得阅读方法并迁移运用到课外，还能根据评价情况调整教学内容。

表 3-8 《指向结构化思维的多文本阅读问题链设计与实践》课堂教学评价量表

一级指标	二级指标	指标描述	分值
议题	可议性（5分）	文本议题具有可议性，如冲突性和矛盾点，能激发学习兴趣（5分）	
	发散性（5分）	能整合多类文本，使学习主体能够从不同角度解读文本（5分）	
组文	文本解读（10分）	作品呈现正确的人生观、世界观、价值观（5分）	
		文本组元与教材产生关联，在内容、主题、结构、表达等方面有内在逻辑，能准确解读其主题（5分）	
问题链	议题的聚焦性（30分）	问题的关联：各个问题具有层次逻辑，形成理解文本的框架（10分）	
		问题的聚焦：各个问题明确指向和聚焦于对议题的讨论和理解（10分）	
		问题的统整：主问题引领子问题，子问题支撑主问题，以结构化方式进行学习（10分）	
	"四项关键能力"的凸显性（20分）	初始问题指向提取和辨识的能力（5分）	
		对提取到的信息进行统整，培养比较与整合的能力（5分）	
		在理解的基础上，形成个性化的评价与反思的能力（5分）	
		能联系所学解决真实情境下的问题，提升创新与应用的能力（5分）	
阅读效能	显性学力（10分）	单位时间内能快速、大容量地进行阅读（5分）	
		对议题、组文有个性化的理解，并在交流表达中形成共识（5分）	
	隐性学力（20分）	能迁移运用阅读策略与方法进行陌生化的文本阅读与跨文本阅读（10分）	
		能结合阅读和生活经验，解决现实问题（10分）	
总分（100分）			

第四节　教学案例

统编小学语文五年级下册第二单元 名著中的"小"人物

【阅读篇目】

第一组：《圣母院的敲钟人一》《进城的祥子一》《刘姥姥进大观园一》

第二组：《圣母院的敲钟人二》《进城的祥子二》《刘姥姥进大观园二》

【议题解读】

"观三国烽烟，识梁山好汉。叹取经艰难，惜红楼梦断。"统编义务教科书小学语文五年级下册第二单元的导语简明扼要地呈现了本单元的学习主题与内容。其所属学习任务群分别是"文学阅读与创意表达"与"整本书阅读"。聚焦第三学段"文学阅读与创意表达"，旨在阅读题材丰富的文学作品，理解、品味和欣赏文学语言，感知各色各样的人物形象。"整本书阅读"旨在运用圈点、勾画、批注等读书方法，梳理文本内容和结构脉络，针对印象最深刻的内容做出评价，乐于与他人分享交流。

通过此单元的学习及以往阅读方法与阅读经验的累积，五年级学生已初步具备阅读名著的能力，但部分学生仅根据学习要求完成阅读任务，并未对名著作品产生阅读兴趣，未形成主动阅读的习惯。同时，部分学生仅通过阅读作品中的人物片段，便对人物下定义、贴标签，其对人物所形成的思考与看法易出现偏差，也不利于其学习正面的阅读方法。

根据五年级学生的学习情况和学习特点，本课直接聚焦名著，选取中外、古今作品，以典型的小人物形象为主，设计议题——名著中的"小"人物。引导学生利用表格进行观察，抓住多种人物描写方法，品读人物特点，加深对人物的理解与体会。同时，通过两组文本的对比阅读，引导学生思考发现，评价人物需要全面和多角度；而"小"人物是"小"还是"不小"，也应该链接整本书，在阅读过程中产生对作品、对人物独特的看法与评价。

【文本分析】

本课共设计两组文本，六篇文章，选用文章均出自名著文本，部分内容略做修改。

《圣母院的敲钟人一》和《圣母院的敲钟人二》选自《巴黎圣母院》，《进城的祥子一》和《进城的祥子二》选自《骆驼祥子》，《刘姥姥进大观园一》和《刘姥姥进大观园二》选自《红楼梦》。文本聚焦于名著中的小人物形象——

卡西莫多、祥子、刘姥姥，以人物描写为主，涉及语言、动作、心理、外貌等。

《圣母院的敲钟人一》描写了卡西莫多的外貌，《圣母院的敲钟人二》讲述了卡西莫多解救爱斯梅拉达的过程；《进城的祥子一》展现了祥子向生活妥协后的样子，《进城的祥子二》描述了刚刚进城的祥子对生活充满了希望的样子；《刘姥姥进大观园一》呈现了刘姥姥第二次来到贾府所上演的"笑剧"，《刘姥姥进大观园二》讲述了刘姥姥三进贾府，救走巧姐。

【阅读目标】

1. 梳理关键信息并进行对比与统整，体会名著中人物的"小"与"不小"。
2. 进行迁移和创新，学习用多种方法品析人物形象。
3. 感受人物形象的丰富性，激发学生对名著的阅读兴趣。

【问题链设计流程图】

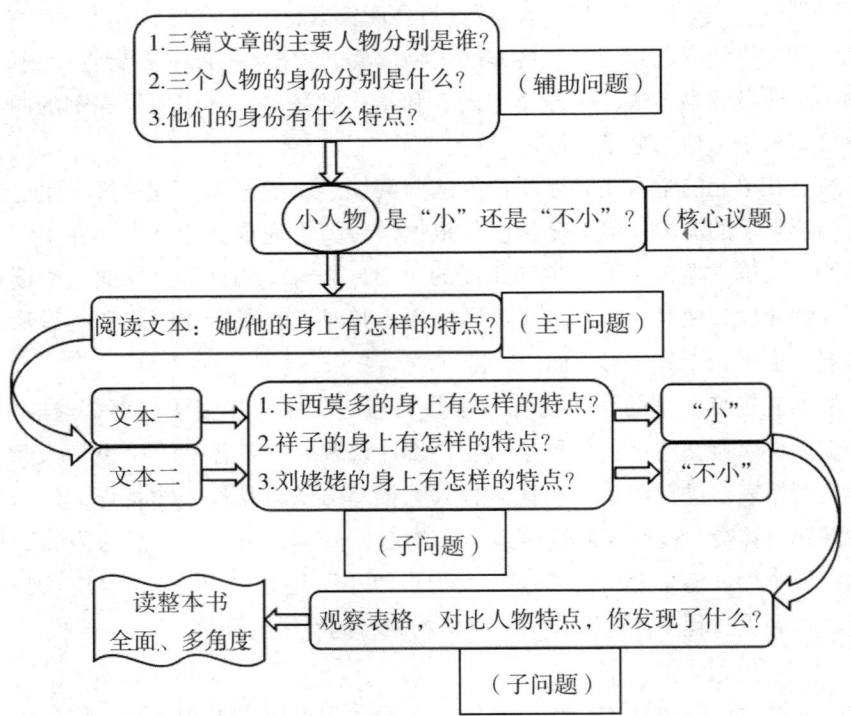

【阅读准备】

读一读阅读单中的文章《圣母院的敲钟人一》《进城的祥子一》《刘姥姥进大观园一》《圣母院的敲钟人二》《进城的祥子二》《刘姥姥进大观园二》。

【教学过程】

一、谈话导入

导入语：同学们，本学期我们在第二单元中初步接触了我国的四大名著。这节课我们也将共同阅读名著，走近名著中那些鲜活的人物。

【设计意图：立足课内名著单元，引出本节群文阅读课的议题——名著中的人物。通过设置悬念，引导学生思考问题，从而推进课堂教学：名著中鲜活的小人物有哪些？】

二、初读第一组文本，寻"小"之身份

导入语：让我们共同翻开学习单，开始阅读吧！

（一）出示学习要求，学生完成学习任务

1. 默读文本一，圈出三篇文章的主要人物。
2. 勾画出能够体现人物身份的句子。

（二）预设问题链

1. 三篇文章的主要人物分别是谁？
2. 三个人物的身份分别是什么？
3. 他们的身份有什么特点？

【设计意图：围绕卡西莫多、祥子、刘姥姥三个名著中的人物，持续推进课堂教学。通过引导学生寻找和发现人物的身份及其特点，揭示本课的中心议题——名著中的"小"人物，同时为后续教学探究人物的"小"做铺垫。】

三、研读第一组文本，品"小"之特点

导入语：三个"小"人物中，你对谁最感兴趣？

（一）出示学习要求，学生完成学习任务

阅读文本一，选择一个自己最感兴趣的人物，勾画令你印象深刻的词句，并做简单批注：她/他的身上有怎样的特点？

（二）学生汇报交流

1. 抓住外貌描写，体会卡西莫多的人物特点——丑陋、残疾等

关键句：那四角形的鼻子，那马蹄形的嘴巴……那分叉的下巴。

关键词：四角形、马蹄形等

关键句：更确切地说，他的全身都是一副怪相……两把镰刀。

关键词：怪（具体部位：脑袋、头发、驼背……）

2. 抓住心理描写，体会祥子的人物特点——无赖、阴暗等

关键句：现在，怎能占点便宜，他就怎么办……他觉得非常上算。

关键词：占便宜、借钱、骗钱等

关键句：在这种时候，他也很会掏坏……摔死谁也没大关系，人都该死！

关键词：掏坏、耍坏、横切、别扭等

3. 抓住语言、动作等描写，体会刘姥姥的人物特点——幽默、粗俗等

关键句："我虽老了，年轻时也风流……今儿索性做个老风流！"

关键词：风流

关键句："老刘，老刘，食量大如牛：吃个老母猪，不抬头！"

关键词：食量大如牛

关键句：说完，却鼓着腮帮子，两眼直视，一声不语。

关键词：鼓着、直视等

关键句：她便伸筷子要夹，哪里夹得起来？满碗里闹了一阵……早有人拣去了。

关键词：伸、夹等动词

（三）析"小"之原因

1. 卡西莫多：天生

关键句：他不但相貌十分丑陋，而且有多种残疾。

2. 祥子：生活打击

关键句：连遭生活的打击，祥子，变成个又瘦又脏的低等车夫。

3. 刘姥姥：环境影响、生活所迫

关键句：这刘姥姥乃是个积年的老寡妇，膝下又无子，只靠两亩薄田度日。

【设计意图：引导学生仔细阅读文本，鼓励学生带着问题进行阅读，边读边思考，学习从外貌、语言、动作、心理等人物描写中品析人物形象，品读人物特点。同时利用表格，引导学生观察和发现共同点，围绕中心问题展开教学——名著中的小人物之"小"，不仅体现在人物的身份上，也体现在人物的表现之中。而人物特点的背后也有其原因，引导学生再读文本，找出原因，深入理解人物形象。】

四、研读第二组文本，品"不小"之特点

（一）出示学习要求，学生完成学习任务

阅读文本二，继续选择自己刚才关注的人物，勾画令你印象深刻的词句，

并做简单批注：她/他的身上有怎样的特点？

（二）学生汇报交流

1. 抓住动作描写，体会卡西莫多的人物特点——动作敏捷、正义勇敢等

关键句：他突然一个箭步跨出……又纵身一跳进了教堂。

关键词：跨出、抓住、溜下、冲向、抡起等

2. 抓住外貌描写，体会祥子的人物特点——积极、挺拔等

关键句：他没有什么模样，使他可爱的是脸上的精神。

关键句：这样立着，他觉得，他就很像一棵树，上下没有一个地方不挺脱的。

3. 抓住语言描写，体会刘姥姥的人物特点——善良、智慧等

关键句：这有什么难的呢，一个人也不叫他们知道，扔崩一走，就完了事了。

【设计意图：设计第二组文本，引导学生品读文本，运用方法，在人物描写中品析人物形象，品读人物特点。同时利用表格，引导学生观察和发现人物的另一面。围绕中心问题展开教学——名著中的"小"人物其实"不小"。】

五、激趣阅读，总结方法

（一）对比阅读：出示文本的关键句子，对比读文

卡西莫多：

文本一：那四角形的鼻子，那马蹄形的嘴巴……那分叉的下巴。

文本二：正当刽子手要执行命令时，他突然……纵身一跳进了教堂。

祥子：

文本一：现在，他故意耍坏；摔死谁也没大关系，人都该死！

文本二：这样立着，他觉得，他就很像一棵树，上下没有一个地方不挺脱的。

刘姥姥：

文本一：她便站起身来，高声说道："老刘，老刘，食量大如牛……"

文本二：她说道："这有什么难的呢……扔崩一走，就完了事了。"

小结：在前后对比中，我们会对人物有着更加深入的理解和体会。

（二）（出示表格）同学们，请观察这个表格，说说你发现了什么？

篇目	主要人物"小"人物	"小"				"不小"	
		身份	特点1		原因	特点2	
《圣母院的敲钟人》	卡西莫多	敲钟人	外貌（丑陋……）身体（残疾……）	丑	天生	动作敏捷勇敢正义……	美
《进城的祥子》	祥子	车夫	行为（无赖……）心理（阴暗……）	坏	生活打击	精神可爱满怀希望……	好
《刘姥姥进大观园》	刘姥姥	农妇	言行（粗俗……）	俗	环境影响，生活所迫	聪明善良知恩图报干脆利落……	不俗

小结：

1. 人物形象不是单一的，我们应该多角度看待。

2. 不仅要看到人物的表面特点，更要看到其内心的品质。

3. 每个人在人生的境遇中会做出自己的选择，要坚守内心的善良与正义，不言放弃。

（三）小结课堂，引导思辨性阅读

结束语：读到这里，相信同学们内心都有了自己对人物的理解与体会，但是，这还远远不够，我们还要去读整本书，才能更加全面地了解他们。

（出示名著图片）其实这三个人物分别出自三本名著——《巴黎圣母院》《骆驼祥子》《红楼梦》。阅读名著，我们不仅能看到精彩的故事，更能看到鲜活的人物。

卡西莫多救下爱斯梅拉达之后，还发生了什么事？祥子曾经那样精神、挺拔，在遭受打击和反抗后，最终选择了妥协，实在令人痛惜。而刘姥姥又何以在人物众多的《红楼梦》中给读者留下深刻的印象？

名著中的"小"人物究竟是"小"还是"不小"？就让我们共同到书中去寻找答案吧！

【设计意图：渗透对比阅读的方法，引导学生掌握方法，深入理解人物形象。设计表格引导学生自己观察和发现，进行课堂小结。同时，围绕中心问题——名著中的"小"人物，进行整本书阅读。】

【板书设计】

名著中的"小"人物

卡西莫多	丑 —— 美	前后对比	多角度
祥子	坏 ← 好	读整本书	全面
刘姥姥	俗 —— 不俗		

【教学评价】

本次课例是基于五年级下册名著单元所进行的群文阅读教学,围绕一个议题所提出的中心问题——名著中的"小"人物,在教学过程中层层深入。小人物是谁,他们"小"在哪儿,"不小"在哪儿?通过抓人物描写,对比阅读等,一步步引导学生深入理解人物形象,最后通过表格分析,探寻评价人物的方法,直到最后得出结论——阅读整本书,多角度、全面评价人物。在教学设计方面,本次群文课例设计两组文本,强调人物描写和对比阅读,结构完整,问题链清晰,教学重点突出。

学生在教学过程中学习了人物描写的方法,能通过语言、动作、心理、外貌等方面把握人物特点;又懂得了评价人物的方法,即在整本书阅读中多角度、全面地评价人物。同时,也激发了学生阅读名著作品的兴趣,为提升学生的阅读量打下了一定的基础。

(此案例由成都市浣花小学陈静提供)

第四章

口语交际结构化教学：培养能文明交际的人

古人云："人之所以为人者，言也。人而不能言，何以为人？"人是社会化的，以"言"来沟通的，这里的"言"包括书面语言和口头语言。口头语言是人类交流沟通的主要方式之一，具有传递信息、传播知识、表达情感等功能，是社交互动的基础。

课标的总目标有关口头语言表达的要求：学会倾听与表达，初步学会用口头语言文明进行人际沟通和社会交往。统编小学语文教材的"口语交际"是训练学生口头语言表达的重要部分。整套教材共编排47次口语交际，每册安排4次（六年级下册3次），交际习惯和交际意识的培养贯穿始终。

通过对区域教师口语交际课堂的观察，发现在运用教材培养学生文明交际礼仪方面有这样的问题：第一，重内容，轻交际。教师把话题内容作为教学重点，偏离了口语交际的教学核心。第二，重讲解，轻实践。教师教学时直接讲解，学生没有进行充分的交际实践。第三，重听说，轻应对。认为学生能认真倾听，大胆表达就达到了教学目标，没有关注层级发展。

利用统编教材实现口语交际的育人价值，培养学生文明交际礼仪，可以从以下方面进行（见图4-1）。

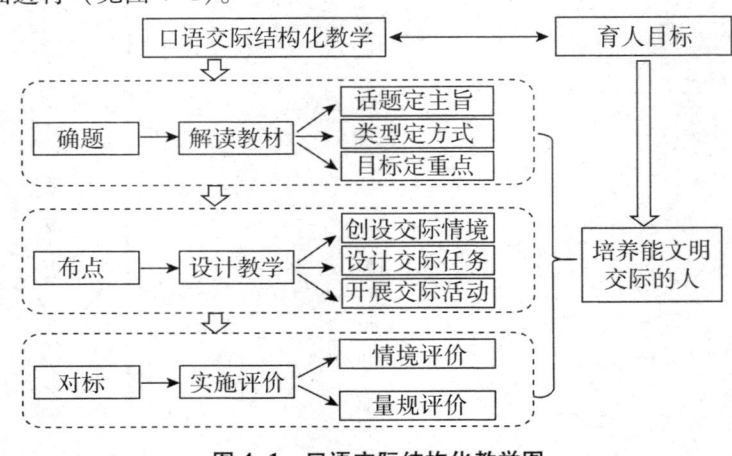

图4-1 口语交际结构化教学图

第一节　教材解读：领悟要旨，言之有据

要通过口语交际课达成培养学生文明交际礼仪的目的，需要从交际的目标、话题和类型对教材进行解读，了解其育人价值。

一、解读话题，定交际价值

话题是指交际中涉及的命题内容，它不仅为交际过程提供了共同的关注点，还融入了主题教育元素。解读教材的话题需要关注两部分内容，一是题目，二是导语，从这两方面入手，才能挖掘出话题背后承载的育人价值。

解读话题需要关注单元主题，单元主题往往和口语交际话题是密切相关的，解读时需要找出其契合点。比如，一年级上册第八单元的单元主题是"观察与想象"，单元课文《比尾巴》《乌鸦喝水》《雨点儿》通过对动物或自然现象的描写，激发了学生的好奇心和探索欲，《乌鸦喝水》更是告诉我们遇到困难要善于观察，认真思考，这与本单元的口语交际"我会想办法"的话题关系非常密切，读和说就应互相迁移，围绕着"善观察""动脑筋"来鼓励学生留心观察，积极思考，大胆表达想法，解决生活中的问题。

教材大多数的题目直截了当点明了交流的话题，解读话题可以从题目开始。例如，《我的暑假生活》《我们与环境》《我们都来讲笑话》等，从题目就能确定本次交际的内容或范围。比如，一年级下册第三单元口语交际的题目是《打电话》，围绕"打电话"这一话题，引导学生学会打电话和接电话。有的题目还含有表达观点的关键词，解读时需要注意。比如，四年级上册第三单元口语交际的题目是《爱护眼睛，保护视力》，一目了然地告诉我们这次口语交际讨论的对象是"眼睛"及"视力"，"爱护""保护"这两个关键词指明了交际的话题是唤醒学生爱眼、护眼的意识。

教材中口语交际的第一部分内容通常是导语部分，解读教材时应该注意导语的含义和作用。首先，导语会对话题进行分解，提示教学的要点。比如，二年级上册第三单元《做手工》口语交际的导语："你喜欢做手工吗？把你的一件手工作品带到学校，告诉同学你做的是什么，是怎么做的。"从导语中我们知道本次交际的内容围绕"做手工"展开，同时也知道了话题应该围绕"做的是什么""怎么做的"等要点进行交流。其次，导语往往以问题的形式提示接下来交流的方向。比如，一年级下册第一单元《请你帮个忙》口语交际的导语："有时

候我们需要别人的帮助,该怎样请求帮助呢?"从导语中我们知道了本次交际的话题是学会请别人帮忙,而重点是"该怎样请求帮助"这个难题。最后,导语中常常还有育人观点的提示,应该引起我们的重视。比如,三年级上册第四单元《名字里的故事》导语:"每个人都有名字。你知道自己的名字有什么含义吗?回家问问长辈吧。你的名字里也许饱含着他们对你的期待,说不定还藏着一个故事呢!""饱含着他们对你的期待",这样的话语不仅激发学生探究自己名字里的故事的欲望,也提示要注意引导学生感受名字中饱含的家长的情感与价值观。

二、解读类型,定交际方式

口语交际的类型大体可以分为独白类、功能类、交流类、讨论类,不同类型需要不同的沟通策略和技巧,确定口语交际类型后,就可以更有针对性地选择交际方式,因此解读教材确定其类型非常必要。

确定类型要重点研读教材中的提示部分或小贴士。提示部分或小贴士以条目、便签等形式体现了交际的要求,而要求中有直接点明类型的词。比如,四年级上册第一单元《我们与环境》的提示部分中有这样的文字:"围绕下面的话题和同学交流";小贴士也提出这样的要求:"围绕话题发表看法"。由此确定此口语交际是"交流"类。交流类强调信息的传递、接收和反馈,具有较高的互动性和情境性,教师需要引导学生留意身边的现象或问题,围绕话题展开,积极发表自己的看法,同时倾听同伴的发言。

类型的确定也可以通过导语部分获得。往往导语一开始就揭示了交际的意图,而根据意图就可以判断出类型。比如,二年级上册第五单元《商量》导语部分:"在生活中,有时候我们需要跟别人商量事情。比如,你想和小丽调换一下值日的时间,该怎样跟她商量呢?"从导语中可以看出此次口语交际侧重于实现特定的交际意图,具有明确的目的性和实用性,属于功能类的口语交际活动。本活动需要引导学生在具体的问题情境中开展活动,要考虑表达的准确和得体,培养学生与人协商的基本能力。

三、解读目标,定交际重点

小学语文教科书口语交际按照倾听、表达、交流三个维度安排教学内容,每一次活动从三个维度出发,明晰目标要求对确定教学重难点非常重要。比如,六年级下册五单元口语交际《辩论》有两个要求:一是"听出别人讲话中的矛盾或漏洞"，这是对倾听的要求，二是"抓住漏洞进行反驳，注意用语文明"，既有表达的要求，又有交流的要求。

每一个学段的交际要求在螺旋式上升，解读目标时要注意学段要求。以"倾听"为例，一年级上册《我说你做》要求"别人说话时要认真听"，二年级上册《有趣的动物》要求"有不明白的地方，要有礼貌地提问"，三年级上册《名字里的故事》要求"听别人讲话的时候，要礼貌地回应"，四年级上册《我们与环境》要求"判断别人的发言是否与话题相关"，五年级上册《我最喜欢的人物形象》要求"听人说话能抓住重点"，六年级上册《意见不同怎么办》要求"准确把握别人的观点，不歪曲，不断章取义"，可以说对于"倾听"的要求逐步提高，因此解读目标还需要纵向来看，勾连前后，重点和难点才能把握准确。

在口语交际的每一课中，"小贴士"扮演着举足轻重的角色，它用简短而实用的建议或提示提出了实践中的具体要求，旨在帮助学生在交流过程中增强表达效果，提高倾听能力。小贴士就是口语交际的目标，因此每次开展口语交际活动前均需准确解读"小贴士"，以便确定交际重点，引导学生在实践中达到训练要求。比如，四年级上册第三单元《爱护眼睛，保护视力》的小贴士是"小组讨论时，注意说话的音量，避免干扰其他小组。不重复别人说过的话。如果想法接近，可以先表示认同，再继续补充"，从这两条小贴士可以总结出，"注意音量""不重复，会补充"是此次交际的核心，"注意音量"是对学生在口语交际中的礼仪进行指导，"不重复，会补充"则凸显了交际的目的，在领会对方意思的同时表达自己的观点。

第二节　教学设计：运用策略，言之有法

一、根据话题，创设交际情境

口语交际是在特定的环境里产生的言语活动，这种言语交际活动离开了"特定的语境"就无法进行。因此在进行口语交际教学时应有计划、有目的地依据教学目标和教学要求，精心创设符合生活实际的交际环境，使学生有一种身临其境、似曾相识的感觉。

口语交际话题多源于学生的生活，应找到适切的话题，让学生有话可说。学生在这些真实的交际话题中完成有实际意义的交际任务，对他们日常生活有

较强的针对性和指导意义。话题该如何寻找？教学前应先摸清学情，做好"课前调查"，从中找到好的话题，如二年级上册第一单元《有趣的动物》，课前布置孩子通过参观动物园或观看影视等方式来了解动物，选定自己最感兴趣的一种动物，做好交际准备，可以营造"森林交友会"的情境，让学生扮演自己喜欢的动物，进行交友活动，说清楚动物的有趣之处。二年级下册第三单元的《长大以后做什么》可以在课前进行"我是小记者"的采访活动，让孩子提前做好交际准备，主动参与后面的话题交流。二年级上册第三单元《做手工》可以营造"我是手工小达人"的达人秀情境，通过选手的表述，评委的评选，选出"手工小达人"。

根据口语交际话题创设情境的方式有很多，可根据交际需要进行选择。有情境交流再现式的，如问题呈现、模拟对话等；也有场景布设式的，如陈设相关的实物，绘制有关情景的图画，制作必要的道具，展播录像节目，播放录音渲染气氛，通过多媒体课件再现情景等。比如，五年级上册第一单元《制定班级公约》，旨在引导学生关注班级中当下存在的突出问题，在交际过程中发表观点，并听取别人的意见，达成共识，形成大家共同遵守的班级公约。本口语交际课放在第一单元，正值新学期伊始。新学期，新气象。怎样把大家共同的班集体建设好，需要明确目标和要求，然后大家共同努力。没有规矩不成方圆，大家共同来制定一份班级公约，是非常有必要的。这为本次口语交际提供了一个非常真实、切合实际的学习任务情境。上课伊始，教师开启话题：

全新的一个学期又开始了，祝贺同学们升入了五年级，我们的班级也变成了五年级（6）班了。班级，是我们学习成长的地方，也是我们快乐生活的大家庭。新学年，新气象。同学们希望把我们五年级（6）班，建设成一个怎样的班集体呢？说说你的愿望吧！（指名学生交流发言）刚才大家积极发言，说出了自己对我们这个班集体的美好愿望和憧憬。那么，怎么样才能把这些美好的愿望和憧憬变成我们的班级建设目标，变成每一位同学的努力方向和自觉行动呢？这就需要制定一份班级公约。

此情景为真实生活情景的课堂再现。比如，执教二年级下册第一单元口语交际《说话注意语气》一课，教师播放视频"我不是故意的"再现生活中的一次小矛盾（在操场上同学甲被同学乙不小心踩了一脚，虽然同学乙道了歉，但是同学甲听了他的道歉没有接受，更加生气了）。学生看完视频后，教师让大家说感受。通过情景再现和师生交流，学生体会到说话语气不同，产生的效果不同。可见，无论选择何种方式，都应该提供恰当的、有实际意义的交际任务，使学生尽可能多地体验各种场合的交际行为，从中学会正确、得体地与人交往。

引导学生在完成真实交际任务的同时，应重视交际方法及策略的指导与示范。一方面，教学活动主要应在具体的交际情境中进行，不宜采用大量讲授口语交际原则、要领的方式，应采用灵活的形式组织教学。以《商量》为例，交际目标提出"要用商量的语气"，但学生可能不太清楚什么是商量的语气，教材通过"我"的示范性的三段话，指导学生怎样"向别人提出商量的问题"，怎样"把自己的想法说清楚"，当别人未同意时又该怎样表达。通过这样的示范引导，学生就知道怎样与别人商量了。另一方面，交际情境的设计强调真实自然，避免表演等形式，引导学生设想"你遇到这种情况会怎么做"，强调交际主体"我"的在场。再以《商量》为例，教材先设计了两个交际情境："向同学借的书没有看完，想再多借几天"，"最爱看的电视节目就要开始了，但爸爸正在看足球比赛"。这两个情境是学生很容易在生活中遇到的，然后教材提出"遇到下面的情况，你会怎么跟别人商量？和同学说一说"，引导学生通过调整时间或者改变事情来应对，这样，更有助于孩子们在生活中交际解决问题，从而真正实现"课堂就是生活，生活就是课堂"，凸显交际主体"我"的在场。

二、根据类型，设计交际任务

教师应该根据口语交际课型类别的不同，创设接近真实语境的课堂情境。

以三年级口语交际内容为例进行类型划分。

独白类。交际话题有《我的暑假生活》《名字里的故事》和《趣味故事会》。这一类的口语交际重在训练学生能够当众表达、有条理地表达。

对话类。交际话题有《身边的"小事"》《春游去哪儿玩》和《该不该实行班干部轮流制》。梳理这几课的小贴士要求，可以发现，先训练学生能够重点讲述，逐步提升要求到讲清楚，再到讲得更吸引人。在交流对话中，逐步提升学生的应对能力。比如，三年级下册第一单元口语交际《春游去哪儿玩》。教材先呈现了两幅春游场所的情境图。课堂教学时以小组为单位，第一步出示要求，分组当"导游"，介绍一处风景优美的地方。明确讨论的要点是这个地方有什么好玩的，可以开展哪些活动。对于说话的人，也提出了具体要求，自己要说清楚想法和理由。别人说时，耐心听别人把话讲完，尽量不打断别人。每组选定一处地方，准备在全班交流展示。第二步组内练说：四人小组组成旅游团。轮流当"导游"，先在组内按照要求互相说一说，再评一评，最后一步，每组推选一个最吸引人的地方。通过小组合作的方式，完成小贴士的要求"说清楚想法和理由"，"耐心听别人讲完，尽量不打断别人的话"，引导学生在与别人讨论的时候，学会倾听，耐心听别人把话讲完，不随意插话。

功能类。这一类交际类型需要注意真实对象的交际需求。在真正的语境中，交际双方的身份确认是尤为重要的，可以说是交际的重要前提。身份，几乎决定了交际的三个重要因素。其一，决定语言是否需要完整。熟人之间用口语交际，语言是简短、非完整的。其二，决定了"礼貌用语"的使用。礼貌用语的使用不要太刻板，要区分场合和频次。其三，决定了交际的成功率。有的时候，找对人，就完成了交际；有的时候，双方有隔阂，话说得再客气都没有用。有了身份才有语境，也才有交际的可能，说出来的"话"才是交际场景中具有真实交际功能的语言。在《请教》一课中，在进行教学时，可以结合实际创设不同情境练习"请教"。教师可以创设三种不同的情景：第一种问路，"我想去博物馆，但不认识路……"如果是你，你会向谁请教呢；向路人请教，应该怎样表达呢？第二种睡觉怕黑，"我晚上怕黑，不敢一个人睡觉……"晚上一个人睡觉害怕，相信在座的很多同学都会遇到这样的问题，那你们会向谁请教呢？第三种购物，"我想帮妈妈买一袋加碘盐，但我不认识字……"如果是你，你该请教谁呢？三种不同的情景，不同请教对象，不同请教方式，涵盖了倾听、表达和应对等口语交际目标。

不同交际类型，在设计交际任务时也可以有不同的融合方式。

一是与课内阅读融合，将口语交际教学适当前置。对于很多口语交际的话题，学生并非零起点，他们完全有能力基于已有经验开展口语交际活动。教材中有些单元的口语交际，教师可以整合到阅读教学中。比如，一年级下册第五单元《一起做游戏》，"小贴士"的内容为"一边说，一边做动作，这样别人更容易明白"。第七单元课文《小猴子下山》课后第三题"读读做做，再选几个词各说一句话"，呈现了"掰、扛、扔、摘、捧、抱"六个动词。如何借助课后习题和"小贴士"前置口语交际教学？可分为三步：第一步，我说你做。指定一位学生读动词，其余学生表演，比一比谁演得到位。第二步，我演你猜。指定一位学生根据动词进行表演，其余学生猜一猜，比一比，谁猜得准确。第三步，串词成句，自导自演。选几个词，串联成句子，边说句子边表演。这个过程，既依托课后习题，借助学生的具身认知开展言语实践，又巧用"小贴士"，前置口语交际，洞悉学情。教师可以利用拍摄图片或短视频的方式，记录学生的交际难点或典型错误，再在口语交际课上进行有针对性的指导，开发与"先写后教"的习作课相似逻辑的"先交际，再教学"的口语交际教学新范式。如此便基于真学情，开展真交际，获得真成长。

二是与生活经验相融合，优化口语交际素材。有些口语交际话题需要学生调动已有的生活经验，寻找、组合、调整、加工、创生交际素材，打开交际思路，更好地开展交际实践。如五年级上册第六单元《父母之爱》，讨论的是如何理性看待父母对我们的爱以及他们表达爱的方式，其中一条"小贴士"的内容为"选择恰当的材料支持自己的观点"。可以借助绘本阅读，关联孩子自身的生活经历，优化口语交际素材。可分为以下五步：第一步，勾连《大卫，不可以》，唤醒那些"顽皮的经历"，说一说"你有没有类似经历，父母是如何对待你的"；第二步，勾连《我爸爸》《我妈妈》，唤醒那些"被爱的细节"，说一说"你的父母在日常生活中是如何爱你的"；第三步，勾连《和爸爸一起散步》，唤醒那些"嫌弃的瞬间"，说一说"你有没有在某个瞬间'嫌弃'甚至'讨厌'自己的父母"；第四步，勾连《卖爸爸卖妈妈的商店》，思考"你有想过换一对父母吗"；第五步，写下自己对于父母之爱的观点，并选择恰当的材料支持自己的观点。这五步下来，学生从不同的角度打开了对于父母之爱的丰富回忆和多元认知，为辩证探讨父母之爱奠定了基础。

三、根据提示，明确交际要点

教学目标是教学的出发点和归宿。就其本身而言，它是教师进行课堂教学设计的基本依据，具备支配教学实践活动的内在规定性，起着指导教学过程的作用。因此，我们在制订口语交际教学目标时，不仅要研读教材，领会编者意图，还要借助教材提示明确交际训练要点。

教材口语交际提示中，重视口语交际方法的指引及示范引导。如三年级上册《我的暑假生活》这个话题，教材提示中明确提出"选择别人可能感兴趣的内容讲"。回顾前期口语交际课内容，可以发现，在二年级上册《看图讲故事》口语交际课中，学生已经有了按顺序讲清楚图意的基础，本课的侧重点在于"重点讲述"。小贴士的要求：选择别人可能感兴趣的内容讲；借助图片或实物讲。第一幅情境图是引导学生讲述暑假做了什么；第二幅情境图是引导学生不仅要说说暑假做了什么，还可以描述自己的感受。课前，引导学生把自己想讲的内容先试着讲给家人听，听取家人的意见。课中，引导学生关注书中的小泡泡，学习课本中是如何介绍自己的暑假生活的，讲述时能恰当使用图片和实物。教师要鼓励学生畅所欲言，通过同桌交流、小组交流、指名示范交流等，在学生充分说的基础上，引导学生发现重点讲述的内容可以是多方面的。

不仅要关注本单元的口语交际教材要求，还要关注以往教材要求，注意前后衔接，训练层级落实有序。如三年级上册《名字里的故事》这课的训练重点是教给学生在实际交际中"讲清楚"和"礼貌回应"的方法。怎么"讲清楚"呢？我们可以通过复习以往的交际话题，将"讲清楚"具体细化。一年级学会了"声音响亮"；二年级上册学会了"吐字清楚""按顺序说"；二年级下册学会了"注意速度"。将这些要求整合起来，就会明白"讲清楚"就是要在交际过程中"声音响亮、吐字清晰、速度适中以及按顺序说"。如何"有礼貌地回应"？联系前几册教材要求：一年级下册开始"使用礼貌用语"，二年级上册提出"礼貌地提问"，二年级下册提出"注意说话的语气"。因此，在交际过程中，可以引导学生在合适的时机，如对方说话的间歇处、停顿处等，使用礼貌用语，委婉说出自己的意见或者要求。笔者在对四年级上册第三单元口语交际《爱护眼睛，保护视力》的试教中发现，小贴士的第一点要求是在小组讨论时，注意说话的音量，避免干扰其他小组。回顾前期的口语交际训练，在一年级上册《用多大的声音》一课中，小贴士就明确要求有时候要大声说话，有时候要小声说话，帮助学生初步建立了场合意识，而本课的具体情境是在小组讨论中注意音量的大小，这样就做到了有的放矢。

总之，围绕口语交际的话题，创设真实的交际情景；根据类型，精心设计不同交际任务；借助小提示，明确交际要点。在交际互动过程中，让师与生、生与生展开多种形式的交流，充分体现口语交际的语用价值与育人价值。

第三节 教学评价：把握分寸，言之有度

口语交际训练旨在丰富学生的日常交流素材，提升其语言表达能力，让学生在现实生活中愿意表达、擅长表达。教学评价可以帮助学生有效提升口语交际的学习能力。根据口语交际的特点，一般采用两种评价方式。

采用情景评价的方式。这是一种在特定交际情境中（真实的或模拟真实的交际环境）对学生口语交际能力进行评估的方法，这种评价贴近实际，充满生活气息。在进行二年级上册口语交际《有趣的动物》教学时，可以以"动物推荐大会"的形式进行，在交流过程中用"听了你的介绍，我要为长颈鹿投一票，因为你把它脖子的有趣说清楚了"，"你是优秀的推荐官，口齿清楚，态度大方"等语言鼓励学生主动参与交流。

采用量规评价的方式。这是将口语交际能力转化为可衡量的数值或等级，进行量化的评价，如评分表、等级评定等。这种评价能客观地反映学生的口语交际能力，为他们提供建设性的反馈意见。在《有趣的动物》口语交际课例中，

要求倾听者认真听，对不明白的地方，能有礼貌地提问，评价倾听者的表现，就可以设计表 4-1 这样的量表。

表 4-1　《有趣的动物》口语交际评价表（听众）

《有趣的动物》口语交际评价表（听众）	
能注视讲述者，认真倾听	☆☆☆
有不明白的地方，能提问	☆☆☆
提问时做到有礼貌，用上了"请问""谢谢"等礼貌用语	☆☆☆

通过量表，把"听"分为不同层次进行评价，首先，对学生倾听的态度进行评价，要尊重发言对象；其次，对学生倾听的效果进行评价，要听明白发言者表达的意思；最后，对交流礼仪进行评价，能积极回应发言者，还需要做到有礼有节。

第四节　教学案例

统编版五年级下册第八单元口语交际《我们都来讲笑话》

一、教材解读

《我们都来讲笑话》是五年级下册第八单元的口语交际话题。教材由文字和插图组成，其中 5 幅插图是男女老少讲笑话、听笑话时欢畅的笑脸，直观形象地说明笑话作为老少皆宜的大众文化，会让人产生愉悦之感。

根据教材话题，确定交际价值，旨在引导学生收集、讲述内容健康向上的笑话，进一步感知风趣的语言所富有的感染力和表现力，感受笑话给大家生活带来的欢乐，同时养成良好的讲述与倾听的习惯。交际话题对现实生活有指导意义，这是统编教材高年级口语交际编写的一个重要特点。讲笑话正是一个充满生活化和口语化的交际题目。笑话一般篇幅短小，故事情节简单而巧妙，结局又往往出人意料，让人心生欢乐。在口语表达中，如果能够根据交流内容、交流对象选择适宜的笑话素材，可以让交际语言凸显"幽默与风趣"的特色，让交际氛围愉悦和谐。本次口语交际内容"我们都来讲笑话"，就是让学生在真实的语言交际情境中学习讲笑话，感受笑话给生活增添的乐趣。这样的语言实践是儿童感兴趣的、需要的，也是其乐于主动尝试的。从类型上看，《我们都来讲笑话》属于交流类口语交际。"怎么讲"笑话这一部分，教材用问答的形式，提示学生要熟记内容，注意神情、语气和动作，沉住气、不笑场，克服不良的口语习惯。前三项属于基本要求，学生结合已有的交际素养，通过自学能基本达成。而克服口头禅、重复等不良口语习惯，是本课学生在口语交际素养上的提升点。教材中还提出了"用心倾听，做一个好的听众"的要求，这既对听提出了要求，也为说做好了铺垫。只有通过高质量的听，学生才能够根据听的内容，做出恰当的表达，体现课堂的交际。根据交际要求，从创设"真实的交际情境"这一原则出发，通过"搜集笑话—明确要求—试讲笑话—分享展示"一系列过程，锻炼学生讲笑话的能力。

二、教学目标

1. 通过交流讨论，明确讲好笑话的要求，能用普通话大方地讲笑话，讲述中注意克服口头禅、重复等不良的口语习惯。

2. 能用心倾听别人的讲述，做一个好的听众，并能把自己的感受与讲述者进行交流。

3. 体会笑话的作用，能让人身心愉悦，让生活充满情趣。

三、教学准备

1. 教学课件。

2. 课前学习任务单：搜集笑话并记录。

四、教学过程

板块一 激趣导入，准备"笑料"

（一）笑话引入，明确话题

1. 视频引入一个笑话，激发学生兴趣。

2. 揭示话题：笑话给我们的生活带来了欢乐。这节课，我们也来讲笑话，分享笑话带给我们的乐趣。（板书课题《我们都来讲笑话》）

（二）认识笑话，学会选材

1. 创设情景结合生活需求，选择好笑话。

谈话：班级开展《六一儿童节联欢会》，活动中邀请同学们来讲笑话，同学们在课前收集了自己觉得有意思的笑话。不过，要在班级选拔赛中获胜，笑话的内容很重要。我们要学会挑选，从收集的笑话中选择出优质笑话。

(板书：选"好笑话")

提问：请大家根据以往的经验，说说参加联欢会选择什么样的笑话合适？

(板书：幽默、健康、易懂、短小)

2. 根据学习任务单，自己筛选笑话

【设计意图：让学生明白学会筛选笑话是讲好笑话的前提。新《课标》在第三学段提出"初步了解查找资料、运用资料的基本方法。利用图书馆、网络等渠道获取资料，解决与学习和生活相关的问题"。五年级的学生已经具备一定的收集、积累素材的能力和合作探究的能力，学生搜集完毕后，教师需要进行针对性指导，通过分享和比较让学生分辨出笑话的优劣。】

板块二 明晰要求，模拟体验

(一) 自主学习，明确"怎样讲"

1. 学生根据教材自主学习提示，对照提示明确"怎样讲"。

2. 师生梳理讲好笑话要点，制定"笑话大王"评分标准(见表4-2)。

表4-2 "笑话大王"评分标准

《大家都来讲笑话》（评分标准）	
1. 内容健康、短小、易懂	☆☆☆
2. 讲笑话时，自己不怯场，不笑场	☆☆☆
3. 讲述时能配上合适的表情和动作	☆☆☆
4. 没有不良的口语习惯：口头禅或重复用语	☆☆☆

(二) 示范引路，学会评价

1. 视频出示同学讲笑话，学生根据评分标准当评委。

有两位同学已经录制好了关于"六一儿童节联欢会"讲笑话的视频，我们一起来看看，谁能够入选。

2. 依据标准，同桌合作讨论给出评价意见。

【设计意图：通过对比视频中的表演，让学生感受到怎样讲笑话才能获得更好的效果。根据"教学评"一体化原则，将评价机制放在课堂中，让学生更加明确口语交际的要求和难点。】

板块三 实战演练，评选"笑星"

(一) 小组合作，互评互助

1. 学生依据评分标准，先自己练习准备好的笑话，再在小组内展示(学生练习，教师巡视指导)。

2. 学生在小组内讲笑话，评选小组"小笑星"。

合作提示：

（1）同学讲笑话的时候，组内成员要认真倾听，结合评分标准，互动点评。

（2）每个小组推选一名同学为组内"小笑星"，准备参加班级"笑话大王"评选。

（3）组长要组织好推荐工作。推荐的时候，每名成员都要讲清推荐理由。

3. 小组成员集体指导组内推选的"小笑星"参加班级比赛。

要求：群策群力，每一名小组成员都要参与。

（二）全班展示，优秀示范

1. 教师做主持人，"小组笑话达人"上台讲笑话。

2. 提出要求：其他同学用心倾听，做一个好的听众，用掌声的强弱表示"笑果"如何；做一个专业的评委，根据评分标准点评选手表现。

3. 评委投票，评选出班级"笑话之星"，上报最终入选名单。

板块四　课外延伸，拓展交际

谈话：笑话，不仅能愉悦我们的心情，有时还能为他人或为自己巧妙地化解尴尬，让我们的生活更和谐。同学们可以把今天听到的最有趣的笑话讲给家人听一听，和他们一起感受生活的快乐。

（此案例由西南财经大学附属小学马毅和成都市实验小学战旗分校张倩影提供）

第五章

习作表达结构化教学：培养为生命成长立言的人

古人云："太上有立德，其次有立功，其次有立言，虽久不废，此之谓不朽。"这句话是说要让自己的人生"不朽"，首先要树立德行，其次要勇于建功立业，还要著书立说，换言之就是做人要追求"立德、立功、立言"。这一理念体现了人生理想和价值追求，也揭示了"立人"与"立言"之间的关系。"立德"强调了个人品德的提升过程，这个过程即"立人"，"立人"是"立言"的基础，"立言"是"立人"的具体表现，"立人"为"立言"提供了思想和观念，"立言"又促进"立人"的深化和完善。

课标明确指出"立德树人"是教育的根本任务，虽然没有直接以"立人"和"立言"为标题进行阐述，但这两个理念贯穿始终，体现在课程目标、课程内容、教学要求等多个方面。作为小学语文教学主要组成部分的习作表达教学，在"立言"和"立人"上起了重要的作用。"对写话有兴趣""写自己想说的话""能不拘形式地写下自己的见闻、感受和想象""懂得写作是为了自我表达和与他人交流""珍视个人的独特感受"等要求，都强调了习作表达要引导学生观察自然，体验生活，发现自我、完善自我，用文字表达真情实感，形成积极向上的价值观。可以说，习作教学的根本，其表是"立言"，其质在"立人"，正所谓"文以载道，言以立人"。

统编小学语文教材作为"立言"的重要载体，按照人文主题与语文要素双线组元，习作部分围绕"主题"构建写作话题，每个话题既贴近学生的生活实际，又富有启发性，鼓励他们在具体情境中探索、体验和表达，通过写人记事、写景状物、想象作文、应用文等不同文体的练习，实现写作技能与人文素养的同步提升，达成立德树人的目标。

通过对区域教师习作课堂的观察，发现在运用教材进行习作教学，从"立言"走向"立人"方面有一些问题。

第一，忽略主题只重视表达。教师解读教材更关注写作方法，忽略文章的主旨，教学时只讲解写作技巧，导致学生以为写作仅仅是技巧的展示，在文章中没有表达自己的思想,没有做到"以立意为宗",评价仅注重技巧的运用,主题被边缘化,偏离了表达的初衷。

第二,忽略表达只重视主题。教师解读教材只关注习作的主题,忽略了写作方法,在教学中没有搭建表达与主题的桥梁,导致学生难以将主题思想具体化,内容空洞无物,生搬硬套呼口号,"言之无文,行而不远",评价时也没有关注习作在语言运用、逻辑结构等方面的表现,制约了学生写作能力的提升。

利用统编教材实现习作教学独特的育人价值,培养为生命成长立言的人,可以从以下方面进行(见图5-1)。

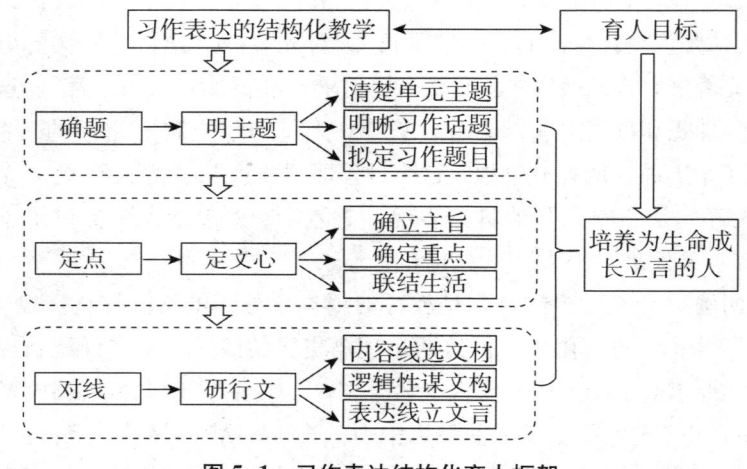

图5-1 习作表达结构化育人框架

第一节 教材解读:"三题"定位,靶向文心

一、三题合一,明主题

"三题"分别是指单元主题、习作话题和习作题目。其中,单元主题为习作提供了背景和方向,习作话题为习作提供了具体、集中的角度和内容,习作题目是最终确定的习作标题,有时习作话题也可以成为习作题目。单元主题、习作话题和习作题目都是为习作主题服务。解读教材,明确习作主题,要从这三者入手。

(一) 单元主题提炼

单元主题是对单元教学内容的高度概括，能体现单元的核心价值和主要学习目标，虽然习作部分自成体系，但除个别单元以外，大多也与单元的主题关系紧密。解读单元主题一要分析内容，找到与习作主题的契合点，使习作成为单元学习内容的自然延伸，帮助学生打开思路，选择合适的习作主题。比如，四年级上册第一单元以"自然之美"为主题，导语是"江流天地外，山色有无中"，这是一个充满诗意的主题，指自然界中令人心动的美丽景象。了解这一主题内容就可以引领学生在进行习作"推荐一个好地方"时，选择能感受到美好的地方。解读单元主题二要深挖内涵。单元主题不仅是一个描述性的标题，还蕴含着丰富的深层意义，需要挖掘文化内涵，了解历史背景、现实意义等，帮助学生确定有正确价值观的主题。比如三年级下册第三单元的单元主题是"中华优秀传统文化"，导语是"深厚的传统文化，中国人的根"，本单元的习作是选一个传统节日，写一写过节的过程或节日里发生的故事。结合单元主题，我们就知道习作不仅是把节日介绍清楚，还承载着感受中华优秀传统文化魅力的目标。教师要在教学中帮助学生深入理解传统节日中的文化内涵。

(二) 习作话题提炼

习作话题一般源于教材习作页的标题和导语。解读习作话题并确定主题是一个理解、分析和选择的过程。理解话题的含义后，分析话题涉及的领域，识别话题中潜在的主题线索，再选择符合写作目的的主题。比如，六年级上册第八单元习作话题是《有你，真好》，习作导语"'有你，真好'是一句让人感到温暖的话。凝视着它，那人、那事、那场景……就会慢慢浮现在眼前"。从话题中我们可以解读出"你"是本次习作的对象，要求学生通过事情，写出这个"你"的"好"，并且要用第二人称，向"你"倾吐自己的心声，随即提炼出本次习作的主题：通过事情写一个人，表达出自己的情感。

(三) 习作题目提炼

俗话说"题好，文一半"，习作题目和习作主题紧密相连，教材中的命题作文、半命题作文中都能够提炼出习作主题。比如，六年级上册第三单元习作《_____让生活更美好》是半命题作文，题目要自己选填。可以借鉴教材所给词语，如旅行、运动、梦想、诚信等选填后直切主题；也可以结合自己的生活经历，补充贴近时代、自己感受最深的词语，从中也可提炼出鲜明的主题。

二、三点靶向，定文心

一旦提炼出习作主题，就能确定文心。"文心"一词出自刘勰的《文心雕龙》,"夫文心者,言为文之用心也",就是写文章用的心思,饱含了作者内心的思想感情和审美追求。"文心"比"主题"范围更小,内涵更聚焦,是写作的"文眼",从育人层面上更强调"以心化人"。可以说,一篇文章主题是否聚焦,关键是其能否围绕文心(文眼)来进行写作。解读文心的意义,正是帮助学生理解习作表达的本质和意图。文心解读要从三方面入手。

(一) 抓关键词,确定主旨

通过对单元导语、习作话题、习作要求中关键词的全面把握,教师可以洞见教材编写者潜藏其中的育人理念,如注重培养学生的创造力、审美能力、批判精神、责任意识等,从而确定文章的主旨。比如,五年级下册第一单元习作《那一刻,我长大了》的关键词为"那一刻""我""长大了"。"那一刻"表明本次习作的内容是写自己生活中的一件事,而"我""长大了"所涵盖的人文主题是"自我成长",就是要让学生丰富对成长的感知。

(二) 聚焦主旨,确定重点

明确主旨后,可以找到支撑主旨的关键点,这就是习作的重点。比如,五年级下册第一单元习作《那一刻,我长大了》的主旨是揭示"成长"的含义,或懂事,或进步,或学会感恩……感到成长的那一刻最能体现主旨,就需要把"那一刻"的情形写具体,可以确定本篇习作的重点就是"写一件自己成长过程中印象最深的事情,把这件事的重点部分写具体,记录当时的真实感受"。

(三) 依据重点,联结生活

找到习作重点,如何丰富其内容,与学生日常生活相结合非常有必要。解读教材,需要发现文心与生活的联结点。比如,三年级上册第七单元习作《我有一个想法》要求学生针对生活中需要改进的问题提出建议和解决办法,就需要学生关心生活中的现象,积极思考,意识到自己的行为可以影响到他人和社会,大胆表达想法,培养主动参与社会生活的意识。

三、厘清三线,研行文

确定了主题和文心,就可以厘清"三线"。所谓三线,是指"内容线""逻辑线""表达线"。三者之间相互关联,"内容线"是指写什么,"逻辑线"是指怎么写,而"表达线"则是如何运用语言文字传情达意。

(一) 内容线

合适的内容是写好习作的基础,有助于在写作的过程中保持焦点,不偏离文心。解读教材要发现对学生的写作内容提出的要求:或叙述自己的经历,或描述某种自然现象，或阐述对某个问题的看法等。比如，三年级上册第一单元的习作《猜猜他是谁》要通过文字来展现同学的特点。根据习作主题可以梳理出和内容有关的信息：外貌特征、性格特点、兴趣爱好、品质等。

（二）逻辑线

有了内容，怎么安排好这些内容，先写什么，再写什么，解读教材，要关注文本中逻辑的线索，厘清逻辑线。比如，六年级上册第七单元习作《我的拿手好戏》用提纲的方式告诉学生厘清本次习作的逻辑线，需要把自己拿手好戏练成的过程、学会拿手好戏的有趣的事情等内容的先后书写顺序安排好，还要考虑哪些内容要作为重点内容具体写，哪些内容需要写得简略一些。

（三）表达线

明确了写作内容，厘清了逻辑，就需要去思考如何表达，如何通过语言文字把内心的喜怒哀乐自然传递出来，厘清表达线也是解读教材时需要做到的。

解读教材时厘清表达线，第一要注意文体特点。如"写日记""写观察日记"表明是写应用文体，"介绍一种事物"，表明了本次习作的文体是说明文。第二要注意直接表达情感或情感倾向的词汇，如"愉快""感动""愤怒""悲伤"等。这些词汇往往揭示了习作需要表达的感情色彩。三年级上册第八单元习作《那次玩得真高兴》，"高兴"一词直接点明教师需要唤醒学生对快乐往事的记忆，使其愿意分享玩耍的经历，表达快乐的心情。第三要注意隐含的感情色彩。有些习作要求可能并没有直接使用明显的情感词汇，而是通过描述某种情境或事件来暗示感情色彩。在这种情况下，需要仔细分析要求中的描述性语言，捕捉其中隐含的情感信息。六年级上册第七单元习作是《我的拿手好戏》，"好戏"前面的两个修饰词"我的""拿手"，强调了是属于"我"的而不是别人的，还强调了自己擅长的，这里就引出感受，也就是成就感和自豪感，这也是这篇习作需要表达出的感情。

文章为了更好传递情感，就有不同的表达方式，或通过细腻的描写间接表达，或直抒胸臆等。五年级上册第一单元习作《我的心爱之物》要求"围绕心爱之物，写出自己的喜爱之情"，就是说要通过写清楚心爱之物的样子和与心爱事物的相关事件来表达自己的情感，是在状物和叙述的基础上升华情感。需要注意的是，一篇文章中表达的情感是变化的。有的变化就像坐过山车，有起有落，如《我的心儿怦怦跳》心理起伏很大；有的变化就像清风拂过湖面，只是泛起一点涟漪。例如，刚才提到的《那次玩得真高兴》，只是高兴程度不同。在解读教材时，教师需要关注情感变化的程度，以便在教学设计中梳理出合适的表达线。

综上所述，要准确把握每次习作的育人定位，教师要深入解读教材，通过细致分析明确习作的主题、文心，厘清内容线、逻辑线和表达线，制订习作在培养学生情感态度、语言能力、思维能力等方面的目标，确定习作的表达方向，确保学生能围绕主题展开写作，表达出内心的观点和真情实感。

第二节　教学设计："三线一心"，育人为核

"三线一心"指的是从主题中提炼文心，围绕文心，从内容线、逻辑线和表达线进行教学设计，以激发学生言语生命的潜质，遵从内在的生命表达意愿的育人路径，形成作文、做事、做人三方面合一的价值信念。

一、文心定位，创设情境

（一）根据主题，提炼文心

主题是文章的中心，而文心是主题的内核，即俗称的"文眼"。由于主题的范围相较于文心更大，学生往往不知如何落笔，确定文眼后，抓住表达文眼的关键词，以此进行定位，才能有的放矢，从文眼关联主题，再分步设计学习任务，构成一个互相关联、逐层进阶的任务链。

例如，三年级下册第三单元《传统节日》的习作主题是"中华传统节日"，文心是深入理解传统节日中的文化内涵。可以通过以下三步教学设计将"传统文化"和"文化内涵"进行结合。

第一步，查一查自己喜欢的传统节日的资料，一边收集，一边想一想自己为什么会喜欢这个节日。目的在于将资料与情感相连接，理解文化内涵。

第二步，想一想自己在过节中经历的或看到的事情，目的在于拉近节日与自己的关系，进一步理解其文化内涵。

第三步，写一写过节中某个环节的具体过程，可以从节日的习俗引入，再描写自己亲手制作或观察的过程，如端午节包粽子、中秋节吃月饼等的经历，并将收集到的资料运用其中。

通过"查一查—想一想—写一写"三个步骤，将主题和文心紧密结合，学生在完成习作的同时对传统节日的了解更加深入，从而由衷生发出文化自信。

（二）根据主题，创设情境

人不是孤立生活的，总是在家庭、社会、集体的环境中生存，人与人之间

总会发生各种各样的故事。《课标》强调从学生语文生活实际出发，创设丰富多样的学习情境，设计富有挑战性的学习任务，促进学生学习方式的变革。习作课创设情境对于激发学生写作兴趣、提供写作素材、增强情感体验等有着积极的意义。

创设情境可以根据习作主题和生活的关联，将生活情境引入课堂。比如，在教学三年级下册第七单元的习作《国宝大熊猫》时，可以结合自身地域特征创设这样的情景：成都作为旅游城市，最具代表性的旅游品牌之一就是大熊猫，现在我们要将大熊猫向全世界推广，让外国友人都能爱上大熊猫，爱上成都，请小朋友写一篇大熊猫的介绍词。通过"写介绍词"，孩子们在任务驱动下进行写作，让写作与生活链接，写作变成了一件有意义的事情。

创设情境可以根据学生活泼爱玩的天性，将情景表演引入课堂。比如，在习作《我和_____过一天》教学中，教师和学生梳理本单元和课外认识的神话人物、童话人物后，可以用问题"在这一天中，你们会去做什么事；作为参与者，你最想和谁做什么？"引导学生将发生的某个场景演一演。通过演一演，学生将脑中的想象具象化，作文的生动性、趣味性、丰富性得到明显提升。

从文心中聚焦习作的主题，从主题中创设情境，让写作活动在真实的情境中发生，可以激发学生的写作欲望，凸显其主体地位，从而使习作课堂教学更加富有魅力。

二、内容线处理文材

如果说确定文章主题，是为学生习作提供方向，那内容线则是为文材处理提供依据。所谓"文材"，即学生写文章需要的材料。我们生活中的材料往往是感性的、零碎的、分散的、不系统的。在日常生活中可以从两方面来采集材料：一是注意观察生活，记录生活中有趣味、有意思的点点滴滴，提升对生活的感知力，这样才能把生活转化为作文。二是有意识地去体验生活，增加对生活和自然的理解。可以走出家庭，走出学校和社区，走到人群中去，或者去更多的地方，有意识地去了解外面的世界，感受、认识、熟悉世间万物。这些材料的采集，帮助学生形成一个日常积累的素材库。在此基础上进行加工，就可以确立写文章所需的材料。

（一）确立选材的方向

习作教学前，可以细读习作要求中和选材有关的关键词句，明白选材的方向，有意识地让学生从生活中采集符合本次习作要求的材料。可以利用表格、采集本、照片、思维导图等形式收集材料。比如，梳理出三年级上册第六单元习作《这儿真美》的内容是写周围美丽的地方，教材文本中和选材有关的要求还有：写之前仔细观察，看看这个地方有些什么，是什么样的。结合内容和要求中的关键词句，引导学生明白本次习作要运用学过的观察方法发现身边的美并搜集体现美的材料。因此，教师可以设计观察单，让学生采集符合要求的材料（见表5-1）。

表5-1　三年级上册第六单元习作《这儿真美》观察单

我的观察单		
什么地方	有些什么	什么样子

（二）明确选材的标准

文章的主题是统领全篇的总纲，是贯穿全文的一条线。主题在文章中并不是孤立存在的，而是通过材料体现，因此材料的选择必须符合主题的要求。教学时我们要引导学生研读习作要求中和主题有关的词句，明确筛选材料的标准。

比如，四年级下册第一单元《我的乐园》的习作要素：写喜爱的某个地方，表达出自己的感受。在教学时可以分三步筛选材料：第一步，读懂题目和要求：确定习作要求写什么，"乐园"就是喜欢的、充满欢乐的地方，"快乐和乐趣"就是这次习作所要表达的思想感情。第二步，明确内容：你要介绍的乐园是什么，你的乐园是什么样子的，你最喜欢在那儿干什么，这个乐园给你带来了怎样的快乐？（样子、乐事、感受）第三步，利用表格筛选符合主题的材料（见表5-2）。

表5-2　四年级下册第一单元习作《我的乐园》材料单

乐园介绍卡			
乐园的名字	乐园的样子	乐园里的"乐"事	自己的感受
村头小河边的草地	草地里有绿草、野花、昆虫、鹅群……	放风筝、看天空变化的晚霞……	在大自然中自由玩耍，多么快乐

筛选典型材料后还要注意材料中正确的价值取向。写作应该以诚信为本，

表达真实的自我,即"诚实的自己的话"。这意味着写作的内容应该是作者内心的真实感受和想法,这样才能建立起读者与作者之间的信任和共鸣。比如,三年级下册第一单元习作《我的植物朋友》,这个关键语句中,"植物"代表要描写的内容,而"我"和"朋友"说明描写的植物是与"我"有关,学生除了要写出植物的外形、样子,还需要用文字来表达自己的情感,真实表达出"植物"是"我的朋友"。

三、逻辑线拟定文构

有了写文章所需要的材料,就好比修房子有了砖瓦。可是怎么搭建这些砖瓦修出房子来,就需要一张"图纸"。而习作这个房子的"图纸"就是文构。所谓"文构"即文章的构思,作品的谋篇布局,构思是写作的思维活动,也叫打腹稿,是文章起草之前的一段思维过程。

构思的过程,是一个建立文章逻辑关系的过程,也是搭建文章框架、列出文章提纲的过程。一篇文章的好坏,结构是关键。而结构从何而来,要从习作主题中来。就像一棵树,结构就是枝干,枝干的高低、走向、疏密、粗细,都源于大地的养料,而这个养料就是习作主题。

一个文章构思过程,会决定文章最终是否结构清晰,关系是否合理,主题是否聚焦。构思是写作活动中的一种主体状态,根据教材逻辑线,需要明确写作意图,厘清写作思路,构建整体框架。

(一)明确写作意图

构思前要让学生明白本次习作的"写作意图",即作品创作的目的,表达什么主旨。在教学设计时可以采取问题追问的方式让学生明白写作意图。

比如,四年级上册第六单元《记一次游戏》在教学中可以设计这样几个问题。

第一,本次写作要让我们写什么?(意在初步了解习作要求)第二,课件出示丢手绢、抢椅子、跳长绳、老鹰捉小鸡、拔河等游戏图片,学生看后,教师提问:你爱玩哪些游戏?(意在唤醒学生生活记忆)第三,打开书本,边读边想:语文书为我们这次习作做了哪些提示?(意在明确习作要求)

想要明确写作意图,就要学会提出问题,找到问题之间的逻辑关系,就能搞清楚写作意图到底是什么。

(二)厘清写作思路

所谓"写作思路"是指作者在写文章时,根据所掌握的素材形成的一种构想,让文章沿着某条线索写下去,来表现和突出习作主题。构建文章框架,厘清文章思路,包括明晰开头、分段、结尾等,使文章的走向有大致方向,对文章重点的情节、人物等要有详略安排。厘清写作思路还需考虑文章的体裁。记叙文通常按事情的发展顺序来叙述,说明文则可以通过分类陈述事物特点、递进式揭示本质等方式来进行说明,写景的文章多采用空间顺序、时间顺序等来描写。在教学时,可以采取整体推进的方式帮助学生厘清思路。

比如,四年级上册第八单元《我的心儿怦怦跳》习作要求是写一件事,把事情的起因、经过、结果写清楚,并能写出自己的感受(见图5-2)。在教学过程中,可以采用学习单的方式帮助学生厘清写作思路:第一步,通过交流,让学生说说哪件事让自己心跳得最厉害。第二步,引导学生聚焦"一件具体的事例"说说当时的心情,并以此为参照,设计自己的心跳曲线图。教学中,在完成曲线图的过程中,学生也厘清了习作思路,为写清楚这件事做好了铺垫。

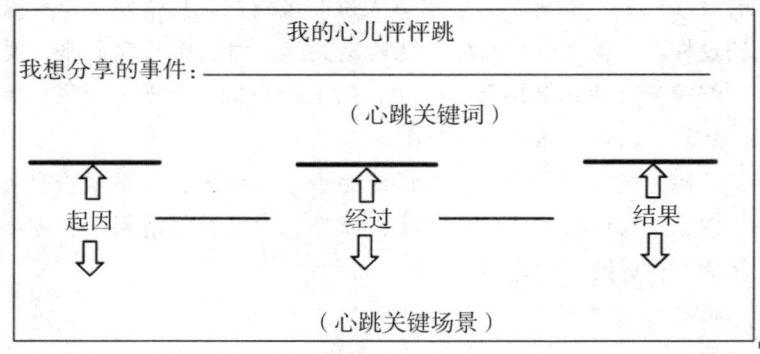

图5-2 四年级上册第八单元习作《我的心儿怦怦跳》

(三)建构写作框架

建构写作框架需要搭建"整体框架"。所谓"整体框架",是谋篇布局的手段,是要让学生清楚地明白怎么组合材料,运用材料,表现文章的"文心"。正如《文心雕龙·附会》中所说:"凡大体文章,类多枝派;整派者依源,理枝者循干。"意思是说,文章像树木有许多枝叶,像江河有许多支流;整理枝叶必须照顾树木的主干,整理支流必须依照江河的主流。比如,四年级下册语文第六单元习作《我学会了_____》是一次半命题习作,"我学会了"是限定的内容,学会了什么事情是不限定的,学生可根据自己的情况填写。话题贴近学生的生活,契合本单元"成长"主题,"学会做事"是一个人"成长"的重要表现。这篇文章的重点是要将"学会"的过程写清楚。在整体推进中我们搭建了以下几个支架：

支架一：叙事有条理。用上这些连接词：首先……然后……接着……最后……；第一步……第二步……第三步……

支架二：过程有波折。用一波三折的方法：尝试—失败，改进—失败，完善—成功……

支架三：心情有变化。用上心情变化的词语，把当时的心情写清楚。

构建写作框架时，还可以为孩子搭建"思维导图"框架。比如，三年级上册第二单元习作要求是"学习写日记"。日记是一种常见的应用文体，内容宽泛，可以记事，可以写人，可以写景，做过的，看到的，听到的或想到的，都可以成为日记的内容。本次习作具体要求：能借助例文并结合生活经验，了解写日记的好处、日记可写的内容及日记的基本格式，并能用日记记录自己的生活。旨在引导学生留心观察生活，初步积累学习写作的素材（见图5-3）。

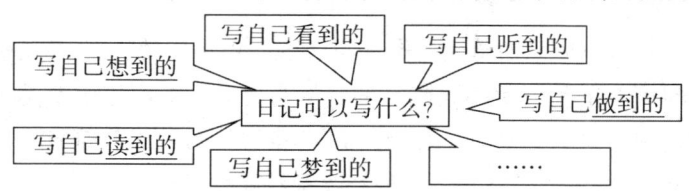

图5-3　三年级上册第二单元习作"学习写日记"思维导图

四、表达线凸显文言

"文言"就是文章的语言。文章主题不同，内容不同，题材不同，表达的方式也是不一样的。语言表达要先做到文从字顺，条理清楚，再做到"目中有人、情动辞发"，把复杂的思想表达得深入浅出，通俗易懂。

（一）文从字顺

"文从字顺"是写作的基本要求，它包含用词恰当、妥帖，作者所见、所闻、所想、所感都能用合适的词语表达出来；句与句之间通顺畅达，文气贯通，没有任何含混、错乱和别扭之处。要让学生的语言表达文从字顺，要落实到每一次的习作之中。研读教材不难发现，教材每一次习作练习，都有关于"文从字顺"的要求。习作后，都安排相应的习作交流和自改习作的活动，非常重视学生良好习作习惯的培养。比如，三年级上册教材中有7次习作明确提出了如何让学生做到"文从字顺"的要求与方法（见表5-3）。

表5-3 三年级上册教材"文从字顺"的要求与方法

单元	要求与方法
第一单元	写的时候注意开头空两格
第三单元	写完以后小声读一读,看看句子是否通顺。你还可以试着给故事加一个题目,注意题目要居中
第四单元	写完以后小声读一遍,用学过的修改符号把明显错误的地方改过来
第五单元	写完后,把你认为写得好的部分读给小组同学听,展示你的观察所得
第六单元	写好后自己读一读,改正错别字
第七单元	写的时候,把这种现象和你的想法写清楚。写好以后读给同学听,看看他是否明白你的想法,再问问他对这个问题有什么看法
第八单元	写的时候注意正确使用标点符号。如果有让同学不明白的地方,可以试着修改一下,让别人更明白

比如,三年级下册第四单元习作《我做了一项小实验》的"观察与发现",是三年级上册第五单元"留心观察"的延续与提升。在习作中要学生能按要求互评,尝试运用园地中学习的"对调"和"移动"两种修改符号,再结合以前学过的"改正""增补""删除"三种修改符号修改习作。

在进行习作评改课教学时,为了让学生达到"文从字顺"设计了三个活动:

活动一:优秀习作有标准。①用好顺序词,写清实验过程;②灵活运用动词,写准实验步骤;③合理想象。

活动二:我给同学支支招。结合学生习作共性问题,进行对比教学,发现片段中的问题,提出修改的意见和要求。

活动三:修改符号来帮忙。回顾学过的修改符号及其用法;学习新的修改符号及其用法。对照评价标准,结合刚才的学习,运用修改符号修改自己的习作。再通过四人小组交流,读一读是否通顺。

(二)传情达意

课标中有这样的表述:"表达有条理,语气、语调适当。参与讨论,敢于发表自己的意见。""懂得写作是为了自我表达和与人交流。""有意识地丰富自己的见闻,珍视个人的独特感受""感情真实"。这些表述都在告诉我们,文字就是用来传情达意的。《译〈天演论〉例言》提到了翻译的三个原则信、达、雅,其中"达"是目的,语言的终极指向就是传情达意,在文从字顺的基础上,让语言流畅,使情感和思想毫无滞碍地流露出来。叶圣陶说得好:"要是我的语言杂乱无章,人家决不会承认我的思想有条有理,因为语言杂乱无章正是思想杂乱无章。"

经典引路是学习"传情达意"的一个途径，因为在不同的习作主题中，作家的表现手法不同，学生可以逐步掌握不同的语言表达方式。比如，五年级上册第一单元习作要写《我的心爱之物》，本单元的课文就是很好的语言表达的范例：不同的表达，传递了不同的情意。《落花生》用通俗易懂的语言来写家人之间的谈话，以物喻人，情感表达含蓄而深刻。《桂花雨》语言清新质朴，用白描的手法描写与童年回忆有关的事，浓浓的思乡之情溢满字里行间。《珍珠鸟》用细腻生动的语言写出了珍珠鸟由怕人到信赖人的情感变化过程，情感变化自然流畅，真挚深厚。同时，这几篇文章都用了对比的方式来突出情感，《落花生》把花生和桃子、石榴等进行对比，《桂花雨》把故乡的桂花和杭州的桂花进行对比，《珍珠鸟》把大珍珠鸟的"胆小"与小珍珠鸟的"与人亲近"的前后进行对比。这些篇目都为学生的习作表达提供了范例，教学时可以与学生一起回忆印象深刻的语句，有针对性地进行表达的指导。

张扬个性也有利于"传情达意"，因为习作是自我内心世界的表达，其本质极具个性化。大多作家勇敢追求自己的写作风格，用自己的语言表达思想和情感。秦文君小说的语言特色幽默、风趣，总让人忍俊不禁；安徒生童话想象丰富，语言平实含蓄，把读者带进奇妙的世界。为什么作家能让作品的语言熠熠生辉？秘诀就在于两个字——锤炼！从学生习作角度出发，让学生在习作中张扬自己的个性，可以从两方面入手。

一方面，叙事能表现画面感。一个画家路遇美景，心生情愫，可以用画笔把美景展现在画布之上；一个作家漫步田野，所见所感，各种美好皆化作稿纸上的优美文字。写作文如同绘画，都是在描摹画面，只不过一个用文字，一个用画笔。好的文章都能描摹出生动的画面，这就是文字的形象化。比如，五年级上册第二单元《"漫画"老师》是写人的习作，话题为"漫画"老师。"老师"前冠以"漫画"二字，凸显了习作要求——用语言文字突出老师的特点，把老师的形象写得鲜活、有趣。不同风格的老师，其动作、语言、神态等方面也是不同的，可以搭建语言表现的支架，让其文字形象化，更好为老师"画像"。

支架一：放大特点。"机枪老师"，妙语连珠；"旋风老师"，走路带风；"小孩儿老师"，和同学一起打篮球……

支架二：夸张特点。理解不同的动词，可以表现不同人物的特点（以丰子恺《吃瓜子》节选为例）。

常见闲散的少爷们，一粒瓜子塞进了口里，只消"格"地一咬，"呸"地一吐，早已把所有的壳吐出，而在那里嚼食瓜子的肉了。那嘴巴真像一具精巧灵敏的机器，不绝地塞进瓜子去，不绝地"格""呸""格""呸"，……全不费力，可以永无罢休。

　　她们用兰花似的手指摘住瓜子的圆端，把瓜子垂直地塞在门牙中间，而用门牙去咬它的尖端。"的，的"两响，两瓣壳的尖头便向左右绽裂。然后那手敏捷地转个方向，同时头也帮着了微微地一侧，使瓜子水平地放在门牙口，用上下两门牙把两瓣壳分别拨开，咬住了瓜子肉的尖端而抽它出来吃。

　　通过对比阅读这两段文字，可以让学生理解不同的动作背后表现的是不同人物的性格。因为老师性格不同，特点不同，表现出的动作也不一样。这就是个性化的语言。

　　另一方面，炼字炼句突出特点。一个精妙的词语能救活一句话，一句精妙的话语能激活一段文字。通过使用不同的句式结构，可以使语言更具表现力和感染力。教材中的经典课文，其实是学生淬炼自己语言，打磨个性化语言风格最好的范例。学生读《泊船瓜洲》"春风又绿江南岸"，了解背后的"千锤百炼为一绿"，明白锤炼自己语言的重要性；读《景阳冈》武松打虎的片段，体会动词使用的精妙和句子的紧凑感；读《白鹭》，郭沫若所说的"适宜"一词，真是妙极了。任何人眼中所见的"美"或"美的事物"一定和所见之人的审美适恰。所以才有了那一句连学生读起来都朗朗上口的"增之一分则嫌长，减之一分则嫌短，素之一忽则嫌白，黛之一忽则嫌黑"的精彩。

　　比如，统编教材五年级下册第五单元是习作单元，围绕"形形色色的人"这一主题，本单元的课文和习作例文，为学生打造个性化语言风格给出了最好的范例："人物描写一组"中的课文《摔跤》，作者通过小胖墩儿和小嘎子摔跤时一系列的动作描写，把小胖墩沉着、稳健的性格特点表现得淋漓尽致。同时又写出了小嘎子争强好胜、富有心机的特点。习作例文《我的朋友容容》中容容取报纸的动作写得既具体又生动，"搬""爬""踮""取出""奔来"等一系列动作描写，说明"取报纸"这件事对容容来说并非轻而易举。这些词符合其人物形象，表现出她的天真与坚持。从这些个性化的动词中，学生能够习得不同的语言，有不同的表现力，从而打造个性化的语言。

第三节　评改提升：关注课堂和学生，达成育人目标

习作评价存在三重价值。第一重价值在于激发学生习作的内在兴趣。在教师的不断激励与鼓励下，学生慢慢地发现言语表达的乐趣，找到言语表达的感觉，体验言语表达的幸福。教师兼顾不同层次学生的习作水平，采取不同的评价方式，才能真正地促进学生习作能力的发展。第二重价值在于激活学生的言语创造。课堂教学中的过程性评价，可以实时关注学生，从平等的交流对话、评价语言中激活学生的言语创造力，真正促进学生学会学习。第三重价值在于点燃学生的生命力。习作内容就是对世界与自我的认知，是对生命的感悟。习作的评价不仅仅是看到语言文字本身，更多是看到语言文字背后的这个"人"，他的思想、情感，对待事物的看法，如何面对和处理周围关系。从评价中点拨思维、理清思路，从评价中引导树立正确价值观，从评价中看到学生生命的成长和发展。

一、关注课堂，注重过程评价

"过程写作教学法"将写作视为一个动态变化的过程，注重写作的全过程指导。学生通过写作前、写作中和写作后的一系列协商、监督、互评等交互活动，提高交互能力和书面表达能力。作文评价应与教学密切联系，贯穿整个教学过程。在不同阶段进行评价，可以发挥不同的功能和作用。在习作前，可以预知学生的作文基础；在学习中，可以了解学生的进步情况，以及与之前预估目标的差异；在教学结束后，可以全面总结和呈现学生的表现。关注习作过程，就要关注写作者在课堂习作活动中的表现；关注其习作能力的提升点；关注其表达真情实感的习惯，让课堂习作评价动态发生。

（一）作前引领

在习作教学开展前期，教师要综合考量学生的学习基础，了解学生的习作水平，按照差异化的原则，从不同层面，对不同类型学生的作文展开针对性、特色化的指导，鼓励学生参与习作活动。比如，四年级上册第四单元习作《我和_____过一天》，要求学生选择神话或童话中的一位人物，想象和他过一天的故事。习作话题与单元神话主题的课文，以及学生课外相关阅读紧密联系，旨在调动学生的阅读积累，把握相关神话人物的特点，发展学生的想象能力，增加

学生对习作的兴趣。基于此,本次习作写前,可以引导学生准备作前自查清单(见表5-4)。

表5-4 四年级上册第四单元习作《我和_____过一天》"自查单"

作前自查单		
亲爱的小朋友们,在写作前你做好这些准备了吗?请你结合表格要求和自身情况进行评价哦		
写作前的准备	我做到了吗?	
1. 读一读:是否读懂习作要求	□是 我知道_____	□否
2. 忆一忆:回顾读过的相关神话、童话故事中的人物及故事	□是 我知道_____	□否
3. 想一想:和所选人物过一天的安排(去哪儿,干什么?)	□是 我想和_____(谁)在_____(哪里)_____(干什么)	□否

(二)作中纠偏

"课堂教学"中,包含了教师、学习同伴、习作任务、习作活动等要素,是一个复合的、变化的特殊学习场域。当学生进入课堂,从教学开始的那一刻起,就要对其表现进行评价。从评价的需要出发,我们在教学中须将"看不见"的学习力转化为"看得见"的行为表现,借助学习活动的设计与参与,让学习力"可视""可评"。在此过程中,教师要通过使用不同的评价方式或工具,对学生外在的习作行为进行诠释,对其所拥有的内在学习力予以评价。最终引导其到正确的学习方向,针对不同习作内容,在课堂上可以设计不同的评价量表。

比如,五年级上册第五单元习作《介绍一种事物》提及:如果别人对你介绍的事物产生了兴趣,获得了相关知识,你就完成了一次成功的习作。针对这个习作要求,可以在习作评价中设计相关互动问题。先由作者自评,再让作者和点评者交流意见,最后由教师进行综合评价(见表5-5)。

表5-5　五年级上册第五单元习作《介绍一种事物》评价单

介绍一种事物						
评价指标	评价细则	学生自评			同学评价	教师评价
		☆	☆☆	☆☆☆		
选材	选择一种你了解的感兴趣的事物					
组材	1. 能合理运用相关材料，写清楚事物的主要特点。 2. 能分段介绍事物的不同方面，它们分别是_____					
表达	1. 表达清楚，通顺流畅。 2. 恰当运用了说明方法，例如_____ 3. 读者感兴趣，能获得知识					
基础习惯	1. 书写工整，分段清楚。 2. 正确使用标点符号。 3. 正确使用修改符号					

评价量表的使用，一方面帮助老师在课堂中能迅速甄别和判断学生的学习状况，更好地采取教学措施；另一方面，对于学生本身，评价量表更有利于其清楚了解自己的写作是否按照要求完成，启动其自我学习的过程，并更好地认识、控制自己的学习。

课堂教学中除了评价量表让评价可视化，教师的评价语言也非常重要。作为语文老师，要有语文味；上好作文课，老师的语言更要有作文味，从教师的评价语言来看，优美生动的评价语言，有利于点燃学生的写作热情；更重要的是，良好的评价语言能激发学生对生活的热爱，对美好事物的追求，以及处理好与周围世界的关系。比如在教学五年级下册第四单元习作《他_____了》时，老师利用图片中人物丰富的表情打开学生的思维，看到这些熟悉的图片，脑海中一定闪现出生活中某个人当时的某种样子吧。谁来说一说？学生充分说完后，教师评价：生活中我们会有各种各样的情绪，或悲伤，或快乐，或陶醉，或疑惑……我们看到这些情绪，看到这些情绪背后的人，背后的故事。用文字抒写出来，其实情绪也就得到了舒缓！这样的评价语言并不只是为了习作而生，更是从育人的角度，引导学生看见情绪，接纳情绪。

教师在课堂上的评价语言是对学生习作最直接的评价，也是学生获得教师对作文态度的主要途径之一。一句、一段有针对性且富有"诗意"的评价语言，能够起到"润物细无声"的效果。不但能够激发学生学习兴趣，更能为孩子的语言表达指引方向，启迪学生思维，最重要的是，这些话语的力量能点燃孩子的内心，或者为习作输出持续动力，帮助孩子自我生命的成长。

（三）作后鼓励

学生完成习作后，应该采用科学有效的方式，让学生认识到自己习作存在的问题，同时又要保护学生的习作积极性。针对不同学生习作问题的不同"点"，准确摹画学生作文能力的发展轨迹，帮助学生突破写作瓶颈，真正提高写作水平。

为了发挥评价的激励作用，让学生品尝进步的喜悦，体验成功的自豪，可以设立习作奖项，如，"最佳评手""最佳写手""最有进步奖""最美语言奖""最有创意奖"等，用发展的眼光去看待每一位学生的作文，注重挖掘他们习作的亮点，对学生习作过程中一个好想法、一个好句、一次准确的评价，都及时加以肯定，让评价真正成为学生主动参与、自我反思、自我发展的过程。

比如四年级下册第七单元习作《我的"自画像"》，通过评价来认识自己、反省自己。在教学时，学生完成关于自己外貌或者性格、特长的描写后，开始进行开火车朗读评价。老师的评价要求是这样的：我们请这一组同学朗读，其余同学们来听一听，他读的内容和他自己像不像，如果像，那就叫"自画像"。看来这个同学对自己很了解，对自己了解就是从画好"自画像"开始的。如果不像，没有关系，也许有同学比他自己还了解他，帮他提出修改的意见。从老师的要求中我们能够看到，在教学过程中，老师采取了生生互评的方式，不仅有对习作本身的评价要求"像不像"，更有对小作者自我认知的一种认可，"对自己很了解"，"没关系，也许有同学更了解"。这些语言都在鼓励孩子不断地了解自己。而五年级上册第二单元习作《"漫画"老师》则从评价中认识他人，认识自己与他人的关系。本次习作制作了各层级指标的评价标准（见表5-6）。鼓励学生通过反复修改，完善自己的习作。学生在每一个层级中，都能达到自己想达到的目标，并且可以通过反复修改，不断完善。实现习作能力发展最大化，提升不同层次学生的语文素养。

表 5-6　五年级上册第二单元《"漫画"老师》评价单

"漫画"老师			
进阶水平	第一层级	第二层级	第三层级
达标	抓住人物外貌特点描写	能按照一定的顺序写出人物外貌特点，语句通顺	能运用各种修辞手法突出外貌特点
良好	抓住外貌、喜好、性格等其中两个特点，写清楚	选择一两个典型的事例突出老师某个特点	运用语言、动作、神态等人物描写的方法，让人物鲜活起来
优秀	抓住人物多方面特点，写清楚、写具体	习作能突出老师的各种特点，形象鲜明生动	运用多种方法全方位刻画人物形象，并融入自己的情感

1. 达到某一层级，你可以涂上自己喜欢的颜色
2. 选择你想达到的层级指标反复进行修改哦

读学生文章，只顾"作的文"，却忘了"作文的人"，往往不能真切"看见"学生习作的情况。评价不仅仅关注习作，更多的是指向人的成长与发展。

二、关注学生，注重整体评价

教育家苏霍姆林斯基说过，每个孩子都是一个完全特殊的、独一无二的个体。分析、甄别每一名学生的状况，对于整个习作教学的开展至关重要。

从学生整体评价出发，针对习作要求，对学生进行层次划分。例如，根据学生本身作文水平的差异，将学生分成三个类别，第一类学生，行文通顺，让内容符合题意即可；第二类学生，内容丰富，表达多样，且文章完整有序；第三类学生，需要在遣词用句、谋篇布局、构思立意等方面精益求精。这样，在习作前老师对每一类学生情况了如指掌，针对不同学生采取不同方式引领，让他们都能享受到习作带来的快乐与成就。整体评价，也需要多元的评价主体，生生互评、师生互评、自我评价等多种方式相结合，评价方式更为灵活。

比如，三年级上册第六单元习作《这儿真美》的评价表，有情境，评价要求细致具体，有分层评价，有自评、他评多种评价主体（见表5-7）。

表 5-7 三年级上册第六单元《这儿真美》评价单

习作:《这儿真美》			
同学们,我们周围有许多美丽的地方,你发现了吗?把你身边的美景介绍给他人,根据评价表的提示摘下星星。你能摘下几颗星星呢?快来挑战吧			
评价阶段	评价要求	自评	他评
第一次习作	1. 能选择一处美景进行描写。 2. 能围绕美景的特点写出一个中心句	☆☆☆	☆☆☆
第二次习作	1. 能围绕中心句从几个方面去写。 2. 能写出景物的颜色、形状等特点。 3. 能用上新积累的词语,表现风景的美	☆☆☆	☆☆☆
第三次习作	1. 能用上修辞手法,把句子写生动。 2. 能加入自己的思考和联想	☆☆☆	☆☆☆
数一数你摘下了几颗星星_____,在这次的习作中,你真美			

此评价表分阶段制定评价要求,体现学生的能力提升。《这儿真美》的第一次评价要求中,体现了对习作主要内容和结构的评价。第二次评价,在此基础之上增加了结构是否清晰、内容是否丰富、表达是否具体三方面,并给予了具体的指导:"能围绕中心句从几个方面去写""能写出景物的颜色、形状等特点""能用上新积累的词语,表现风景的美"。第三次评价,要看习作是否有进一步的提升,增添了修辞、思考等新要求。最后让学生数一数自己得到的星星,鼓励自己在习作中"真美"!此评价量表一共经历三次,既有对写作能力本身的阶梯式提升,也有学生自我发展方面的肯定评价。

"课堂观察量表"在习作评价中是研究教师课堂表现和学生课堂学习状态的重要依据,就像一把解剖课堂教学的手术刀,是关于课堂教学的结构性思考。"习作表达量表"则是结构化评价的主要组成部分。从教材解读、教学设计、教学评价三方面出发,贯穿整个习作教学过程。首先是对教师教材解读能力的评价,能够按照"明主题、定文心"的方式对教材习作进行正确价值取向解读。这样的解读,才能更好地帮助孩子树立正确的价值观。其次是对教师整体课堂教学的评价,从结构化的"情境—文材—文构—文言"四方面进行有效的教学设计,通过观察量表,观察教师的设计是否能直达"文心",最终达成提升学生习作素养的目标。最后是对教师教学的评价,教师能否在课标理念的倡导下,采取多元化的评价方式,注重习作课堂教学过程性的评价,注重关注写作者自身发展,从而看见孩子的成长,而学生也能从教师的评价中获取习作知识,反省自己的不足（见表5-8）。

表5-8 习作课堂观察量表

一级指标	二级指标	指标描述	分值
文以载道（教材解读结构化）	价值取向（10分）	1. 重视对学生思想情感的熏陶，价值取向的引导，培养学生热爱国家通用语言文字（5分）	
		2. 通过口头和书面语言表达自己内心的想法，体现语文的核心素养（5分）	
	文本解读（20分）	1. 链接学生生活，准确分析写作主题和重难点（10分）	
		2. 确定写作体裁、语言特点、写作格式等（10分）	
以文传道（教学设计结构化）	学情分析（10分）	1. 根据学生已有写作能力，确定最近发展区（10分）	
	主题把握（10分）	2. 围绕主题，创设情境，设计写作任务（10分）	
	逻辑主线（10分）	3. 根据"立意—谋篇—表达—修改"搭建教学支架（10分）	
	认知发展（10分）	4. 情境创设引发学生创作欲望，具体明确、文从字顺地表达自己的见闻、体验和想法，抒发自己的情感（10分）	
以道化人（教学评价结构化）	手段方式（15分）	1. 评价主体多元化（教师评、学生自评、同伴互评等）（5分）	
		2. 评价时机过程化（写前评价引导、写中评价纠偏、写后评价激励等）（5分）	
		3. 评价工具实效化（口头、学习单、量表等）（5分）	
	教学效果（15分）	1. 学生表达积极主动，思维活跃（5分）	
		2. 能综合运用表达方法，进行写作（5分）	
		3. 学生形成个人独特的感受和表达（5分）	
总分（100分）			

"文以载道"是中国古代文学创作的重要原则，强调文学作品应承载道德教化的功能，它不仅是文学创作的宗旨，更是教育过程中传递知识、塑造人格的

重要途径。习作表达教学课堂观察表，不仅仅评价课堂，更重要的是通过量表看到教师的教学观念，教学行为，是否融入"育人"观念，从兴趣、情感、品质、意志力等方面构建育人路径。

从关注课堂的过程性评价，到关注学生的整体评价。从"课堂观察量表""习作评价表"等不同的评价方式，构建三维立体多元的评价体系，以达成认识自己和他人、认识社会、认识世界的育人目标。

第四节　教学案例

统编义务教科书六年级下册第三单元习作《让真情自然流露》

一、教材解读

（一）确题

1. 单元主题

本单元是习作单元。单元导语是"让真情在笔尖流露"。语文要素是"体会文章是怎样表达情感的，选择合适的内容写出真情实感"。围绕本单元的主题，安排了两篇精读课文《匆匆》《那个星期天》，两篇习作例文《别了，语文课》《阳光的两种用法》，以及"交流平台""初试身手""单元习作"。《匆匆》《那个星期天》重在引导学生从阅读中学习写作的方法。前者侧重把情感直接表达出来，后者侧重把情感融入具体的人、事、景、物中。"交流平台"围绕写文章怎么表达真情实感展开交流。"初试身手"提供了两个示例，让学生尝试把情感融入景物之中的表达方法。两篇习作例文通过批注和课后练习，引导学生进一步感受可以怎样表达真情实感。单元习作重在引导学生从描写心情的词唤起丰富的生活体验，记录自己的真实生活，表达自己的真实感受。

2. 习作话题

本次习作的话题为"让真情自然流露"，引导学生写一件印象深刻的事情，真实自然地抒发自己的情感。本次习作的话题与课标中"写作要有真情实感，表达自己对自然、社会、人生的感受、体验和思考"要求是一致的，在写作时要真挚自然地表达内心的真实感受和情感。这一话题也契合六年级学生心理和写作实际，六年级学生正处于由儿童向青春期过渡的关键阶段，思维发展和情感体验都会发生明显变化。这一时期，他们开始主动思考人生、关注社会现象，情感也变得相对复杂和敏感。在写作方面，他们逐渐从单纯描述事物，转向表达内心独特的感受和见解。

3. 习作题目

本次习作没有对题目做出明确要求，既能以话题"让真情自然流露"为题，也能以事件为题，如《我迷路了》，还能以情感为题，如《让我感动的那一刻》。

（二）定点

单元导语"让真情在笔尖流露"的关键词是"真情""流露"，习作话题"让真情自然流露"的关键词是"真情""自然流露"，习作内容中的提示句"把情感真实自然地表达出来"中的关键词是"真实自然"。无论是单元导语、习作话题，还是习作提示句，都指向了"真情""自然流露"。"真情"不是表面的情绪，而是经过思考、体验、沉淀后产生的深刻情感。"自然流露"指的是情感的表达方式，应该是自然而流畅，不加修饰的，不避讳的，坦诚的，让读者真正感受到自己内心的情感，从而产生共鸣。由此可见，本次习作的文心就是"真"，即"写真事，表真情，做真人"，需要引导学生在"真实的任务情境中写作"，调动学生的生活经验和情感积累，表达不能虚情假意、矫揉造作。

（三）理线

1. 内容线

情感不会无缘无故流露，它总是伴随着事情的发生而产生，选好合适的内容是完成好本次习作的基础。关于内容，习作提示这样说："你有过这些感受吗？是什么事使你产生了这样的感受？选择一种你印象最深的感受。"

为唤起学生生活记忆，选择合适的习作内容，教材提供了两组表达情感体验的词语，共计14个，一组词语表达的是积极的情感体验，另一组词语表达的是消极的情感体验。学生通过六年级上册第五单元"围绕中心意思来写"的学习，已基本具备"从不同方面或选取不同事例来表达中心思想"的能力，在本次习作中能围绕相关情感选择材料不是难点，难点是在从众多材料中筛选出既能充分体现要表达的情感，也能让别人感受到你情感的事例。触动最大、感受最深的是内容选择的标准，这样的事例可以是比较独特的体验，可能只是发生在个别学生身上，也可以是普通、平凡，但饱含深情的小事。

2. 逻辑线

确定了内容，我们还需要构建文章框架，理清文章思路，对文章重点的情节、人物等要有详略的安排，让文章沿着"文心"写下去。关于文章的逻辑，习作提示这样说："先回顾事情的经过，回忆当时的心情，然后理清思路写下来。""如果在事情发展的过程中,情感有所变化,要把情感的变化也写清楚。"

根据习作提示,我们需要从"事件"和"情感"两方面进行构思。一是把事件的来龙去脉理清楚,让事件完整而细致,这是行文的明线。二是把情感的缘起理清晰,情感是怎么产生的,又是怎样变化的,哪些环节是情感流露的重点部分,这是行文的暗线。构思时要让事件与情感相互交织,"事件发展线"和"心情走势线"结合构成一个整体。

3. 表达线

"情以物迁,辞以情发",写文章就像说话,要在叙述中自然而然流露。关于表达,习作提示这样说:"写的时候注意,把印象深刻的内容写具体,把情感真实自然地表达出来。"

本单元的四篇精读课文和两篇课文,虽然表现形式不同,但是都充分展现了作者的真情实感。《匆匆》用连续的问句和多种修辞手法直抒胸臆。《那个星期天》将情感融入具体的事例和景物中,还有内心独白直接表达。《别了,语文课》《阳光的两种用法》都将情感融入具体的事例中。这些助学系统可以让学生明白根据内心感受写作即可,可以通过细节描写表达出深厚的情感,人事景物皆可有感情,让真情在字里行间含蓄、自然地表达,还可以在情感强烈时,不吐不快,用文字直抒胸臆,这也是自然流露的方式。

二、教学设计

(一) 生活情境揭示主题

教师出示生活中人物的各种表情图片。

谈话引入:生活就像一本丰富多彩的相册,每一张照片都承载了不同的故事和情感。从这些照片中你感受到什么?

预设:从同学咧开的嘴我感到他很开心。

评价:从你的表情看出你也被他的情绪感染了。

预设:照片中的小男孩看起来很难过。

评价:小弟弟哭泣的样子让我们的心都揪紧了。

小结:生活就是这样充满了喜怒哀乐,今天我们就要关注这些感受,用文字让我们的情感流露,走进习作。

【设计意图:通过图片所呈现的人物真实情感,自然引出主题。】

(二) 唤起回忆,完成素材单

1. 课件出示教材中表示情绪的词语。引导思考:这些都是表示情感体验的词语，有什么不同？

预设：一组词语表达的是积极的情感体验，另一组词语表达的是消极的情感体验。

引导读：读一读，把词语表达的情感通过朗读表现出来。

2. 引导回忆：生活中经历的一切都能带给我们各种各样的情感体验，看着这些词，你有过相同感受吗，你能想到什么事情呢？快打开记忆的大门回忆，看谁想得多。

预设：我们班参加运动会，获得第一名，我欣喜若狂。

3. 引导选材：孩子们刚才脑海里想起了那么多的事情，肯定有一种感受深深刻在了你的记忆里，可能让你想起就心花怒放，可能让你想起就后悔不已，请你把印象最深的一种感受，以及引发这种感受的那一件事情用一两句话简单概括写下来。

4. 学生选择一种感受，圈出情绪词语回忆事情，完成素材单。

【设计意图：明白生活中我们的情绪是丰富的，本次习作要选择和情绪有关的事。】

（三）梳理结构，完成心情单

1. 分享事例：用开火车的方式来分享感受最深的事例，其他学生说说对谁的故事最感兴趣？

2. 学生从分享的故事中选择一件能引发共鸣的事例，学生分享具体的故事。

3. 引导梳理事情经过：他的故事是一个怎样的经历，你能说说故事的起因、经过、结果吗？

根据学生的回答，在黑板上绘制事件图。

4. 引导梳理情绪的变化：在故事的发展过程中，他的情绪发生了怎样的变化？

根据学生的回答，在黑板上绘制情感图。

5. 学生梳理自己的故事，并完成心情单。

【设计意图：学生梳理自己的故事经过和情感变化，使文章结构条理清晰。】

（四）聚焦节点，完成倾诉单

1. 教师提问：在这个故事中，哪些节点让你印象深刻？请你圈出来，选学生分享。

2. 学生圈画自己印象深刻的故事节点，教师巡视点评学生。

3. 学生选择一个故事节点，完成倾诉单。

4. 抽学生分享，提问：你体会到了什么情感，他运用了哪些方法？教师相机出示课文片段回顾表达方法，引导学生运用表达方法抒发情感。

【设计意图：引导学生运用学到的方法丰富自己的情感，让真情在笔尖自然流露。】

（五）学生习作，教师巡视

三、教学评价

（一）过程性评价

片段一：

出示教材中的第一组词语：

畅快 欣喜若狂 激动 欣慰 感动 归心似箭 盼望

师：谁来读一读第一组词语，其他孩子一边听一边想，你发现了什么？

生：（读词语）

师评：读得流利，声音洪亮。你们发现了什么？

生：我发现这些都是表示感受的词。

师评：你发现了这些词代表着不同的情感，还有吗？

生：都是好的情感。

师评：我非常认同你的说法，这些都表达较为积极的情感。

在这个片段中，从学生的回答出发，明确指出学生好的方面"声音洪亮、读得流利"，也给予学生鼓励"认同你的说话"，并且进一步明确指导"表达较为积极的情感"，从而经历了从简单的认知到思维的提升。

片段二：

学生"开火车"分享感受和事例，其他学生说说对谁的故事感兴趣，为什么？

生：我想听某同学的故事，我很想知道学习川剧变脸带给他的"激动"。

师：自己独有的或者发生在少数人身上的故事，确实吸引人。

生：我想听某同学钓鱼的故事，因为我也经常去钓鱼。

师追问：有多少同学去钓过鱼？

师：班上大多数同学都去钓过鱼，你为什么选择做这件事？

生：为了能钓到鱼，我做了很多准备，钓的时候一心一意，整整四个小时没有离开，手、脚都麻了，也没钓到一条鱼，那个滋味我一辈子都忘不了。

师：虽然是生活中平凡的事，但也饱含着真实的感受，也能打动人。

在这个片段中，教师通过评价对学生的文材进行了指导，强调了材料要真实，要写印象深刻的内容。

（二）整体评价

"文以情感人"，要想让学生写出的文章能打动人，首先得激发学生的情感体验，让他们联系生活去回味或感动，或沮丧，或激动，或愧疚等情感体验，学生写作兴趣就会被激发出来。让学生自己感动，有倾吐内心情感的表达欲望，以情促写。本堂习作课利用"三单"即"素材单""心情单""倾诉单"来实现。

"素材单"为学生的文材提供筛选的方向，让学生真正明白自己内心想要表达的情绪，和这种情感背后经历的事情，用文字抒写情感。

"心情单"进一步明确在这件事情中，自己内心世界的变化，变化背后的场景，帮助学生理清文章的思路。

"倾诉单"让学生用文字将自己印象最深刻的场景表达出来，从学生文字出发，聚焦文言，可以用哪些表达方式。

利用"三单"燃起学生真情实感的火花。把学生的语言和思维结合起来。采用小组合作、交流的方法，让每一个学生在他觉得安全的范围内进行自由表达，使各种水平的学生都体验到倾听的乐趣，这样才能让每一个学生都有话可说，有情可抒。

（此案例由西南财经大学附属小学马毅和成都市实验小学战旗分校张倩影提供）

下 编

第六章

基础性任务群结构化教学

语言文字积累与梳理：培养传承母语能力的人

"仰观奎星圆曲之势，俯察龟文鸟迹之象，博采众美，合而为字，是曰古文。"汉字是最古老的文字之一，龟甲兽骨上就留下了文明的符号。"子所雅言，《诗》《书》、执礼，皆雅言也。"汉语丰富而多元，中国人寻求共同语言的努力，自先秦就开始了。中国语言文字源远流长，它承载着中华民族最深沉的情感记忆。鲁迅先生在《汉文学史纲要》中写道："故其所函，遂具三美：意美以感心，一也；音美以感耳，二也；形美以感目，三也。"汉语之声，汉字之形，语言文字的意蕴，这是中华文化的源泉，中华文明的传承。

对语言文字的积累和梳理也是古已有之，自孔子及诸子百家始，学者们开始从学习的角度来论述积累，梳理典籍，是为"经学积累"；这种对语言文字积累与梳理的传统血脉赓续，到20世纪初，语文设立学科，积累与梳理进入有学科特质的"语文积累"；2022年教育部颁布新版《课标》，"语言文字积累与梳理"以任务群的方式出现，更是在传承传统的基础上寻求突破与创新。

"语言文字积累与梳理"作为基础型学习任务群，旨在"引导学生在语文实践活动中，积累语言材料和语言经验，形成良好语感；通过观察、分析、整理，发现汉字的构字组词特点，掌握语言文字运用规范，感受汉字的文化内涵，奠定语文基础"[①]。在传统的语文学科教学中，教师常常陷入"积累与梳理"的误区：认为积累只是对语文知识的识记；梳理是对知识的巩固，对内容的总结。因此，将积累梳理的内容窄化为语文教材中的生字词语，名言警句，诗词名篇

---

① 谭畅. 在生活运用中积累，在积累基础上梳理："语言文字积累与梳理"学习任务群设计与实施例谈［J］. 语文建设，2022（12）：9-12.

等;将积累梳理的方式固化为背、默、抄、记。这样的积累和梳理只是机械重复获得碎片化知识,难以获取言语经验,难以灵活运用语言,更无法形成语感,感受语言文字的文化内涵。

要走出误区,则要在内容与方法,能力与发展上建立新的认识。

积累与梳理的内容是丰富、立体的。梳理《课标》我们发现,积累的内容包括以下几点:语言材料,语言经验;语言文字的运用规范;汉字文化的内涵与价值。学生除了掌握汉语拼音,认识汉字,还要掌握构字组词特点和语言文字的运用规律,在诵读中积累多元的语言材料,在实践中积累丰富的语言经验。学生能对语言材料进行梳理,初步发现并把握语言文字的规律,逐步发展积累与运用的能力,不断提高规范运用语言文字的意识。激发学生对国家通用语言文字的热爱之情和对语言文字所蕴含的丰富文化内涵的热爱之情。

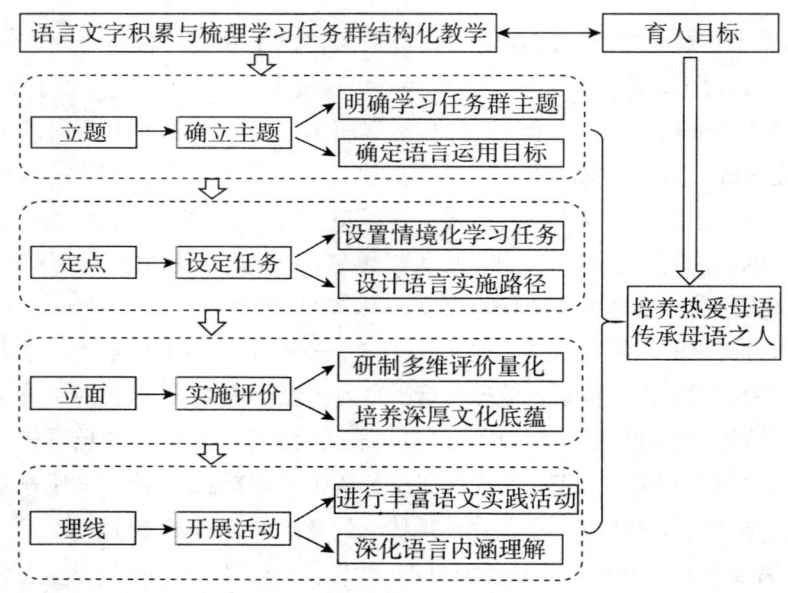

图 6-1 语言文字积累与梳理结构化育人图

积累和梳理的方式是主动、多元的。新课标倡导学生主动积极的积累,能够通过"主动""独立"的方式识字、写字、诵读、记录、体会等。在主动积累梳理的过程中建立合作意识,"整理自己的发现并和同学交流,互相正字正音","整理分享自己的发现",同时在交流与合作中促进主动积累梳理。倡导学生在生活中积累,根据学生年龄特点和认知规律,指导学生在生活中积累,利用真实情境在语文实践活动中积累。还倡导学生在积累的基础上进行结构化的梳理,将零散的、独立的知识进行整理归类,从发现现象到把握规律,将言语经验转化为方法与策略,最终形成语感,掌握运用规范,奠定语文基础。

积累和梳理还指向了语文能力与人的发展。学生在真实的情境中主动积累,积累的内容又在生活的场景里再现,因此构建出的积累图式使语文素养得到发展。而在梳理的过程中,不同的归类方式又会带来多角度的思维训练、审美体验和文化认知。因此,在积累与梳理的过程中,学生灵活运用积累的语料和语识,促进核心素养循序渐进提高。

指向核心素养的"语言文字积累与梳理"任务群,不再是传统意义上的模式化教学:用死记硬背去识记,用机械训练去积累;而是基于儿童生活的学习:在真实的生活情境中积累语言材料和语言经验,在积累的基础上逐步学会梳理,探究领悟语言文字运用的规律。"语言文字积累与梳理"任务群旨在培养在母语里浸润,在学习中积淀的人,通过习得语文知识,提升语文素养,最终成长为一个能传承母语能力的人。

一、教材解读:源于语用,分型解读

"语言文字积累与梳理"任务群围绕识字写字、积累梳理、探究运用、中华文化认同等内容开展,具有明显的进阶性。新课标在每个学段都对"语言文字积累与梳理"提出了要求。低段:初步体会汉字结构的特点,尝试发现汉字的规律,发展独立识字的能力,养成自主积累的习惯,重在方法的习得。中段:独立识字写字,初步梳理汉字音、形、义之间的联系,重在方法的运用。高段:主动通过多种方式独立识字,将丰富的语言材料运用到日常读写活动中,增强表达效果,重在将所学灵活运用,提升语言质量。"学习要求"前后衔接关联,由易到难,呈螺旋式上升。

纵向来看,"语言文字积累与梳理"学习任务群贯穿义务教育学习全过程,是语文学习的基础。它促使学生广泛积累语言材料和语言经验,促进学生语理、认知的发展,进而深入理解,为后续阅读与鉴赏、表达与交流等提供了保障。通过对比"语言运用"与"语言文字积累与梳理"的学习要求,可以发现,二者的表述具有高度关联性。正如王崧舟、陆虹在《厚积而薄发 知类而通达——新课标"语言文字积累与梳理"解读》一文中的观点:"语言文字积累与梳理"是核心素养的重要组成,是"语言运用"在学习内容上的具体体现。"语言文字积累与梳理"也与其他三方面(文化自信、思维能力、审美创造)的核心素养存在关联性。比如:梳理探究汉字的构字规律会促进思维的发展;在形成良好语感的过程中,审美创造素养得到提升;在感受汉字文化内涵的过程中,能树立文化自信。[1]

横向来看,"语言文字积累与梳理"学习任务群为发展型、拓展型任务群提供了可能和保障。没有"语言文字积累与梳理"作为基础,其他5个任务群便只能成为空谈。在实际教学中,"语言文字积累与梳理"任务群也常与其他5个学习任务群相融合。

通过梳理统编版教材可以发现,教材中编排的语言文字材料主要以三种组织形式呈现:集中式、嵌入式、综合式。小学低段主要以"集中式"为主,教材集中编排语言文字材料。集中式是学生通过学习相对集中的语言知识习得方法。嵌入式则覆盖全学段,相关内容和知识嵌入其他任务群的学习中,识字写字不是学习的重点,而是开展其他学习的基础。综合式主要集中在中高学段,以"综合性实践活动"为主,发展学生的综合能力。总体而言,年段越高,"语言文字积累与梳理"的相关内容则越分散。学习重点由以"积累"为主逐渐走向"梳理、探究、运用",旨在培养学生的综合能力。最终,增强学生对祖国语言文字的热爱和对中华文化的认同,达成育人目标。

（一）集中式（低段）

"集中式"组织形式是基于儿童生活和学习的需要,依据学段学习内容、不同学段学生的特点,分别从识字与写字、拼音等语言材料的积累以及语言文字运用等方面设计具有进阶性的典型学习主题单元。小学低段教科书编排的识字、拼音单元是"集中式"组织形式的典型代表。

1. 识字单元

（1）精选汉字,集中编排

在小学低段（一、二年级）教材中集中编排6个独立的识字单元,一年级上、下册各两个,二年级上、下册各一个,呈下降趋势。识字单元按照象形字、会意字、形声字的构字规律呈螺旋上升编排,遵循"认写分开、多认少写"原则。精选出现频率高的生活常用字作为会认字。结合识字,学习常用偏旁,指导识字方法。选择字形简单、构字能力或构词能力强的独体字,也选择常用的合体字作为会写字。会写字大体按照由易到难、由简到繁、由独体到合体的顺序编排。结合写字,学习基本笔画和笔顺,打好识字写字的基础。同时,汉字与汉字文化相融合,体现汉字规律,激发学生识字的兴趣。随着学生积累增多、能力提升,鼓励学生运用已学的字、偏旁、识字方法等展开自主识字,不断提

---

[1] 王崧舟,陆虹. 厚积而薄发 知类而通达:新课标"语言文字积累与梳理"解读[J]. 语文教学通讯,2022（21）:18-24.

高学生自主识字的能力，培养自主识字的习惯。

一年级识字单元以生活常用字为主，多为独体字，开展识字教学重在积累。一年级上册第一单元围绕"象形字"，编排了《天地人》《金木水火土》《口耳目手足》《日月山川》，介绍象形字"观物取象、以象示意"构字特点。一年级上册第六单元围绕"会意字"，编排了《对韵歌》《日月明》《小书包》《升国旗》。探究会意字"合两字三字之义，以成一字之义，使人观之而自悟"的构字特点，并尝试结合特点，通过两个部件的组合来猜测字义。一年级下册第一单元围绕"形声字"，编排了《春夏秋冬》《姓氏歌》《小青蛙》《猜字谜》，了解形声字"声旁表音、形旁表义"的构字规律。一年级下册第五单元以浅显的韵文为主，围绕"形声字"，编排了《动物儿歌》《古对今》《操场上》《人之初》，继续关注形声字的构字规律。在积累的基础上，对梳理提出了初步要求，要求学生按字形结构进行初步梳理。

二年级识字单元以"合体字"为主，字形更为复杂。二年级上册第二单元以"场景、树木、动物、农事"等主题串联内容，编排了《场景歌》《树之歌》《拍手歌》《田家四季歌》，对梳理提出了进一步的要求，引导学生从课内学习过渡到课外拓展，运用字的内在意义有联系的特点识字学文，探究从字到词、句子的组合。二年级下册第三单元围绕传统文化编排《神州谣》《传统节日》《"贝"的故事》《中国美食》，是识字综合实践的运用。大部分是"形声字"，围绕形声字形旁表义的特点，设计多维度的训练。旨在引导学生在不同语境中识字学词，激发儿童的识字兴趣，感受中华优秀传统文化。

（2）内容多元，方法丰富

①体裁丰富

小学低段集中编排的识字单元的选文体裁多样，充满传统文化色彩，富有童趣。如儿歌、童谣、古诗、对韵歌等，旨在通过体裁多样的选文激发学生的学习兴趣，拉近汉字和学生的距离，降低学习难度。

②识字方法丰富多样

结合识字单元的教学内容，在课文中渗透韵语识字、看图识字、字理识字、对比识字、归类识字、字族文识字等方法，旨在教会学生多种识字的方法，并能在课堂、生活中主动运用方法识字。在小学低段，积累汉字，梳理多种识字方法，方可为以后的"探究、运用"奠定基础。

③图文对照，文字排布自由

教材插图是教材内容的形象展现，是教材的助读系统之一。识字单元的每篇课文都选用和文字内容紧密结合的插图，营造情景氛围、丰富课本内容、吸引学生的学习注意力，培养学生的想象力。同时，使学生将文字符号和图画形象结合起来，促进学生对语言文字的形象化理解，降低学习难度，提升学生语言表达能力和德育素养。实现以文化人，以美育人，提高学生审美能力。[①] 文字呈现方式多样，既有分节的小诗式，又有随图自由排布式等。从课文内容，到课后会认字、会写字，再到课后习题，指导学生从认到写，再联系生活实际运用，要求逐层推进。

结合上述两点，以一年级下册第一单元为例，该识字单元内容丰富，包含多种识字方法。《春夏秋冬》为看图识字；《姓氏歌》是依据《百家姓》改编的韵语识字，学生初步体会合体字的特点，课后题则关注学生的运用表达，指导学生联系生活实际说班级同学的姓氏；《小青蛙》是字族文识字，集中体现了形声字识字的特点；《猜字谜》旨在引导学生进一步了解合体字的构字特点，并结合《小青蛙》所学，利用形声字"声旁表音、形旁表义"的构字规律猜出谜底，巩固识字效果。

从插图、文字排布来看，《春夏秋冬》第一部分由一组与四季关联的词语以及由这些词扩展的短语组成，并排布在插图下。第一部分插图以扇形图画呈现，包含传统文化的元素。第二部分由两行意义相关联的词、短语组成，第二部分插图蕴含上述词语、短语。图文对照，便于诵读。

2. 拼音单元

拼音与识字学词整合设计、同频进行。在集中学习拼音之前，先进行1个识字单元的学习。学生先学习简单的常用汉字，再系统学习拼音，由具体的汉字带出拼音的学习，使拼音与识字相辅相成、相互促进。在小学低段，集中学习拼音。到了中高段，则借助拼音识字，以识字认字为主。

（1）拼音学习由简到繁，强调实用价值

拼音是学生识字的重要工具和帮手。一年级上册编排3个汉语拼音单元，集中学习拼音（见表6-1）。

---

① 邵健亮，肖菊梅. 新课标背景下部编版小学语文教材插图在教学中的运用策略［J］. 教师，2023（31）：19.

表 6-1 统编教材中拼音单元的梳理

单元	学习拼音	巩固拼音学习的内容
一年级上册 第二单元	①a o e；②i u ü	韵母 4 个声调的认读；韵母书写练习
	③b p m f；④d t n l	将所学声母与韵母结合，学习两拼音节的拼读；罗列词语、会认字；声母书写练习
一年级上册 第三单元	⑤g k h；⑥j q x；⑦z c s；zi ci si；⑧zh ch sh r；zhi chi shi ri；⑨y w；yi wu yu	学习三拼音节的拼读；声母的书写；罗列词语、会认字、拼读材料
一年级上册 第四单元	⑩ai ei ui；⑪ao ou iu；⑫ie üe er ye yue；⑬an en in un ün yuan yin yun；⑭ang eng ing ong ying	学习音节的拼读；词语拼音的书写；罗列词语、会认字、拼读材料

梳理拼音单元的编排可以发现，教材按照从单韵母到声母，再到复韵母、鼻韵母的顺序编排，并将整体认读音节穿插其中，囊括两拼音节和三拼音节的拼读。拼音学习由简到繁，由单一走向整合。同时，鼓励学生使用带调音节说词语或句子，加强拼音与口头语言、实际生活的联系。此外，在信息时代，拼音也是学生使用电脑等设备进行学习的工具，更突出拼音的实用价值。

（2）建立音形义的联结

拼音单元每课配有整合的情境图，以丰富课本内容、吸引学生的学习注意力、使学生将抽象的拼音符号和形象的图画结合起来，降低拼音学习难度。情境图提示拼音字母的音或形，旨在借助具体事物帮助学生建立字母音和形的关系。每幅整合的情境图又包含一个故事情景，让学生在故事中学。学生需充分观察插图，发现本课要学的字母和音节。通过图片便将观察能力、表达能力与拼音学习有机整合在一起。同时，拼音单元穿插编排音节、词语、会认字以及拼读材料（儿歌、绕口令等），指导学生自然地掌握两拼音节和三拼音节的拼读方法。学习内容的编排为指导拼读、巩固字母和音节提供了语境，旨在通过学生熟悉汉字，降低学习抽象拼音的难度，建立形音义之间的联系。

例如：一年级上册第三单元第五课 g k h：先出示本课需学声母，下方则为"故事图"。图片展示了"h""g"的形状，通过"喝水、蝌蚪、白鸽"等动作、图像提示读音，以便学生借助图片编顺口溜识记声母，也可以通过讲述故事锻炼口语表达能力。音节部分以"一"带"多"，结合图片"西瓜"提示三拼音节"guā"的读音,又罗列两拼音节巩固旧知,同时改变三拼音节的声母,习得新知。随即,展示词语、认读字、儿歌,建立抽象拼音与具体汉字的联系。

总体而言,拼音单元学习内容的编排符合低段儿童的认知规律,旨在建立学生学习的方法路径。

(二)嵌入式(各学段)

部分单元的某些字词或语言材料等具有共同特点,因此可以按需进行梳理,将其内容归为"嵌入式"组织形式。嵌入式组织形式在各个学段均有涉及,其相关学习内容以散落的形式嵌入单元之中,嵌入其他任务群的任务之中,作为单元或任务群学习的一部分,同时又为更高阶的发展服务,在教学时可顺势展开。在教材中主要体现为随文识写字、材料的搜集和整理、语文园地中的日积月累板块、查字典等学习方法的指导。

1. 随文识字

不同于专门编排的识字单元,嵌入式组织形式下的积累与梳理的主体内容是识字、写字,以及对词语的理解和积累。大部分汉字、词语的学习是嵌入课文学习中的,通常随文本的学习而展开。教师相机点拨,学生调动已有知识、识字方法,完成新内容的学习。随文识字贯穿统编版小学教材的始终,在各个年级、单元均有涉及。

以一年级下册八单元为例,本单元围绕"问号"编排了《棉花姑娘》《咕咚》《小壁虎借尾巴》三篇课文。从选文来看,它在课程上属于"文学阅读与创意表达"和"思辨性阅读与表达"两个任务群,涉及"语言文字积累与梳理"的相关内容则嵌入其中。教学时要引导学生掌握"借助读物中的图画阅读"这一方法,并在一年级上册借助图画猜字、认字、读懂课文的基础上,继续发展学生的独立识字和阅读能力。《咕咚》一课的教学要结合图片与上下文猜字、认字。《小壁虎借尾巴》要借助偏旁表义的特点了解字义并通过交流"是怎么猜出来的"提炼猜读的方法。[1] 以李萍的《借助图画"猜读"故事——一年级下册〈咕咚〉第一课时教学设计》为例:

(1)板书课题。小朋友们,请看老师写课题。(板书:咕咚)

(2)猜读课题。谁来读一读?你怎么猜出这两个生字的?请根据这两个字的偏旁,猜一猜它们是什么意思吧。

(3)验证猜想。出示课文第一自然段和第一幅插图。

---

[1] 李萍. 借助图画"猜读"故事:一年级下册《咕咚》第一课时教学设计 [J]. 教学月刊小学版(语文),2020(6):34-35.

木瓜熟了。一个木瓜从高高的树上掉进湖里，咕咚！

①图文结合。看着图，再读句子，你猜到"咕咚"是什么了吗？原来"咕咚"就是木瓜掉到水里发出的声音，所以这两个字都是"口字旁"。

②认识生字。熟：比较识字法，辨析"熟"与"热"；掉：结合语境理解意思。

（4）总结方法。当遇到不认识的字时，可以根据形声字的构字特点猜测读音、意思。再结合插图，联系上下文，验证自己的想法。这是一种认字的好方法。

2. 资料梳理

语言运用是语文学科的核心素养之一，它包括对语言信息进行搜集、加工、处理和运用的能力。"资料"作为一种"语言信息"，在统编小学语文教材中大量存在，类型丰富，是学生积累语言材料和语言经验、掌握语言运用规范的重要途径，也链接课内外阅读，在培养阅读能力与习惯上有积极意义。因此，统编版小学语文教材中设置了"搜集和处理资料"这一语文要素（见表6-2）。其主要特点有以下两点。

第一，呈现形式多样。绝大多数以"阅读链接""资料袋""习作""口语交际""综合性学习"等显性的方式出现，少数以隐性的方式分布在教材的"课后习题"、略读文的"自学提示"及"口语交际"中。

第二，内容由浅及深。第二学段重在资料的"呈现"与"搜集"，旨在初步培养学生搜集资料的意识。编排大量"资料袋""阅读链接"，极少提出具体要求。出现在"课后题"中的"资料"大多停留在"查阅"层面上。① 第三学段则对学生搜集、梳理资料的能力有了更高的要求。高段教材编入更多的"阅读链接"，并提出更多阅读要求；同时，在"课后习题""自学提示"等板块也更直接地提出了对资料的理解和运用要求。因此，第三学段更注重资料的"利用"，让资料为语文学习服务。有关"搜集和处理资料"的编排呈现由浅及深、由易到难、螺旋上升的特点。而且，始终为单元的语文要素服务。

---

① 张萍. 统编小学语文教材"资料元素"的编排特点及教学建议［J］. 语文天地，2022（12）：2-3.

表 6-2　统编教材中二、三学段"资料"（部分）梳理表

学段	课文	与"资料"有关的内容	备注
第二学段	《为中华之崛起而读书》	课后题：课文多次出现了"中华不振"这个词语，查阅资料了解当时的社会状况，结合周恩来写的诗，理解他立下此志向的原因	资料搜集
	《梅兰芳蓄须》	略读课文的学习提示：查找资料，深入了解这位京剧大师。 阅读链接：田野《难忘的一课》	资料搜集；资料呈现
	《延安，我把你追寻》	略读课文的学习提示：如果有不懂的内容，如"南泥湾开荒""杨家岭讲话"，可以查找相关资料帮助理解	资料搜集
	《琥珀》	阅读链接：王文利《琥珀物语》	资料呈现
	《飞向蓝天的恐龙》	资料袋：解释鸟类起源的假说	资料呈现
	《纳米技术就在我们身边》	课后题：结合课文内容和查找的资料，说说你的理解	资料搜集，指向"利用"
	《千年梦圆在今朝》	略读课文学习提示：查找相关资料，了解我国在航天领域的最新成就	资料搜集
第三学段	《少年中国说》	课后题：读读为国家富强而奋斗的杰出人物故事，和同学做一份手抄报	资料搜集
	《圆明园的毁灭》	课后题：结合相关资料，理解关键句 阅读链接：《七子之歌》（节选）《和平宣言》（节选）	资料搜集，指向"利用"
	《小岛》	结合相关资料，了解我国守岛部队的生活	资料搜集
	《松鼠》	课后题：结合《中国大百科全书》中的句子，找出课文中相应的句子，体会表达上的不同	资料搜集，指向"利用"（落实语文要素：搜集资料，用恰当的说明方法，把某一种事物介绍清楚）
	习作	搜集相关资料，介绍一种事物	
	《好的故事》	阅读链接：冯雪峰《论〈野草〉》，李何林《鲁迅〈野草〉注解》	资料呈现；资料搜集，指向"利用"（落实语文要素：借助相关资料，理解课文主要内容）
	《有的人》	结合课文和查找的资料，说说鲁迅是一个怎样的人	

3. 方法统整

统编教材重视单元内学习方法的统整，多个单元涉及了学习方法的教学，如预测故事内容、观察方法、提问策略、提高阅读速度方法的习得等。同时，设置清晰的学习路径引导学生从发现方法到习得方法，再到迁移运用，促进学生语文综合素养的提升。

以四年级上册第三单元为例，本单元编排的《古诗三首》《爬山虎的脚》《蟋蟀的住宅》三篇课文，旨在通过对文本的学习引导学生梳理、总结观察的方法，并鼓励学生迁移运用。《爬山虎的脚》一文中，"资料袋"的呈现旨在教会学生两种观察记录的形式，即"图文结合"与"做表格"。《蟋蟀的住宅》一文中，"阅读链接"的呈现旨在引导学生了解观察日记的格式及内容。统编教材通过上述路径帮助学生习得学习方法。课文习得一定的方法，"资料袋、阅读链接"进行相应的补充或实例呈现。通过"方法的统整"，学生由"知"到"会"，最后能"用"。

4. 工具使用

工具能拓宽语言文字积累的渠道，并为学生梳理、探究语言文字提供帮助，为语言文字的运用奠基，是学生进行语文实践活动的重要帮手。统编版教材重视培养学生使用工具进行自主学习的能力，多个单元包含"工具使用"这一内容。

工具包括信息收集的工具，如电子书、网页、微博、电子邮件、QQ、微信、电子书包、搜索引擎等。学生根据需要，灵活地使用信息收集的工具，可拓宽学生学习的广度。

工具还包括识字认字的工具，即字典，它对学生识字学词明义具有重要作用。学生主要通过两种方式认字：音序查字法和部首查字法。拼音是工具的延续，是使用音序查字法的必备部分。因此，在一年级下册语文园地三教授音序查字法的三个步骤，既和拼音相勾连，又符合一年级学生的学习特点。部首查字法与汉字的"形"紧密结合，在二年级上册语文园地二教授部首查字法的方法，引导学生借助识字工具，培养勤查字典的好习惯。通过字典使用两种查字法，学生便能主动积累，将汉字的音形义统一起来，为今后更高水平的发展奠定基础。

（三）综合式（中高段）

"综合式"组织形式是指在教材中编排的综合性学习单元。语文综合性学习是综合实践活动课程在语文学科中的体现，强调识字与写字、阅读与鉴赏、表达与交流、梳理与探究的综合运用，听说读写能力的协调发展，课堂学习与多形式实践活动的紧密结合,因此可以归入基础型任务群学习。

统编义务教科书小学语文从三年级开始,每个年级下册都安排了综合性学习内容,以"与单元内容整合形式""设置专门单元"两种方式呈现(见表6-3)。

"与单元内容整合形式"指"中华传统节日"和"轻叩诗歌大门""奋斗的历程"三次综合性学习,不是以单独组元形式出现,而是编排在普通阅读教学单元后,与阅读教学单元整合在一起,内设"活动提示"。

"设置专门单元"则指"遨游汉字王国"和"难忘小学生活"两次综合性学习,以单独组元的形式出现,内设"活动建议"和"阅读材料"。

表6-3 统编教材中语文综合性学习梳理表

单元	活动内容	学习要求	编排形式
三年级下册第三单元	中华传统节日	知晓诗中节日习俗(积累);描写过节的过程、节日中印象深刻的事(梳理、运用);小组合作,开展传统节日的相关活动(运用)	与单元内容整合形式
四年级下册第三单元	轻叩诗歌大门	收集诗歌(积累)、创作诗歌(探究、运用)、合作编小诗集(梳理、运用)、举办诗歌朗诵会(运用),感受现代诗的魅力	
六年级下册第四单元	奋斗的历程	结合资料,开展阅读分享会(积累、梳理),制作小诗集(运用)、写一写自己的心愿(运用),加深学生对党的奋斗历程的情感体验	
五年级下册第三单元	遨游汉字王国	学习搜集资料的基本方法(积累),撰写研究性报告(梳理、探究、运用),了解汉字文化	设置专门单元
六年级下册第六单元	难忘小学生活	制作成长纪念册(梳理、运用),策划毕业联欢会(梳理),写毕业赠言和书信(运用),纪念小学生活	

以上五次综合性学习难度呈梯度上升。从内容上看,融合的知识越来越多,资料搜集的范围越来越广,由明确的指向走向围绕一个点自由搜集整合。如三年级下册的中华传统节日明确指向和传统节日相关的资料,如习俗、故事等。四年级下册第三单元明确指向"现代诗",进行摘抄、自主创作等。而到了高段,资料搜集的范围更加广泛,需要自己明确方向、筛选梳理。从能力发展上

看，能力层级逐渐提升。中段的综合性学习更多的是资料的搜集与呈现，停留在查阅层面，初步尝试创作。到了高段，则指向资料的理解和运用，聚焦内化和利用，并进行主动有为的创作。在综合性实践活动中，学生之间的合作也更加深入紧密。

二、教学设计：紧扣语用，分型设计

设计"语言文字积累与梳理"任务群时，须从本任务群的内涵出发，依据课标理念和内容组织与呈现方式，明晰基础型任务群设计的四个关键要素，即"学习主题""学习情境""学习任务""学习活动"。

学习主题：是对主要学习内容的概括性表述，解决为什么学习，学习什么，以及如何运用的问题。结合统编教材单元编排特点，基础型任务群主题的设定要能凝练和体现"言语运用"到"传承母语"这一素养主题。

学习情境：在新课标理念下，学生往往在真实或模拟真实的情境中开展学习。陈春雯将"学习情境"定义为为了教学目标而精心设计的包含一定学习元素和相关背景信息的语文学习任务、活动或问题场景。① 情境的创设往往要围绕单元内容、语文要素、整合听说读写等言语实践行为，以任务推进的探究学习方式，让学生经历具身性的学习体验。

学习任务：任务是学习的载体。学习任务则是在学习主题的统领下，在学习情境中整合、重组学习内容，将学习内容拆解为多个学习任务，学生在完成任务的过程中习得知识、发展能力。

学习活动：围绕特定学习主题，在任务的支持下，围绕学习内容、教学目标开展的习得新知的系列活动，主要有识字与写字、阅读与鉴赏、表达与交流、梳理与探究。整合听说读写等言语学习，把语言知识的学习融入活动之中。

"语言文字积累与梳理"任务群的最终目的要指向正确价值观、必备品格和关键能力，培养学生的文化自信、语言运用、思维能力和审美创造。

针对以下三种组织形式设计的"语言文字积累与梳理"任务群，均围绕"学习主题""学习情境""学习任务""学习活动"等关键要素展开。

（一）集中式

新《课标》指出，识字写字是第一学段的教学重点，是阅读、说话、习作的基础。因此，低段的集中式主题学习单元任务群实施应从借助拼音、运用多

---

① 陈春雯. 如何设计富有意义的小学语文学习情境［J］. 小学教学设计，2024（Z1）：10-12，16.

种方法识字开始。重在识字写字，发展独立识字的能力，积累语言材料和语言经验。可通过以下三个步骤在教学设计中落实"语言文字积累与梳理"的课程内容。

1. 剖析学习材料共性，创设学习主题

针对低段学生识字量小、自主学习能力薄弱、尚不能处理复杂的语言信息的情况，故在集中式组织形式下，教材单元聚焦明确的主题，选用符合该学段学生水平的学习材料。基于学生生活和学习的需要，在小学低段创设基础型学习任务群时，可按以下步骤进行。

（1）进行教材分析，确定单元目标

"主题"是"人文主题"和"语文要素"高度概括的体现，因此，任务群设计的第一步便是围绕人文主题和语文要素，进行细致的教材分析，确定单元教学目标，明确单元核心问题。

以二年级下册第三单元为例，本单元为"识字单元"，围绕"传统文化"主题编排了《神州谣》《传统节日》《"贝"的故事》《中国美食》4篇课文，分别从歌谣、节日、汉字、美食等不同角度展现了"中华传统文化"的内涵。本单元的语文要素是"形声字识字"。课文形式活泼、内容丰富，便于引导学生在不同语境中识字学词，激发学生识字兴趣。为充分展现形声字形旁表义的构字规律，教材在课文和语文园地设计了多维度的训练。在《"贝"的故事》课后练习中，看图猜加点字的偏旁与什么有关；在语文园地"字词句运用"板块，运用形声字的构字规律猜测字义。在《中国美食》课后练习中，发现带"火"和"灬"的字多与"火"有关；在"我的发现"板块，发现"心"和"忄"多与"情感、心理"有关，"刀"和"刂"字旁多与"刀或切割"有关。

通过对人文主题、语文要素、教学内容的梳理，明确本单元的教学目标：第一，认识67个生字，读准2个多音字，会写36个字和37个词语。第二，能利用韵语、形旁与字义的联系识字，借助图片识字。第三，能在语言环境中初步感受"奔、涌、长、耸"的表达效果；能说出用"炒、烤、烧"等方法制作的美食。第四，积累"华夏儿女、炎黄子孙"等词语。第五，朗读《神州谣》，能背诵《传统节日》，初步感受祖国山河的壮美和文化的悠久。第六，能讲汉字"贝"的故事，初步感受汉字的魅力。

（2）围绕单元目标，确定任务群主题

确定单元目标后，便能结合目标，确定本单元的核心知识、核心问题。从"核心"入手，方可确定学习主题。

以二年级下册第三单元为例，通过梳理可知，本单元的核心知识为"在不同语境中运用形声字的构字规律识字"。核心问题为"如何指导学生运用多种方法认识形声字，如何让学生感受传统文化的魅力"。此外，还应联系学生的生活经验、考虑学生以"无意注意"为主的心理特点创设趣味情境。据此，二年级下册第三单元的任务主题可定为"中华文化小小传承人——形声字探秘之旅"。

2. 结合学习主题，创设学习情境

学习情境应围绕学习主题创设。在创设学习情境时，应与学情（学生的学习心理、生活经验）、语文要素对接，构建富有学科意义的学习情境，使学生获得既有趣味，又不失语文味的学习体验。如二年级下册第三单元为识字单元，大主题为"中华文化小小传承人——形声字探秘之旅"。综合考虑学情、语文要素，即"学生对美食感兴趣，但形声字识字教学比较枯燥，学生学习注意力易分散"的特点，在《中国美食》中创设情境"走进中华美食城，探秘舌尖上的中国"。学生在趣味情境中进行了语言的学习和积累，加深了对形声字构字规律的认识，又感悟中华美食文化的深奥。

3. 结合学习内容，设置学习任务

针对学习内容，设计与之相符的任务，任务指向单元核心知识的落实和核心问题的解决。

以二年级下册第三单元为例，在大主题的统领下，设计和"形声字、传统文化"相关联的学习任务。

任务一：我的中国心：感悟汉字的神奇。

任务二：我们过大节：领悟节日的魅力。

任务三：文字考古行——汉字变变变。

任务四：舌尖上的中国——探究偏旁之秘。

4. 设计学习活动，落实单元目标

在主题的统领下，在任务的引领下，整合单元学习内容、资源、方法，设计有价值、有趣味的学习活动，促进学生达成识字写字要求、习得新知，落实单元目标，进而培养学生的语文素养。

以二年级下册第三单元任务二为例，围绕核心主题设计以下不同形式的活动。

活动一：学玩结合识节日。第一，结合韵文《传统节日》识记节日名称，记住"春节、元宵节、清明节、端午节、乞巧节、中秋节、重阳节"7个重要的传统节日名称，认读"传、统、宵、乞、巧"5个生字，并利用"声旁表音、形旁表义"的构字规律来识记前4个形声字。再以"赏花灯、品汤圆"等游戏闯关形式，引导学生边读边玩，学习生字。第二，明确节日时间。学生结合生活经验，或提前查阅资料，了解传统节日的时间。再通过"顺口溜、时间盘"

等形式在玩中记住时间。

活动二：寻根究底知习俗。第一，识记习俗名称。学生在文中勾画相关节日的习俗，教师顺势播放象形字"舟"、会意字"祭"的演变过程，让学生记住字形、字义。第二，了解多种习俗。学生结合生活经验以及自己查阅的资料（来历、习俗、故事、诗文、歌曲等）加深对传统节日的了解。通过画画节日小报、诵诵节日诗歌、讲讲节日故事等趣味十足的实践活动，让学生感悟传统文化的魅力。

活动三：开开心心说节日。在此活动中，有了前期的铺垫，学生能介绍自己最感兴趣的传统节日，分享自己印象深刻的过节经历。

通过上述形式多样且行之有效的学习活动，学生既掌握了识字方法，又能成为中华优秀传统文化的传承者和弘扬者。

（二）嵌入式

在"嵌入式"组织形式中，"语言文字积累与梳理"任务群与其他任务群交叉融合。通常而言，该组织形式下的任务群重点不在识字写字，而是由字过渡到词句段篇，重在积累语言材料和语言经验。有关"语言文字积累与梳理"的相关内容散落在单元学习材料之中，需要教师将其进行搜集整理，避免散点式的学习。"嵌入式"组织形式下的基础型任务群创设可以参考以下环节设计。

环节一：对标课标和单元学习要求，确定"语言文字积累与梳理"任务群的目标、主题、情境。以三年级下册第一单元为例，该单元以"可爱的生灵"为主题，编排了《绝句》《惠崇春江晚景》《三衢道中》三首古诗以及《燕子》《荷花》《昆虫备忘录》三篇课文，多角度展现了大自然中生灵的可爱和美丽。本单元的语文要素是"试着一边读一边想象画面。体会优美生动的语句"。通过梳理，将任务群的目标定为认识生字、词语、多音字，边读边想象画面，积累文中优美生动的语句并与同学交流，能仿照例句进行自主表达。本任务群主题定为亲近可爱生灵，感受自然之美。学习情境便可设置为云游赏景，欣赏自然之美，感受生灵的可爱，同时，选出文字品鉴家。

环节二：根据目标主题，设置任务活动，展开学习。任务的设置应紧紧围绕主题，分点式实现教学目标。

以三年级下册第一单元为例，可设置以下任务，使学生体会生灵的可爱、感受自然的美，充分体会课文中优美生动的句子，丰富自己的语言积累。

任务一：诗画交融——品诗中美景。赏浣花溪春日美景；品江南早春风景；游三衢山，赏风光。以上活动围绕借助注释插图了解诗句意思，想象画面展开，说说诗中描绘景象。既能积累优秀古诗文，又能锻炼表达能力。

任务二：春之精灵——寻春天信使。结合线索，寻找信使；走进信使，记录剪影。围绕感受燕子的外形和春天的光彩夺目，指向积累优美生动的语言材料。

任务三：夏日仙子——与荷花共舞。来到公园，欣赏荷花；化身为荷，与荷共舞。活动围绕想象画面，体会荷花之美；仿照写荷花不同样子的句子，写写自己喜欢的植物展开，从积累优美生动的语言材料发展至学习表达方法，迁移运用语言材料，掌握语言文字运用规范，提升表达质量。

任务四：昆虫王国——访身边精灵。整理行囊，准备出发；进入昆虫王国，探索昆虫秘密。围绕了解主要内容，发现昆虫的秘密；想象画面，体会有趣的语句展开，指向积累梳理语言材料。

（三）综合式

综合性学习单元围绕"活动"展开，旨在培养学生的语文综合能力，以语言文字的积累和梳理为基础，以探究和运用为主。设计任务群时应充分考虑单元内容、材料资源、活动提示等要素，进行融合和统整，以任务式学习方式逐一推进，帮助学生完成综合性学习任务，实现单元学习的目标。在"综合式"主题学习单元，可通过以下步骤在教学设计中落实"语言文字积累与梳理"的课程内容。

1. 结合单元内容、综合性学习活动，确立主题、情境

在设计学习任务群主题时，需重点关注学生要达成的语文学习目标在实际生活中的运用。主题应将语文学习内容、学生主体和日常生活联系起来，在主题、情境互动中帮助学生提高学习能力。因此，要分析单元学习内容，将课文所学与综合性学习活动串联起来。

以统编版小学语文四年级下册第三单元为例，本单元的人文主题是"诗歌之美"。该单元为现代诗学习单元，选编了不同作家、不同风格的四首中外现代诗歌作品，旨在引导学生走进丰富多彩的诗歌世界，提升审美鉴赏能力。冰心的《短诗三首》写出了对母亲的依恋；艾青的《绿》写出了对"绿"的感受和热爱；苏联诗人叶赛宁的《白桦》表达了对具有白桦精神的守林人的赞美。戴望舒的《在天晴了的时候》表达了对雨后景物的喜爱和赞美之情。语文要素是"初步了解现代诗的一些特点，体会诗歌表达的情感"。教学时应引导学生感受这些诗句蕴藏的情感，丰富积累和体验。

综合性学习活动为"轻叩诗歌大门"，包含编诗集和举办诗歌朗诵会两个活动。在准备阶段，学生想要编写诗集，需收集资料，初步学习整理资料的方法。本单元课后题安排了收集诗歌、制作摘抄本的内容。如《短诗三首》的课后题：

"收集喜欢的现代诗。准备一个摘抄本,把它们工整地抄写下来,注意写清楚作者和出处。"《白桦》的课后题布置了收集诗歌,交流自己的摘抄要求。在推进阶段,则要求学生试着写诗,表达独特的情感。在成果阶段,则要求学生进一步根据需要整理资料,并通过合作编诗集、办诗歌朗诵会等方式展示成果。

结合上述分析,将此次"语言文字积累与梳理"任务群的主题为"我手写我诗,我诗诉我情"。

2. 重组学习内容,制订学习任务

在对单元学习内容逐一分析后,将单元内容重组,将资料搜集这一要求分布在各个任务中,为最终完成综合实践活动奠基。

以四年级下册第三单元为例,可将以下内容重组,并制订学习任务。

任务一:赏诗歌之美(重组内容:《白桦》《短诗三首》《绿》《在天晴了的时候》)。

任务二:悟诗歌之美(重组内容:《短诗三首》《绿》和活动提示一)。

任务三:创诗歌之美(重组内容:《在天晴了的时候》和活动提示二)。

任务四:展诗歌之美。

3. 围绕任务,开展活动,汇成成果

综合实践活动并不是一蹴而就的,而是围绕"任务",将综合实践活动拆解为单个环节,融入多种"语文活动"中。最终,以多种形式展现成果。以四年级下册第三单元为例,围绕"任务"设计以下不同形式的活动(见表6-4)。

表6-4 "我手写我诗,我诗诉我情"活动表

任务序列	语文活动	综合实践活动"部分成果"
任务一:赏诗歌之美	1. 对比中感受现代诗的格式自由之美。 2. 诵读中领悟现代诗的音韵节奏之美。 3. 想象中品味现代诗的画面之美。 4. 联结中体悟现代诗的情感之美。 5. 搜集并摘抄"咏物抒情诗"或自己感兴趣的现代诗	现代诗推荐会
任务二:悟诗歌之美	1. 结合诗人的所看、所闻、所想,诵读、想象、体会画面美和情感美。 2. 借助现代诗的创作背景和诗人的人生经历深刻领会主题。 3. 形成小组,进行编制诗集的准备工作	汇编诗集准备工作

续表

任务序列	语文活动	综合实践活动"部分成果"
任务三：创诗歌之美	1. 有感情地朗读诗歌，读出诗歌的音韵美，感受朗读的乐趣。 2. 联系生活，用小诗的形式写一写雨过天晴的景象，或发挥想象，自主创作诗歌，创意表达。	分工合作，编制诗集（封面、目录、内容、形式）
任务四：展诗歌之美	1. 能根据诗歌内容，用诵读的方式表达情感。 2. 能在活动中主动承担任务，与他人合作，展现和锻炼综合能力。	诗歌朗诵会

三、教学评价：基于语用，多元评价

客观科学地评估学生在"基础型学习任务群"的学习，才能达成教学评一致。评估重点应该指向语言积累与梳理，通过教师、学生、伙伴等多元化评价主体，开展过程性评价和阶段性评价。

（一）过程性评价

"语言文字的积累和梳理"学习任务群的过程性评价，是指评价学生在"识字与写字""阅读与鉴赏""表达与交流""梳理与探究"的语文实践活动中，表现出积累、梳理、探究、运用语言材料和语言经验的基本能力。

1. 积累

教师和学生可以在积累过程中对积累的内容、积累的速度、在积累中表现出的辨识与提取的能力进行过程性评价。

例如，三年级下册第一单元"可爱的生灵"，语文要素为"体会优美生动的语句"。第二课《燕子》，第三课《荷花》中都有找出课文中优美生动的语句，第四课《昆虫备忘录》中有说说你感兴趣的内容。在完成积累作业时，学生和教师都可以开展过程性评价（见表6-5）。

表6-5 师生就"可爱的生灵"单元开展过程性评价

学生维度（学生评价）		我的积累（辨识）	摘抄时长（提取）	完成情况（自我评估）
可爱的生灵	《燕子》			
	《荷花》			
	《昆虫备忘录》			
教师维度（教师评价）				

2. 梳理

学生积累梳理语言材料和语言经验时，对内容、方法等进行归类与整理，并在分析比较、归纳总结中提升思维能力，对这个过程可以开展过程性的评价。

例如，二年级下册第三单元是围绕"传统文化"主题的识字单元，学生在积累汉字的基础上，还要学习构字规律，并且能在老师的带领下，对形声字的偏旁进行归类整理。在学习时，可以先回顾已经学习过的偏旁和带这个偏旁的形声字，再开展本单元的学习。在学习过程中，可以从以下方面对学生进行过程性评价：按照偏旁梳理汉字，说偏旁意思，结合偏旁识字，根据偏旁猜字等。

3. 探究

学生在学习过程中，能够对某一问题进行深入的思考和研究，最终发现其中蕴含的语言规律。在这一过程中，可以对学生探究问题、发现规律的过程进行评价。

例如，三年级下册第四单元的《蜜蜂》一课，在阅读与积累的基础上，理解课文意思，梳理实验过程，进而去体会运用不确定词语保证语言表述的严谨（见表6-6）。

表6-6 《蜜蜂》问题探究

	发现	评价	评价过程
这些加点词语的意思			理解词语——感悟表达
通过这些词语我体会到了什么			严谨——探究规律
我还能在课文中圈画出这样的词语			

4. 运用

运用是指学生在积累梳理的基础上，能够对语文知识和语文规律迁移运用。在这一过程中，可以对学生内化、迁移、运用的部分开展评价。

例如，三年级下册第三单元中安排了"综合性学习"内容，在第九课、第十课课后和语文园地前安排了综合性学习的活动提示（见图6-8、图6-9、图6-10）。在本单元的综合性学习中，"运用"能力是逐层提升的，可以分阶段进行过程性评价。

让我们开展一次综合性学习活动，了解我国的重要传统节日，以及节日的习俗。自由组成小组，先商量一下，打算了解哪些传统节日，怎么了解，用什么方式记录，然后各自开展活动。

> 第一阶段：第九课课后
> 活动内容：组成小组，分工收集资料
> 能力指向：材料的积累与梳理，信息内化
> 过程性评价：☆☆☆☆

图 6-8　第九课课后综合性活动提示

你们小组开展了哪些活动？了解了哪些传统节日？小组内交流一下。

整理收集到的资料，再商量商量，打算怎样展示活动的成果，还可以补充哪些资料。

> 第二阶段：第十课课后
> 活动内容：小组交流，讨论成果展示方式
> 能力指向：信息材料转化，探究
> 过程性评价：☆☆☆☆

图 6-9　第十课课后综合性活动提示

展示成果时，本组的同学可以补充，其他小组的同学可以提问，最后评一评哪个小组的活动开展得好。

> 第三阶段：综合性学习
> 活动内容：展示分享各种形式的学习成果
> 能力指向：探究、运用
> 过程性评价：☆☆☆☆

图 6-10　语文园地前综合性活动提示

（二）阶段性评价

阶段性评价指在进行阶段性语文学习后，对教师是否达成教学目标，学生是否形成语文能力，提升核心素养进行评价。

在语文实践活动中，"语言文字积累与梳理"四个层级的能力并非独立存在的，而是呈现一种复杂的，彼此促进，螺旋上升的状态。积累是基础，是对信息的辨识与提取，表现形式也多种多样，可以是识记、朗读、背诵等；梳理是在积累的基础上对材料进行归类、整理、总结、统整等；探究是以积累为基础，梳理为方法，进而探索、发现语言规律，达到发展思维的目的；积累、梳理、探究均要以实现语言文字的运用为前提。最终培养能规范使用语言文字、热爱中华优秀传统文化、传承母语的人（见表6-7）。

表 6-7　从能力和素养维度进行阶段性评价

	单元语文要素解析	能力要求	阶段性评价
能力评估	《古诗三首》结合注释和相关资料，理解诗句意思	积累：结合资料，理解古诗意思，积累古诗	
	《少年中国说》（节选）结合资料，了解写作背景；查找资料，体会人物情感	梳理：对资料内容进行分类梳理 探究：对查资料的方法进行探究	
	《圆明园的毁灭》查找资料，了解历史，体会作者痛惜之情	探究：如何借助资料，体会人物情感	
	《小岛》结合资料，了解部队生活，感受战士爱国情怀	探究、运用：自主查阅资料，能做到迁移运用	
	核心素养解析		阶段性评价
素养评估	语言运用：能通过主动的积累、梳理，学习查资料的方法		
	思维能力：在学习过程中，能对资料内容进行比较分析、归类整理，形成积极的思考习惯		
	审美创造：在学习单元内容时，通过体会古诗内容、文章人物情感，感受语言文字之美		
	文化自信：通过本单元的学习，了解中华文化，培养传承母语的人		

因此，在阶段性语文学习之后，可以从能力和素养维度，对学生进行阶段性评价。例如：五年级上册第四单元"爱国情怀"，语文要素是"结合资料，体会课文表达的思想感情"。本单元编排了三篇精读课文和一篇略读课文，第十二课《古诗三首》要求学生能结合资料深入理解课文内容，能力要求重在积累。第十三课《少年中国说》（节选）引导学生结合资料了解写作背景，理解课文意思，并通过查资料，了解杰出人物故事，了解中国人强国梦想，能力要求除了积累，还要能对资料进行分类梳理，运用查资料的方法进行探究。第十四课《圆明园的毁灭》引导学生查阅资料，了解历史，感受作者情感，能力要求也是探究。第十五课《小岛》要求学生自主学习，通过资料感受海防战士的爱国情怀，在前面学习的基础上，学习查阅资料的方法，并能把这种方法进行转化、迁移、运用，学会结合不同的材料类型，了解写作背景，理解文章内容，体会思想感情，能力要求是探究、运用。学生通过对本单元的学习，学会运用查找资料的方法体会文章的思想感情，同时也结合课文与资料，了解历史，感受语言文字的精彩，形成深厚的文化底蕴，做传承母语的人（见表6-8）。

表 6-8 "语言文字积累与梳理"课堂教学评价量表

一级指标	二级指标	指标描述	分值（总分100）
文以载道（教材解读结构化）	价值取向（10分）	1. 发挥语言文字在传承与发展中华优秀传统文化中的重要作用（5分）	
		2. 凸显语言运用在语文核心素养中的基础地位（5分）	
	文本解读（20分）	1. 能够根据语言文字材料与学习任务群的关联程度解析学习任务群的组织形式：集中式、嵌入式、综合式，做到定性解读（6分）	
		2. 能把握学习任务群的主题，并厘清该任务群在语言文字学习序列中的能力要求，做到全面解读（7分）	
		3. 梳理学习任务群中的各类材料，做到准确解读（7分）	
以文传道（教学设计结构化）	学情分析（10分）	根据学生年龄及认知特点确定语言文字积累与梳理的内容	
	主题把握（10分）	能根据单元目标、语文要素、人文要素、能力要求等指标设计学习任务群主题	
	逻辑主线（10分）	1. 设计情景化的学习任务（5分）	
		2. 按照积累、梳理、探究、应用的能力层级有层次地开展教学活动（5分）	
	认知发展（10分）	1. 学生能正确规范运用语言文字，对国家通用语言文字具有深厚感情（5分）	
		2. 增强学生对祖国语言文字的热爱和对中华民族文化的理解（5分）	
以道化人（教学评价结构化）	手段方式（15分）	评价主体（教师、学生、同伴等）多元化；评价方式（过程性评价、阶段性评价等）多样化；评价工具（量表、作业、测评等）实效化	
	教学效果（15分）	学生能积累语言材料和语言经验，在积累的基础上逐步学会梳理，探究领悟语言文字运用的规律，正确规范运用语言	

四、教学案例

语言文字积累与梳理
——以统编小学语文教科书一年级上册第一单元为例

（一）单元教材解读

这是小学阶段第一个集中识字单元。本单元旨在引导学生认识简单的汉字，在学习文字的过程中积累、梳理多种识字方法，在实践活动中建构汉字思维，形成积累语言材料的习惯，从而提高学生识字能力，提升其学习汉字的兴趣，并引导学生将学到的汉字成果运用于阅读和生活，体会识字的价值，感受汉字的魅力。根据学段要求，本单元可以以"语言文字积累与梳理"进行任务群设计，从教学目标和文本特点来看，本单元属于"语言文字积累与梳理"任务群中的"集中式"。

1. 单元编排特点

教材编排了《天地人》《金木水火土》《口耳目手足》《日月山川》四篇识字课文以及"语文园地一""识字加油站"，内容丰富，渗透了看图识字、象形识字、联系生活识字等多种识字方法，配有形象直观的插图，让学生在有趣的情境中走入语文，乐于识字。

这是一年级入学以来第一个识字单元，从内容上分析，一年级上册以生活常用字为主，多为独体字，重在介绍象形字的构字特点、会意字的构字规律，开展识字教学重点在于"积累"。一年级下册的识字单元关注形声字的特点，在积累的基础上，对梳理提出了初步要求，按字形结构进行初步梳理。重在介绍"猜字谜、韵语、换一换、加一加、减一减"等多种识字方法，开展识字教学，重点在于运用多种方法识字。二年级上册的识字单元，对梳理提出了进一步要求，引导学生从课内到课外进行拓展。重在介绍相同偏旁汉字的衍生以及从字到词再到句子的组合，运用字的内在意义有联系的特点识字学文，探究从字到词、句子的组合。二年级下册的识字单元是识字综合实践的运用，重在介绍汉字的演变。让学生由浅到深学习知识，从而感受汉字的趣味性、意义性，进一步将所学的识字方法进行迁移运用。

2. 单元文本解读

本单元第一课《天地人》与第二课《金木水火土》共用插图，让学生通过观察图画、联系生活等方法识字；《口耳目手足》通过看图对照、联系生活等方法识字；《日月山川》采用图文对应，象形字识字。"语文园地一"包括积累识字方法、经典诗文，梳理笔顺规则，还编排了一首儿歌《剪窗花》，让学生在大人的帮助下，正确朗读《剪窗花》，感受传统文化的魅力。"你说我做"是小学阶段的第一次口语交际，嵌入"语文园地一"中，用图文结合的方式提示游戏的做法，以小贴士的形式提出交际要点：大声说，让别人听得见；注意听别人说话。引导学生大声说，大胆说，培养他们敢说的勇气。"快乐读书吧"通过四幅场景图和四段提示语教会学生阅读的方式，引导学生积极开展课外阅读，扩大阅读量，感受阅读的快乐。

（二）单元教学设计

我们以统编小学语文教科书一年级上册第一个识字单元为例，单元人文主题是"语文启蒙"，语文要素是"看图识字"，结合单元文本特点和教学目标，设计为"语言文字梳理与探究"学习任务群，具体设计如下。

学习主题：奇妙的汉字

学习情境：结合教材单元学习内容和资源，联系学生实际，让学生对识字写字充满兴趣和期待。我们可以创设"探索汉字的秘密"任务情境。

同学们，你知道我们中国人学习和运用的汉字，最早是怎么创造出来的吗？如果你发现了古人创造汉字的秘密，你不仅会佩服古人的智慧，还能够运用这样的智慧，认识更多的汉字呢。接下来，让我们一起踏上"探索汉字世界的秘密之旅"吧！

学习任务：

任务一：认识自然界中的汉字

听故事，了解汉字起源；借助课文和谜语诗认识自然界中的事物及自然现象。

任务二：寻找身体里的汉字

看图、联系生活识字；借助课后题及口语交际，创设游戏情境，互动交流，将识字运用到生活。

任务三：画出有意思的象形字

图文结合，识记字形，梳理象形的造字方法；联系教材，探究象形与汉字之间的关联。

任务四：认识书本里的汉字

积累语言材料和识字经验，开展读书活动。

学习资源：《仓颉造字》《天地人》《金木水火土》《口耳目手足》《日

月山川》和"语文园地一"。

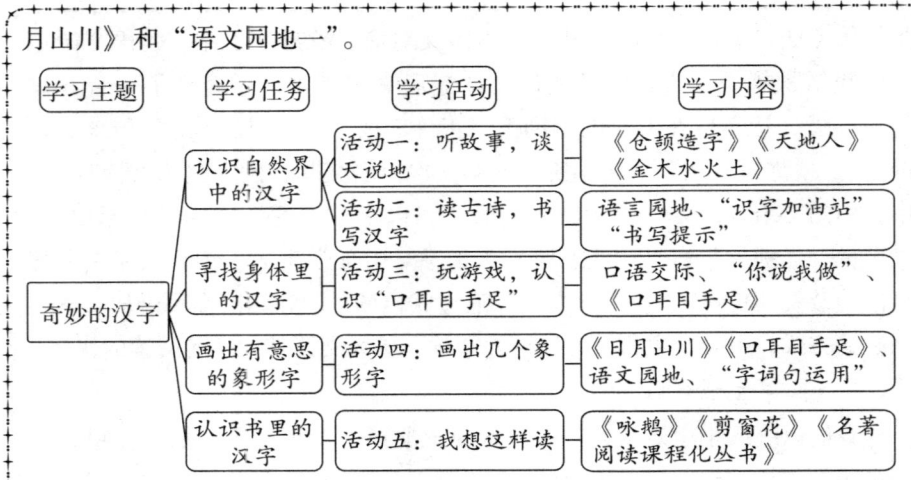

课时案例：

【学习任务三】画出有意思的象形字

【学习资源】《日月山川》

【学习目标】

1. 通过图文对照、字理识字、比较识字、游戏识字等多种识字方法，认识"日""月"等象形字，了解象形字"一个汉字一图画"的特点，初步感受汉字的文化内涵。

2. 通过微课，学习用尺子连线的方法，养成良好的书写作业习惯。

3. 学习书写生字"日"，发现书写横折时带小钩的秘密。

【学习过程】

学习活动一：猜一猜，走近象形字

1. 看图猜测象形字

（1）看图猜"日"字

这节课我们一起来玩一个猜字游戏。看老师画一画，猜猜是什么字？并说说这样猜的理由（学生自由说想法）。我们的古人也是这么想的。那时候，还没有汉字，古人把天上圆圆的太阳画下来，用来表示"太阳"。

（2）看图学词语

太阳也叫"日"，你看，太阳发出的光，叫"日光"；太阳从东方升起，叫"日出"；傍晚太阳从西边落下，又叫"日落"。（课件出示"日光""日出""日落"的图片及相应的词语。）这里还有几个带"日"的词语，一起认一认，读一读。（课件出示词语：日子、日期、节日）这些词语中的

"日"都表示什么？

我们的汉字原来是这样画出来的，真好玩。老师接着画，大家接着猜。这又是什么字？

说说你的理由。可是，月亮有时候是圆圆的，有时候是弯弯的，古人为什么不画圆圆的月亮，而画弯弯的月亮呢？

预设1：月亮弯的时候多，圆的时候少。

预设2：如果古人把圆圆的月亮画下来，就和太阳一样了。

小结：我们的古人多聪明！把弯弯的月亮画下来，不但可以分清"日"和"月"，还画出了月亮不断变化的特点。

2. 感知象形字特点

古人画下了圆圆的太阳、弯弯的月亮，这也成为最早的文字。随着时间的变化，这些像图画一样的汉字写成现在这样了。（课件出示"日""月"汉字演变）看一看现在的汉字和古人写的汉字，你有什么发现？

预设1：现在的汉字方方正正的。

预设2：汉字的样子和图画的样子很像。

小结：现在的汉字就是古人画的这些汉字慢慢变过来的，我们把这样根据事物样子画出来的字叫象形字。

【设计意图：《日月山川》是认识象形字的开始，也是入学后识字的启蒙课。为什么这些字是这个样子的，学生并不了解，这便是汉字启蒙该做的事。课堂从"猜字游戏"开始，让学生在猜一猜、玩一玩的过程中，了解"日""月"两字最早时的样子，初步感知象形字"观物取象、以象示意"的特点。】

学习活动二：对对碰，探究象形字

1. **伙伴合作，玩转汉字对对碰**

同桌两人合作，把图片、象形字和现在的汉字三者对对碰，比比哪组学习伙伴完成得又对又快。（同桌用学具袋中的图片、汉字卡片玩游戏，请一组学习伙伴到黑板上摆放）

【设计意图：游戏是孩子在幼儿时期主要的学习形式，有趣好玩的游戏能很好地吸引孩子快乐学习。安排古今汉字对对碰的游戏，让孩子在给汉字一一组对的过程中进一步发现汉字与事物之间的联系，利用象形字"一个汉字一幅图"的特点轻松识记汉字。】

2. **积累梳理，拓展学习象形字**

交流这样找朋友的理由。在交流反馈中重点落实以下学习活动：

（1）看图积累"山"的词语

　　这是一座山，你能从这座山上找到哪些带有"山"的词语。（课件出示"山"的图片）

　　预设：山顶、山坡、山腰、山脚、山谷、上山、下山、山花。

　　（2）看图积累"川"的词语

　　你观察到图片、象形字、汉字之间的联系了吗？（课件出示"川"的图片）

　　预设：撇和竖代表河的两岸，中间的一竖就是河水。

　　川指的就是河流，它和"山"在一起就是"山川"，就是高山和河流的意思。我们属于什么省？

　　预设：四川省。

　　3. 借助微课，培养用尺连线习惯

　　一个汉字一幅画，真有趣。相信课堂作业本中的第三题已经难不倒大家了。这是一道练习题，让尺子帮助我们把线连得直直的。（课件出示课堂作业）

　　（1）微课助学

　　先来学习怎样用尺子连线。一起来看看微课中小朋友是怎么用尺子连线的。（播放微课，镜头聚焦一位小朋友用尺子连线，画外音：左手按尺子，右手握铅笔，笔尖挨尺边，连成一直线。）

　　（2）练习连线

　　学着微课中的方法，用尺子和铅笔完成连线题。教师巡视，个别指导。

　　（3）反馈评价

　　汉字连线正确得★，握笔姿势正确得★，尺子画线笔直得★。

　　【设计意图：刚入学的学生，任何一项学习习惯的落实都需要一步一个脚印的引领。教会学生用尺子端正规范地完成连线题，是入学起始阶段不可忽视的重要习惯。用视频微课聚焦、定格的优势，能有效进行操作示范，再通过简洁明了的顺口溜帮助学生掌握连线要点，养成良好的书写和作业习惯。】

　　4. 小组合作，探究象形字秘密

　　汉字王国中还有许多有趣的象形字，它们也想让小朋友们帮忙找找它们的汉字朋友，小组合作完成游戏，并与小组伙伴分享你发现的象形字秘密（学生用学具袋中的汉字卡片"兔""鸟""竹""羊""木""网""鱼""伞"等图片找汉字朋友）。

　　【设计意图：经过前面两轮汉字游戏，孩子们对象形字有了一定认知。

在此基础上通过给另一组熟识度并不是很高的象形字找朋友的游戏，引导学生去观察发现汉字的字形与事物之间的联系，巩固"象形字是画出来"的这一特点。】

学习活动三：读绘本，爱上象形字

1. 看汉字动画片

这些像图画一样有趣的象形字跑到了一部动画片里，你看——（课件播放《三十六个字》视频短片）。

2. 读汉字绘本

这个动画片还改成了绘本，同桌两人合作一边猜象形字，一边读绘本故事。

3. 找象形字

故事中出现了好多象形字，你找到了哪几个？

4. 编汉字故事

用象形字组成图画，创编故事可真有趣，我们也来试试吧！小组合作用学具袋中的象形字卡拼图画，口头编故事。这个故事还没完，有兴趣的小朋友可以和爸爸妈妈继续阅读汉字绘本《三十六个字》，还可以结合着动画片来看，可有意思啦！

【设计意图：把好玩的象形字串联成一个有趣的故事，拓展运用绘本、动画片等丰富的学习资源，将"汉字是画出来的"这一特点具象化。同时，让孩子历经造字、用字的游戏，在汉字学习中发展语言表达，激发形象思维，感受汉字魅力。】

学习活动四：比一比，发现书写秘密

1. 比较发现横折笔锋钩

（1）观察比较"日""目"中的"横折"，说说发现。横折中带的小钩是书写时笔锋自然带出的钩，不用特意去钩，更不能钩得太长。

（2）观察比较"口"与"日""目"的区别，说说发现。"口"字里面没有笔画，同样是横折却没有带小钩。

2. 学习书写"日"字

（1）引导学生观察田字格中的"日"字，教师范写，提示书写要点。

按照笔顺，把字写正确；中间的横，写在横中线上，与右边的横折不相连；字形略长，横要短，竖要长。

（2）教师范写，学生练写。

（3）投影学生作品，教师根据书写提示的三个要点进行星级评价。

【设计意图：进行写字指导时，将汉字的书写要点说清楚，既能规范汉字的书写，又让学生养成"一看二想三动笔"的书写习惯。】

（三）单元学习评价

1. 过程性评价

（1）积累

本单元要求学生通过听读、字理、借助图片、联系生活、对比识记等方法识字，并能正确地朗读课文。在完成积累作业时，学生和同伴、教师和家长都可以参与过程性评价，以《金木水火土》为例。

《金木水火土》过程性评价单：

①我能大声、正确、通顺地朗读课文。

我给自己评价	☆☆☆☆☆
同学给我评价	☆☆☆☆☆
老师给我评价	☆☆☆☆☆

②我和同学一起玩"跳房子"游戏，跳到哪个格子，就读出格子里的字。

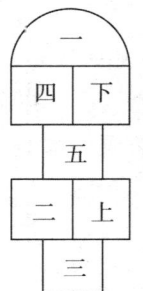

我给自己评价：☆☆☆☆☆
同学给我评价：☆☆☆☆☆

③我能观察图片，在田字格里正确地书写生字。

☐ 个小朋友　　☐ 个雪人

写字姿势正确	☆☆☆☆☆
书写工整	☆☆☆☆☆
笔顺正确	☆☆☆☆☆

（2）梳理

本单元还将培养学生良好的写字习惯，引导学生学习汉字的基本笔画和笔顺，对照田字格里的范字按笔顺正确书写，学习正确的写字姿势和执笔方法。以语文园地一"书写提示"为例。

"书法"小评委

书法小评委		评价	
书写效果	写"二""三"字时，做到"从上到下"	□是	□否
	写"十""禾"字时，做到先横后竖	□是	□否
	注意到了关键笔画（如三的第二笔写在横中线上，十的第二笔写在竖中线上）	□是	□否
书写姿势	坐姿正确，头正、肩平、足安	□是	□否
	执笔姿势正确，两点靠两点捏，手腕直，握笔高	□是	□否
	按笔顺书写	□是	□否

（3）探究

本单元还依托"快乐读书吧"引导学生联系生活经验探究阅读的基本途径，激发和大人一起读，乐于和大家分享阅读成果的兴趣。在探究过程中，可以让学生自己进行过程性评价。

"和大人一起读"自主阅读评价表

阅读时间：　　　　　　　阅读篇目：

阅读方式	自我评价
（请用"√"选择或补充）	（请用你喜欢的符号标记你达到的阅读要求）
1. 自由阅读　　□	1. 读音正确　　□
2. 配乐朗读　　□	2. 流畅自然　　□
3. 与家长合作朗读　　□	3. 根据阅读内容和节奏调整语速　　□
4. 其他方式　　□	4. 使用肢体语言增加表现力　　□

（4）运用

本单元通过课后习题创设实践活动，引导学生联系生活实际，了解身体部位的作用，通过做做说说，发展语言表达能力；还通过"口语交际"实践活动，以学生喜爱的游戏营造自然、轻松的交际氛围，引导学生大声说、大胆说。在本单元的学习中，"运用"能力是在游戏活动体现的，可以在游戏活动中进行过程性评价。

评价内容	评价标准	标准（涂色）		
		赞一下	还可以	要加油
大声说	1. 我能面向大家，放大声音发布指令	☆	☆	☆
注意听	2. 我能认真倾听别人的指令，并正确完成	☆	☆	☆

2. 阶段性评价

本单元人文主题是"语文启蒙",语文要素是"看图识字",教学包括以下任务:利用已有的生活经验,积累看图识字、字理识字、比较识记等多种识字方法及经典诗文,能力要求重在积累;梳理田字格的特点及汉字书写的笔顺规则,并按规则正确书写,能力要求重在梳理;《口耳目手足》课后题、"口语交际""快乐读书吧"让学生通过活动巩固运用汉字,在活动中探究汉字的价值,能力要求是探究、运用。本单元的每篇课文都承担了不同的素养发展要求,具体见"阶段性评价表"。

阶段性评价表

阶段性评价	素养导向	能力要求	评价内容	素养评价
	语言运用	积累	1. 识字:能正确认读"天、地、人"等40个生字,能用这些字口头组两个词语	
			2. 写字:能正确书写"一、二、三"等17个生字,能用这些字口头组两个词语	
			3. 朗读:能正确、通顺地朗读《天地人》等4篇课文及《咏鹅》《剪窗花》	
			4. 能积累听读、看图识字、字理识字、比较识记等多种识字方法	
	思维能力	梳理探究	1. 写字:能正确梳理并运用汉字"从上到下""从左到右"的书写规则	
			2. 阅读:能梳理出阅读的方式、途径等;能在"读书交流会"上分享自己读到的一个故事	
		运用	能借助汉字,说说身体部位的作用及生活物品的联系;能在"你说我做"游戏中感受汉字带来的语言魅力,知道大声说、认真听指令	
	审美创造	探究	在学习汉字过程中,能通过象形字的构字特点,初步了解汉字的创造美、形态美	
	文化自信	积累运用	了解古人"象形"造字的方式,会运用多样的识字方法识字,喜欢汉字,热爱汉字	

(此案例由成都市花园(国际)小学清波校区冉雨欣、江诗或提供)

第七章

发展性任务群结构化教学

第一节 实用性阅读与交流：培养生活中善于交流沟通的人

《课标》指出实用性阅读与交流学习任务群"旨在引导学生在语文实践活动中，通过倾听、阅读、观察，获取、整合有价值的信息，根据具体交际情境和交流对象，清楚得体表达，有效传递信息，满足家庭生活、学校生活、社会生活交流沟通需要"①，并将"实用性阅读与交流""文学阅读与创意表达""思辨性阅读与表达"并列为三大学习任务群。尽管这三者均以阅读为核心，但各有其独特的焦点和目标。"实用性阅读与交流"特别强调阅读材料的实用性及其在日常生活中的应用，侧重于培养学生在具体情境中有效沟通和信息传递的能力，让学生能适应现代社会的发展，健康成长。

《现代汉语词典》将"实用"定义为"有实际使用价值的"。因此，"实用性阅读与交流"不仅重在实践导向，也清晰界定了阅读与交流活动是为生活学语文。"实用性阅读"是信息的吸收过程，通过"倾听、阅读、观察"等手段，"获取并整合"在现实生活中有价值的信息。"实用性交流"是信息输出过程，强调在特定交际场景中，根据交流对象的需求，以得体且清晰的方式"表达思想、传递信息"。

在过往中，"实用性"特征体现不够充分，主要体现在两个层面：一方面，在课程内容的编排上，实用性文本的比重占比较小，课程内容多偏向于文学性文本。另一方面，在教学中，部分教师习惯性用教文学作品的方法来教实用性文本，忽略了这类文本特有的功能性和实际应用价值，使得教学内容与学生

---

① 中华人民共和国教育部. 义务教育语文课程标准：2022年版[S]. 北京：人民教育出版社，2022：23.

的日常生活实际相脱离,不利于学生运用语言文字有效参与社会生活的沟通交流。

开展针对性的"实用性阅读与交流"学习任务群实践学习,是为了更好地实现语文教学中工具性与人文性的有机统一。让学生掌握快速筛选信息、批判性思考、有效整合知识等能力,在日常生活中更好地理解和分析信息,提高人与人之间的交往能力和沟通水平,成为善于沟通交流的人(见图7-1)。

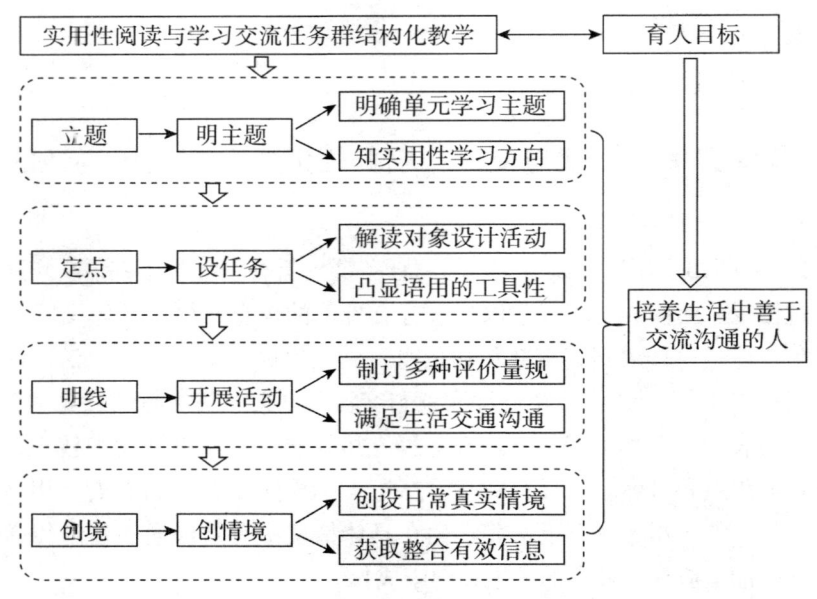

图 7-1　实用性阅读与交流教学模式

一、教材解读:把握文体特征,分析交际要素

实用性文本首先要解读它的实用性价值,明确以"做事为始",以"实用为终"的语用学习思路。具体来说,以"做事为始"就是学习国家通用的语言文字,满足日常听、说、读、写的需要,拥有适应社会生活的阅读能力和交流能力,能更好地解决生活问题;以"实用为终"就是教学指向"有用"的价值取向,满足学生"日常社会生活需要",形成"适应社会、服务社会的能力",让生活更幸福。根据任务群特点,其有特定的文体、交际对象、交流方式、场合、方法、路径等。

要明晰阅读与交流定位。"实用性阅读"强调在真实情境中获取、整合、理解信息的能力,要求学生能够从文本中提炼出解决问题的关键信息,掌握实用文体的结构特点和语言表达方式。"实用性交流"则侧重于将阅读中获得的信息转化为有效表达，通过口头或书面形式，清晰、得体地进行信息传递和思想交流，强调在具体情境中进行有效沟通的重要性。两者是相辅相成、深度融合的。

（一）单元解读，确定整体目标

单元人文主题、语文要素蕴含了单元学习目标。单元人文主题为语文要素运用提供了明确的情境和具体的应用场景；语文要素的学习过程又加深了对学习主题的深入理解。实用性任务群的单元目标与单元人文主题和语文要素二者既有关联又有区别。联系在于实用性学习目标大多从语文要素和人文主题中提炼而来，区别在于单元目标更聚焦主题情境。

以六年级下册第六单元为例。人文主题为"难忘小学生活"，单元语文要素"运用学过的方法整理资料"，习作要素为"策划简单的校园活动，学写策划书"。通过对单元全文的解读，发现该单元为综合性学习单元，旨在通过对资料的整理、毕业联欢活动的策划等，对学生语文素养特别是"语言"素养进行一个综合检视。单元语文要素"运用学过的方法整理资料"是对之前学过的方法进行巩固运用。在四年级下册第三单元和五年级下册第三单元均对搜集、整理资料的初步方法进行了指导。所以，该单元的实用性学习目标是呈螺旋上升的（见表7-1）。

表7-1 "搜集、整理资料"学习目标进阶表

册次	人文主题	语文要素	实用性学习目标
四年级下册第三单元	与综合性学习结合：现代诗	根据需要搜集资料，初步学习整理资料的方法	1. 可以通过阅读报纸、杂志、书籍等方式，收集喜欢的现代诗。 2. 准备一个摘抄本，把它们工整地抄写下来，注意写清楚作者和出处
五年级下册第三单元	综合性学习：遨游汉字王国	学习搜集资料的基本方法	学习搜集资料的方法：查找图书、网络搜索、请教别人
六年级下册第六单元	综合性学习：难忘小学生活	运用学过的方法整理资料	用"制作成长纪念册"细致地指导学生有选择地分类筛选和整理小学六年的成长资料

助学系统暗含了对实用性学习的目标和要求。助学系统中"注释""插图"等形式使学生能将文字与图像结合，加深对语言的理解和记忆，为实用性阅读奠定基础。助学系统中的"课前预习提示""课后习题"引导学生关注文章的

结构、语言和表达方式，培养学生的思维能力，检验和巩固学生的语言应用能力，为实用性交流奠定基础。"资料袋"等助学系统扩展阅读资源为学生提供丰富的课外阅读材料，拓宽学生的阅读视野，为习作提供丰富的素材和灵感，从而提升语言应用能力。

以五年级上册第八单元为例。本单元语文要素分别要求根据要求梳理信息和分段表述。助学系统中交流平台通过找书的方法学习梳理信息，口语交际《我最喜欢的人物形象》中的小贴士要求分条讲述，习作《推荐一本书》则包含了收集、梳理信息，分段表述推荐理由等要求，是对本单元助学系统的迁移运用。

（二）课文解读，细化学习目标

实用性文本之间常常存在着文体、交际对象、交际场景、语言风格等差异，从以上角度解读文本，能帮助我们细化实用性学习目标。

1. 明确文体

教材涉及实用性文本包含多种文体类型，如说明文、人物传记、应用文等，这些文体各具特色，内容丰富多样。因此首先需要判断文体，说明文注重解释说明；人物传记多为无产阶级革命家和革命英雄、科学家等事迹；应用文则更加贴近生活实际，如书信、日记、通知、留言条、倡议书等，具有明确的实用性和功能性。

以六年级上册第三单元为例。本单元编排了《竹节人》《宇宙生命之谜》《故宫博物院》三篇课文。《竹节人》为散文，引导学生体会阅读同一篇文章，目的不同，关注的内容、采用的阅读方法也会不同。《宇宙生命之谜》为科普说明文，通过旁批呈现了一位同学根据自己的阅读目的阅读这篇文章的思维过程，进一步体会什么是"有目的地阅读"。《故宫博物院》为非连续文本，引导学生将在精读课文里学到的方法进行迁移运用，逐步实现自主有目的地阅读。本单元通过多个文本、不同文体，对"有目的地阅读"这一要求进行了有层次、有梯度的安排。

2. 知晓对象

知晓文本中的交际对象的特点和需求很重要，因为这直接影响到学生交流的准确性和有效性。教材中文体多样，文本内容丰富，所以指向的交际对象不仅包括同学、老师，还包括家庭成员和社会人士等。而文本内容不同，要求不同，学生的交际需求则呈现表达自我、分享经历、建立人际关系、情感交流等。落实在每一个文本中，教师需要根据具体文本梳理出这些交际对象各自独有的特点和需求。

以统编义务教科书小学语文二年级上册第五单元口语交际《商量》为例。教材中两个练习小情境：第一个，向同学借的书没有看完，想再多借几天。第二个，最爱看的电视节目就要开始了，但爸爸正在看足球比赛。第一个练习的交际对象指向同学，交际需求指向同学间商量多借阅几天；第二个交际对象指向家人，交际需求指向家人间商量转换电视频道。因为两个交际对象身份不同，交际需求也不同，所以在交流时语气、语调也应不同。

3. 确定场景

交际场景是语言运用的具体环境，涵盖家庭、学校、社会等多个领域。它为语言的实际运用提供了生动的背景和情境。在这样的场景中，语言的表达不仅仅是简单的文字堆砌，而是融合了交际目标、对象等多种因素的综合运用。细读文本内容可以帮助确定交际场景。

以五年级下册第八单元口语交际"我们都来讲笑话"为例。教材中有这样两句话："选择两三个你觉得好玩的笑话，在家里先试着讲一讲，看看效果，再根据家人的建议改进。组织一次笑话大会，全班同学一起乐一乐。"由此我们可以确定，本次口语交际的场景为家庭和班级。

本次口语交际涉及两个场景。场景一为家庭，对象为家人，场合轻松，受众面窄；场景二为班级，对象为同学和老师，场合正式，受众面广。

4. 使用工具

这里的工具既指物质工具，如录音笔、手机、电脑等，还指思维工具，如表格、导学单等广义工具。

以三年级下册第七单元习作《国宝大熊猫》为例。教材明确提及"可以参考下面图表中提供的信息，也可以再查找资料，补充其他内容"。可以借助提纲查阅书籍，在网络上查找资料，到动物园现场参观，将大熊猫介绍得更有趣，更详细。

5. 关注教材语言

教材语言是知识传递的载体，还深刻影响着学习者的语言习惯、思维方式及文化素养。文体作为语言表达的一种形式，不同的文体有不同的语言风格。如说明文语言平实、准确、简洁；书信言辞恳切、饱含深情；日记语言高度个性化。此外，实用性阅读和交流还可以分为书面和口头两种语言。书面语言以准确、清晰、严谨为主，口头语言以即时、灵活、情境性强为主。总的来说，实用性文本语言风格以准确性和规范性为主，同时也鼓励学生运用生动、形象的语言来增强其表达效果。但是两者都指向实用，都暗含了以听、说、读、写为核心共同构成的一个互相关联、完整的语言运用体系。

以六年级上册第三单元为例。本单元编排了《竹节人》《宇宙生命之谜》《故宫博物院》三篇课文。《竹节人》为散文，回忆了作者童年时代做竹节人、玩竹节人等情景，语言描写生动细致；《宇宙生命之谜》为科普说明文，主要介绍了科学家对"除了地球外，其他星球上是否也有生命存在"这个问题的研究和探索，语言严谨、准确，逻辑性强；《故宫博物院》为非连续文本，通过多个文本全面介绍了故宫，语言时而严谨、时而风趣。

二、教学设计：根据交际需要，设计应用任务

本学习任务群的教学提示强调紧扣"实用性"特点，在确定学习主题的前提下，学生应围绕具体的交际情境开展系列任务，在实践活动中通过言语运用经历问题解决的过程中，学会"满足生活交流沟通需要"的相关能力，并逐步培养语文核心素养以及初步具备良好价值观、世界观的人格。

（一）围绕单元目标，确定学习主题

"实用性阅读与交流"任务群"是以学习主题为统整的单元整体设计，遵循'教人做事'的实践逻辑"。[1] 教师在设计学习主题时，需要特别关注"实用性阅读与交流"任务群与其他任务群的定位差异，从整体上把握教材脉络。围绕教材"人文主题"和"语文要素"的单元目标，深入分析单元内多个文本的主题、文体与功能，寻找它们之间的共性，并以此来提炼学习主题。

以四年级下册第二单元为例。本单元以"科普知识"为人文主题，以"阅读时能提出不懂的问题，并试着解决"为语文要素，以"展开奇思妙想，写一写自己想发明的东西"为习作要素，编排了四篇课文《琥珀》《飞向蓝天的恐龙》《纳米技术就在我们身边》《千年梦圆在今朝》，以及口语交际"说新闻"和习作"我的奇思妙想"。该单元以鲜明的人文主题为脉络，描写了自然界的无穷奥秘，展现了科技的非凡魅力，并满怀憧憬地描绘了未来科技的宏伟蓝图。

四篇课文以科普说明文为主，能够激发学生的深度思考，鼓励他们提出问题、质疑现状，并充分展开想象的翅膀。每篇课文的课后题都设置了用自己的话来解说的任务，这要求学生在对科学世界有了认知和理解后，能进行自主表达。习作能激发他们发明创造的兴趣。

（二）紧扣交际场合，创设实用性情境

所谓实用情境，指的是在学生生活、社会生活中真实存在的，学生当下或

---

[1] 薛法根，沈玉芬. 语文学习任务单元整体设计的基本问题：以二年级上册第一单元为例[J]. 福建教育，2022（18）：36.

未来会遇到的情境。① 情境可以根据主题和任务建构，如根据文本的交际内容、交际场合、交际对象等设计一系列与学生日常生活紧密相关且层次分明的实用性交际情境，帮助学生在具体情境中理解和掌握语言知识，促进其在真实或模拟真实的环境中运用语言进行有效沟通，从而实现语文学习的"实用性"。

教师可以通过模拟真实或虚构的交际场合，如市场购物、家庭聚会、图书馆借阅等，让学生扮演不同角色进行对话交流。使学生身临其境，更好地理解语言在特定场合中的使用规则和技巧。

比如，四年级下册第七单元口语交际"自我介绍"，根据交际场合不同，交际对象不同，交际内容侧重点不同，创设的情境也不同（见表7-2）。

表7-2 口语交际"自我介绍"使用情境

交际对象	交际场合	交际内容	交际情境
全班（新）同学	班级（学校生活）	介绍自己的基本信息及爱好、性格等	刚刚转学到另一所学校，老师让你向全班同学做自我介绍
电视台导演	电视台（社会生活）	介绍自己的特长	报名参加电视台《我是小歌手》节目，导演请你做自我介绍
不认识的客人	电话	介绍清楚外貌特征	去家门口的车站接一位不认识的客人，你需要先在电话里介绍自己，接站时让他能够认出你

（三）聚焦问题，设计系列任务

本任务群的核心是"学以致用"，学生所学所练都是为了在日常生活中"用"得出、"用"得上、"用"得好。因此，聚焦日常生活中的真实问题，设计结构化的系列学习任务，是本任务群教学的关键步骤。如何聚焦问题？可以通过引入日常生活中的问题，通过对教材做转化处理，赋予其真实性意义；还可以将教材中的问题情境向日常生活中的问题情境转化。②

以课后习题为例。先仔细阅读课后问题，明确问题的具体要求和考查点；可以再将大问题拆分为几个小问题，为每个小问题设计明确的任务；接着根据任务对课文的不同方面或段落设计具体的学习活动，如阅读、讨论、写作等以完成任务。还要注意辨别文体，关注文本内容与学生生活之间的关系，结合任

---

① 王宁. 实用性阅读与交流 [M]. 北京：语文出版社，2021：7.
② 梁昌辉. 切于实用，有益于生活："实用性阅读与交流"任务群教学解读 [J]. 语文建设，2022（10）：26-31.

务收集、整合、运用学习资源完成任务。

以六年级上册第三单元《故宫博物院》为例。根据问题"你会怎样根据不同的任务阅读以下材料?"可以把任务"为家人计划故宫一日游,画一张故宫参观路线图"分解为"为家人制订故宫一日游计划"和"画一张故宫参观路线图"两个子任务。通过以下活动完成任务。活动一(选一选),确定所需阅读材料及阅读方法;活动二(说一说),哪些是设计游览路线的关键信息;活动三(画一画),画一张参观路线图;活动四(讲一讲),展示自己制作的参观路线图,并解释为什么这样设计。

(四)在实践活动中,达成言语运用

《课标》在本任务群开篇就表示:"本学习任务群旨在引导学生在语文实践活动中,通过倾听、阅读、观察,获取、整合有价值的信息。"显然,听、说、读、写的实践活动是展开任务群学习的关键。因此活动形式应该多样化,包括但不限于朗读、复述、游戏、表演、情境对话、现场报道等。在活动中还要充分利用丰富的学习资源和工具,如文本资源、信息化平台、手机拍摄等为学生提供各种学习支架,确保学生在动态的语文实践活动中能够全方位地学习和提升语言运用能力。

需要注意的是,语文实践活动应由课堂延伸至真实的生活中,以此促进学生知识与能力、过程与方法、情感态度与价值观的整体发展,从而达到在活动中育人的目的。

以五年级上册第五单元为例。以学校举办"我来说你来听,××真特别"为情境,安排学生自选一种本地的动物,用合适的形式做介绍(连续性文本、非连续性文本、多媒介文本等)(见表7-3)。

表7-3 介绍一种动物任务表

系列任务	实践活动	言语运用
了解本地有特点的动物有哪些	资料搜集、调查、访问、阅读	听、说、读、写
确定介绍的动物	继续搜集资料、整理资料,或实地考察,或拍摄图片、视频等	
构思、设计介绍的阶段	文本撰写、图片或视频的制作等	
正式介绍动物	图文、调查报告、布展、现场解说等	

三、教学评价：依据交际要素，评价运用效果

评价不仅能衡量学习成效，更是学生学习过程的组成部分。新《课标》指出，本任务群"在评价中，应引导学生注意实用性阅读与表达的目的、对象、情境，以及交流效果，注意内容明确、条理清晰，语言简洁明了，注意应用文的基本格式和行文规范"。关注学生在真实生活情境中，对所学所知是否"用得出""用得对""用得好"，能不能解决实际问题。所以，本任务群的评价应从过程性和阶段性两方面评价。

（一）过程性评价

评价应在学习过程中持续进行，因此，"过程性"评价相较"阶段性"评价更有利于老师发现学生语文学习的问题，提出有针对性的指导意见，促进学生反思和改进学习过程。过程性评价要考虑文体把握、对象明确、场景确定、运用语言和工具等。评价方式可以有互动交流、点评、运用表格评价等。可以从以下几方面入手。

1. 把握实用文体特征

实用性文体有说明文、人物传记、书信、日记、通知、留言条、倡议书等，把握好文体，有助于学生了解交际对象，提高阅读效率。

以五年级上册第五单元《太阳》为例。教师通过互动交流让学生明确本课的文体。

师：我们都阅读了多篇与太阳有关的文本，有诗歌，有寓言。诗歌重在表达情感，而寓言往往告诉我们一个道理。那么第十六课有什么不同？

生：这篇《太阳》是一篇说明文，说明文主要是科普一些知识，然后根据题目知道这篇科普说明文要给我们讲述有关太阳的知识。

师：说得太好了，把掌声送给他。（学生鼓掌）

2. 针对交际对象需求

明确交际对象可以帮助梳理出这些交际对象各自的特点和需求，从而让交流更有效和准确。

以一年级下册第五单元口语交际《打电话》为例。教师通过出示教材插图让学生知晓本课的交际对象。

师：请看看课文插图，有位叫李中的同学给张阳打电话，（出示课文情境图）结果是张阳妈妈接的电话。（播放电话录音）录音里说了什么内容？

生：李中说了找谁，还报上了自己的名字，表达得很清楚。

师：同学们听得真仔细！这是李中找张阳的电话，但是他现在交谈的对象是张阳的妈妈，所以问候语和交流的需求就和与张阳直接通话不一样。

3. 覆盖交际应用场景

交际场景涵盖家庭、学校、社会等多个领域，确定交际场景可以让学生的语言运用根据交际目标，满足交际对象的需求。

以四年级上册第五单元"初试身手"为例。老师通过分析题目"看图并发挥想象，把图片的内容说清楚"，让学生明白交际场景。

（课件出示书中插图：运动场上）教师提问：这幅图呈现了什么场景？

生：我看到了运动场上有三名运动员在比赛跑步，边上有很多同学围观。

生：三名运动员会想，一定要拿第一，不被别人超过去。如果我在场上，会听到加油呐喊声。

教师：对，这是运动会赛场上的一幕。刚才我们零散地描绘了场面的内容，下面让我们加入想象，把图片的内容说清楚。

4. 使用交际工具和语言

关注教材语言和使用工具（录音笔、电脑、导学单等），能更好地理解文本，加强交流效果。

以五年级上册第五单元《松鼠》为例。老师通过对比阅读，让学生感受语言风格。

出示《中国大百科全书》中描写松鼠外形的语句：松鼠身体细长，体长17~26厘米，尾长15~21厘米，体重300~400克。

师：这句话让我们了解了哪些信息，采用了哪些说明方法？

生：我们知道了松鼠的体长、尾长和体重的信息。采用了列数字的说明方法。

师：和第一自然段比，你更喜欢哪一种描述？说一说理由。

生1：我喜欢课文中的描述，因为语言生动，仿佛松鼠就在我眼前跳来跳去。

生2：我喜欢《中国大百科全书》的描述，因为运用了列数字的说明方法，很准确地介绍了松鼠的外表特征。

师总结：介绍同一种事物，运用不同的语言风格会有不同的效果。《中国大百科全书》语言平实、简洁，便于我们快速获取信息，布封的《松鼠》语言生动、活泼，带着作者对动物深深的喜爱之情。两者各有特色，不分上下。

（二）阶段性评价

过程性评价关注学生瞬间、片段性的交际过程，而阶段性评价则是以一个学习单元为单位，关注学生任务完成度与过程表现，可以有效贯彻"教—学—评"一体化的理念。因此设计阶段性评价时，需要立足单元目标，关注目标的连贯性和进阶性，注重评价要点的前后串联，进行评价的一体化设计。

此外，在阶段性评价中还要注意做到：老师评价、家长评价、生生评价等评价主体多元化；口头评价、书面评价等评价方式多元化；进行团队合作、责任担当、创新思维等价值观的熏陶。在完成过程中不仅培养了学生沟通交流和解决问题的能力，还实现德育与智育的深度融合，是浸润育人目标的有效途径。

以二年级上册第四单元为例。该单元包含了《古诗二首》《黄山奇石》《日月潭》《葡萄沟》四篇课文和语文园地四。将单元情境设定为"打卡祖国美景，我当美景介绍员"，系列任务为"完成祖国美景和身边美景介绍卡，并将介绍卡在现场展出"。具体分设庐山区、黄山区、日月潭区、葡萄沟区和"我眼中家乡的美景区"五个展区。学生在完成介绍卡的过程中，需要根据课文的文本特点和介绍方法，分步完成美景介绍卡的任务并体会祖国的大美河山，激发对家乡、对祖国的赞美、热爱之情。因此在制订各课评价要点的过程中，既要考虑各课的学习目标，又要围绕实用性阅读与实用性表达两个要点，落实各课阶段性评价要点的要求，还不能忽略了对学生正确的价值观、必备品格等育人目标的培养（见表7-4）。

表7-4 "打卡祖国美景，我当美景介绍员"评价要点设计表

"打卡祖国美景，我当美景介绍员"评价要点设计			
课题	学科要点	育人要点	完成情况
《古诗二首》	1. 准确背诵关于庐山、鹳雀楼的古诗。 2. 为景区配上相关的图片。 3. 介绍景点时是否引用了古诗句。	在背诵和介绍中对祖国传统文化充满自豪	☆☆☆☆☆
《黄山奇石》	1. 借助"奇石"仿说仿写。 2. 美景介绍卡，书写工整。 3. 介绍时能让人体会到黄山石的奇妙。	介绍时能感受到汉字语言表达的趣味性	☆☆☆☆☆

续表

课题	"打卡祖国美景，我当美景介绍员"评价要点设计		
	学科要点	育人要点	完成情况
《日月潭》	1. 借助关键词想象画面，介绍不同时段的美。 2. 为美景介绍卡中的文字配上合适的图片。 3. 介绍时能感受到作者对日月潭景色由衷的赞美。	在介绍中充满对祖国大好河山的热爱之情	☆☆☆☆☆
《葡萄沟》	1. 借助关键词从不同方面介绍葡萄沟的美。 2. 制作准确美观的介绍卡。 3. 做到声音洪亮，自信大方，表达出葡萄沟的吸引人之处	在介绍中感受到维吾尔族人民的热情好客	☆☆☆☆☆
语文园地	1. 从不同角度介绍家乡的美景。 2. 制作家乡美景卡。 3. 做到声音洪亮，自信大方，表达自己的感受	在介绍中充满了对家乡的赞美之情	☆☆☆☆☆

单元阶段性评价要注意覆盖面广，实现对实用性阅读与实用性交流二者的全覆盖；还要注意在评价时不要忽略了学科育人。例如，以上评价第 1 条指向的是各课实用性阅读评价要点，第 2、3 条指向的是实用性交流评价要点。除此之外，还要结合每课的文本和学习目标浸润热爱家乡、感受祖国大好河山、文化自信等正确的价值观、必备品格等育人目标。总而言之，每课评价要点各有侧重，又相互统一，共同指向单元大任务的完成（见表 7-5）。

表 7-5 "实用性阅读与交流学习任务群"教学评价量表

一级指标	二级指标	指标描述	分值
文以载道 （教材解读 结构化）	价值取向 （10 分）	1. 具有正确的人生观、价值观和世界观（5 分）	
		2. 有利于培养生活中善于交流沟通的人（5 分）	
	文本解读 （20 分）	1. 关注了文体类型、语言风格、表达方式等（10 分）	
		2. 厘清了交际对象、交际需求、交际场景等（10 分）	

续表

一级指标	二级指标	指标描述	分值
以文传道（教学设计结构化）	学情分析（10分）	1. 准确把握学生在真实生活情境中语言运用的实际表现，确定最近发展区（5分）	
		2. 根据学生语用水平，确定教学重难点及关键点（5分）	
	主题把握（10分）	1. 根据具体交际情境和交流对象，确定学习主题（5分）	
		2. 根据主题设计一系列实用性任务链（5分）	
	逻辑主线（10分）	1. 有具体真实语言情境，有利于学生有效交流沟通（5分）	
		2. 在系列活动中，学生乐于表达和交流在生活中的发现和感受（5分）	
	认知发展（10分）	1. 学生语言理解与运用能力逐步提高（5分）	
		2. 学生语言表达的准确性、规范性逐步增强（5分）	
以道化人（教学评价结构化）	手段方式（15分）	1. 注重评价主体（教师、学生、家长等）的多元化（5分）	
		2. 重视过程性评价，有阶段性评价和终结性评价等（5分）	
		3. 结合学习单、量表、测评等多种方式对学生的听说读写进行评价（5分）	
	教学效果（15分）	1. 学生能清楚得体表达，有效传递信息（5分）	
		2. 注意应用文的基本格式和行文规范（5分）	
		3. 能满足生活交流沟通需要（5分）	
总分（100分）			

四、教学案例

实用性阅读与交流
——以统编小学语文教科书五年级上册第五单元为例

（一）单元教材解读

本单元作为五年级上学期的习作单元。主要围绕"说明性文章"来进行阅读和表达，编排了两篇以说明性为主的"精读课文"《太阳》《松鼠》，一个"交流平台"、一个"初试身手"、两篇"习作例文"(《鲸》《风向袋的制作》)和一篇"习作"。这五大内容并不是随意组合在一起的,而是层层递进,以一次完整的写作任务为最终要达成的目标。作为有效达成写作目标的写作资源,它们分别承担着各自不同的功能。

《太阳》是一篇科普说明文。语言平实,通俗易懂,作者运用列数字、举例子、做比较等说明方法从多个方面介绍了太阳。《松鼠》是一篇文艺性说明文。语言活泼,描述生动,作者以叙事和抒情的笔调,从外形、活动、吃食、搭窝这四方面形象地介绍了松鼠的外形、习性等。两篇课文语言风格迥异,但说明方法多样,描述时用词都十分准确,具有一定的条理性,是培养学生阅读不同语言风格说明文能力的好材料。

"交流平台"的内容对于本单元说明性文章的语言风格、说明方法也予以了梳理和解释;"初试身手"中的两部分内容,一个指向让学生试着用多种方法来介绍电视塔的特征,另一个内容则是让学生将《白鹭》中的描写性段落改写成说明性文字,这两部分内容,既为落实本单元的语文要素做补充,又为习作学习做铺垫。

本单元编排了《鲸》《风向袋的制作》两篇习作例文,分别介绍了鲸的特点和风向袋的制作方法及流程。单元习作"介绍一种事物",要求学生在细致观察一种事物的基础上,搜集相关资料,进一步了解事物特点,运用恰当的说明方法把事物的特点介绍清楚。

整个单元读写结合,以读促写。本单元的语文要素是"阅读简单的说明性文章,了解基本的说明方法"。写作要素是"搜集资料,用恰当的说明方法,把某一种事物介绍清楚"。并提出几点注意事项:写清事物的主要特点;试着用上恰当的说明方法;可以分段介绍事物的不同方面。这和本单元的语文要素密切相关,是本单元语文要素的运用。

1. 明确主题,指向实用性学习方向

本单元编排了课文《太阳》《松鼠》、习作例文《鲸》《风向袋的制作》指向实用性阅读,从说明方法、语言风格、说明文类型上做了引导和示范,为学生提供了很多说明表达的思路。单元习作"介绍一种事物"指向实用性表达,引导学生从几个方面,用上恰当的说明方法,写清楚事物的特点。因此,将本单元学习主题提炼为"清楚明白介绍事物"。

《太阳》和《松鼠》引领学生从课文语言中了解说明方法及其好处,感受说明文不同的表达方式;"交流平台"梳理总结说明性文章的作用及特点;"初试身手"让学生在片段练习中体会说明方法的运用;"习作例文"重点引导学生恰当地使用说明方法,有条理地进行表达;"习作"板块是落实本单元从读到写、从学方法到用方法的最后一环,重点落实单元习作要素。

2. 创设情境,提取有效信息

基于"说明白"的要求,围绕互联网这一热门话题创设"举办云端盛会"这个情境。在接下来的教学中,《太阳》重在学习利用说明方法把事物特点说明白;《松鼠》重在掌握细致的观察和活泼的描写;小练笔不断强化"说明白"的要求;单元习作则让学生自由选择语言风格完成情境任务。

3. 设计任务,凸显语用

任务框架:

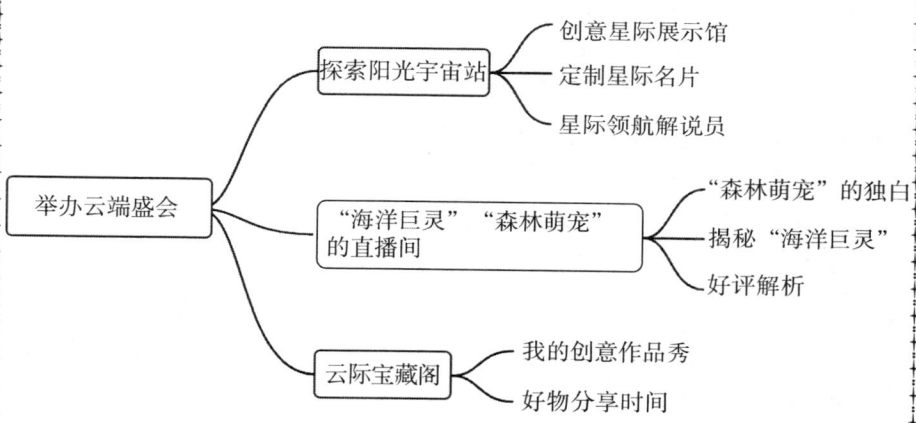

(二)教学设计

本单元以"举办云端盛会"为主题,整合三个任务八个活动展开学习。《太阳》《松鼠》两篇精读课文的学习、"初试身手"与习作整合在"探索阳光宇宙站""'海洋巨灵''森林萌宠'的直播间""云际宝藏阁"三大学习任务中,在"创意星际展示馆""定制星际名片""星际领航解说员"中掌握基本的说明方法,初步认识说明文;在挑战"小主播"任务,介绍"海洋巨灵""森林萌宠"中,感受说明文不同的语言风格,发展学生不同的阅读经验;在学会分享制作方法、介绍自己感兴趣的事物中,学会选择恰当的说明方法,把事物说明白,感受说明文的独特魅力。

第一个任务是"探索阳光宇宙站",学生通过学习逻辑性很强的说明文《太阳》,了解基本的说明方法,感受这种说明方法在语言表达上的效果。首先是"创意星际展示馆"活动,学生感受如何抓住特点介绍事物;其次是"定制星际名片"活动,学生通过梳理信息,选择恰当的说明方法,为太阳定制个性星际名片;最后,在"星际领航解说员"中,学生需要整合本课所学知识,选择自己感兴趣的内容进行梳理与表达,通过录制短视频、音频,制作思维导图等方式,在体验"小解说员"的活动中加深对于说明方法的理解与运用。

第二个任务是"'海洋巨灵''森林萌宠'的直播间",引导学生感知不同风格的说明文在说明角度、表达方法、语言风格上的不同。一是"森林萌宠的独白",学生通过学习《松鼠》,并以"萌宠主播松鼠"的身份介绍自己,从中感受科学小品文知识性、科学性、趣味性的特点。二是"揭秘'海洋巨灵'",同样是介绍动物的文章,《鲸》条理清楚,逻辑性强,学生通过为鲸制作一分钟左右的秒懂视频或音频,进一步感受如何运用多种说明方法介绍一种事物。三是"好评解析",学生通过评价自己喜欢的直播间,感受说明文的不同语言风格和表达效果。

第三个任务是"云际宝藏阁",围绕"介绍一种事物"设计了两个活动。一是"我的创意作品秀",引导学生关注怎样把制作过程介绍清楚,并且整理一份自己的制作分享。二是"好物分享时间",学生选择自己感兴趣的一种事物,进行说明介绍,并且以图文解说、视频、音频等形式,进行云端展览。

本单元的课文皆为科学性较强的说明文,学习中可以引导学生进行多样化的拓展阅读,进一步掌握基本的说明方法,感受说明文的不同风格,借鉴说明事物的角度、语言等,学会把事物说明白。

【课时举例】
《太阳》教学设计

情境创设:
在浩瀚的宇宙画卷中,一束温暖而耀眼的光芒引领我们踏入《太阳》的奇妙课堂。想象自己穿上宇航服,踏上前往太阳系的星际列车,窗外是璀璨的星河与逐渐靠近的金色太阳。在这里,每一位学生都是勇敢的探险家,即将揭开太阳的神秘面纱,通过遨游太阳领域、设计星际展示馆和星际领航解说员活动,让知识的种子在心灵的宇宙中生根发芽,绽放智慧的光芒。

教学准备：

1. 了解云端：教师选择性地推荐一些科普性质的公众号等网络资源，学生初步感受主播与解说员的身份特点与工作方式，为体验角色做铺垫。

2. 前期阅读：学生在补充资源中至少选择一本进行阅读，感受科学性文章的表达风格，批注自己感兴趣的内容。

任务：探索阳光宇宙站

太阳，人类的生存繁衍离不开它，让我们一起走进太阳空间站，走进这寰宇最闪耀的天体。

活动一：创意星际展示馆

1. 兴趣启航，遨游太阳领域

（1）教师出示各种角度下太阳的图片，请学生分享自己所了解的有关太阳的民间传说，激发学生进一步学习的探索欲：关于太阳，还有哪些是我们不知道的呢？

（2）初读课文思考：课文围绕太阳的哪些方面展开说明介绍？

①检查字词，理解"摄氏度"。

②提取相关要点，习得阅读方法：这一类科普说明文，一般一个自然段说明一个意思，阅读时，试着找到方法概括每一部分的内容，如：利用关键词句，概括每一段的内容。

③小组讨论，将所概括的内容进行梳理与归类，以思维导图或表格的形式呈现。

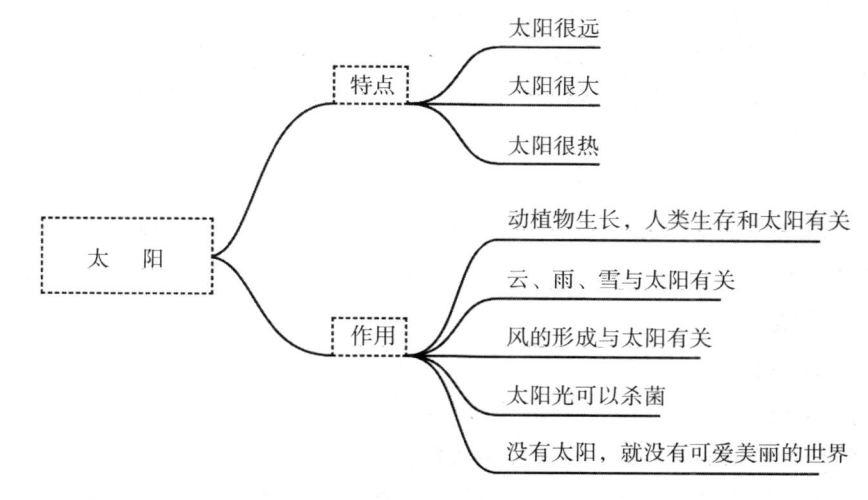

2. 设计星际展示馆

以小组形式交流思维导图,梳理文本内容,为阳光宇宙站设计星际展示馆。

【设计意图:以简单的谈话导入,激发同学们对于探究太阳的好奇心,通过初读文本明确文体后,用思维导图梳理课文内容,初步感受说明文。】

活动二:定制星际名片

1. 深入探索太阳

(1)文章是怎样介绍太阳的特点的?研读第 1~3 自然段,提取关键信息,补充表格内容。

说明对象	特点	具体介绍	说明方法
太阳	远		
	大		
	热		

(2)小组汇报学习成果。

2. 读课文,学习基本的说明方法

(1)学习说明方法

(课件出示两组句子)读读这两组句子,结合课文内容,说说 B 句运用了哪些说明方法介绍太阳,用上这样的说明方法的好处是什么?

A. 太阳离我们很远很远。

B. 太阳离我们约有一亿五千万千米远。到太阳上去,如果步行,日夜不停,差不多要走三千五百年;就是坐飞机,也要飞二十几年。

预设:说明方法是列数字和举例子。

小结:准确具体的数字让我们真实感受到了太阳离我们地球的距离远的特点,而用人走路的时间和飞机飞行的时间的例子,更便于理解,避免了对枯燥数字的讲解。

A. 太阳非常非常大。

B. 约一百三十万个地球的体积才能抵得上一个太阳。

预设:说明方法是列数字、做比较。

追问:为什么拿地球与太阳做比较,而不拿水星、木星等其他星球呢?

小结：做比较是通过和大家熟悉的事物进行对比来凸显特点，本句通过约一百三十万个地球与一个太阳的数字比较，能让读者很直观地感受到太阳的大。

（2）你还能在文中找到这样严谨的表达吗？

3. 定制个性星际名片

选择自己感兴趣的展览馆，以小组为单位为该馆整理说明资料，辅以恰当的图片，制作成一张个性化的星际名片。例如：

照片：	姓名： 英文名： 居住地：	特点1：
特点2：	特点3：	

【设计意图：学生进一步了解与太阳有关的内容，在提取关键信息时，习得说明文列数字、做比较等说明方法。在制作星际名片过程中，学会提取关键内容，抓取关键词，体会不同说明方法的差异，同时试着运用说明方法。】

活动三：星际领航解说员

1. 撰写星际解说词

以小组为单位，根据组内已完成的个性星际名片，梳理、整合，撰写合适的解说词。

评价表如下：

评价标准	等级
围绕太阳的某一方面，搜集相关资料，用简洁的语言进行表达	☆
用简洁、生动的语言介绍太阳的某一方面，并配以相关图片，以图文并茂的形式呈现	☆☆
合理设计资料卡的界面，做到美观大方；语言表达精简凝练，可读性强；图片资料吸引观众，针对性强	☆☆☆

2. 我是星际解说员

组织全班交流，学生可模仿游客来提问或评价，锻炼学生讲解的语速、语调及姿态，教师从旁适当指导。

3. 星际展示馆

布置星际展示馆展板，展览个性星际名片，解说员为观众讲解内容，举办一场星际展览会。

【设计意图：以小组为单位进行活动，根据自己所选个性星级名片与所准备的资料，梳理所介绍的内容，将内容进行整合，形成解说稿，再体验星际领航讲解员角色。在这一活动中，学生在文本基础上，初步尝试形成说明性文稿，体会说明文严谨、科学的表达特点，并在有趣的言语实践活动中锻炼语言表达能力。】

（三）教学评价

1. 过程性评价

（1）明确文体和交际对象，提高阅读效率

通过默读、对话等形式明确文体和交际对象，可以帮助学生确定交际特点和需求，提高阅读效率。开课教师通过图片展示和学生分享，让学生明白课文的主人公（交际对象）是太阳，同时通过交流让学生明白本文为说明文，要向我们传递一些关于太阳的知识。

（2）确定场景，明确语言运用的具体环境

通过模拟真实的交流场景，使得语言学习更加贴近生活，有助于学生更好地理解和掌握语言的运用技巧。本课活动三"星际领航解说员"设置了一个交际场景"我是星际解说员"。通过学生扮演解说员，别的学生模仿游客来提问或评价的形式，帮助学生在具体情境中更好地理解和运用说明方法，体会说明文严谨、准确的特点。

（3）关注语言和工具，加深文本理解

语言运用能让阅读与交流紧密相连、相互促进，从而加深对文本的理解和方法的运用。本课"星际领航解说员"活动中，学生有撰写"星际解说词"任务。在这个过程中，学生要借助书籍、网络等工具搜集关于太阳的资料；在撰写解说词时，通过前期的梳理、整合信息，还要注意说明文语言的特点，既可以以准确性和规范性为主，同时也鼓励运用生动、形象的语言来增强表达效果。

2. 阶段性评价

本单元作为习作单元，实用性价值在于借助让学生"介绍一种事物"，提升其说明文写作能力。在教学中要注意读写结合，以读促写，引导学生学会基本说明方法并在生活中应用。比如，学习《太阳》《松鼠》，除了引导学生感受不同语言风格的说明性文章，还要关注其是否掌握了列数字、举例子、做比较、打比方等基本说明方法；"初试身手"改写《白鹭》，要关注学生是否学会搜集、整理资料，用不同的语言风格介绍白鹭的外形特征；习作例文《鲸》《风向袋的制作》要关注学生是否学会恰当使用说明方法和有条理表达；单元习作则是对本单元阅读与交流的综合运用，关注学生是否将要说明的事物与现实生活紧密联系。最终，学生在搜集资料和运用基本的说明方法等一系列活动中，提升有效沟通和传递信息的能力，进一步成为"在生活中善于交流沟通的人"。

（此案例由成都市青羊区教育科学研究院附属实验学校李世春、李瑞提供）

第二节 文学阅读与创意表达：
培养具备健康审美意识和正确审美观念的人

"文学阅读与创意表达"任务群从"阅读"与"创意表达"功能的视角进行区分类型，明确了文学文本的阅读与创意表达的职责。本任务群侧重核心素养中"审美创造"这一内涵，旨在"引导学生在语文实践活动中，通过整体感知、联想想象，感受文学语言和形象的独特魅力，获得个性化的审美体验；了解文学作品的基本特点，欣赏和评价语言文字作品，提高审美品位；观察、感受自然与社会，表达自己独特的体验与思考，尝试创作文学作品"[①]。

文学即审美，是中国文学理论的传统。文学阅读是人类独有的兼具审美与情感的精神活动。传统文学的审美，范围很广，内容丰富。一是高雅，主要指意境与文辞；二是气韵，不仅闪耀着思想、情感的光芒，而且具备声韵和情韵之美；三是文采，包括精妙之美，典雅之美，骈俪之美；四是精练，讲求把每

---

① 中华人民共和国教育部．义务教育语文课程标准（2022年版）[S]．北京：北京师范大学出版社，2022：26．

一个字用精准、出彩；五是含蓄，含蓄内敛是东方文明的特点，内敛、约束、温柔、深婉，给人以持久的回味和感染力。现当代文学艺术形式以散文、诗歌、小说、剧本、报告文学等文学作品为对象，通过生动的形象、优美典雅的语言、真挚的情感，传递作品的思想内涵和艺术价值。文学审美的本质决定了文学阅读的非功利性。在阅读文学作品时，进入审美境界，获得精神愉悦感、人格自由感和心灵净化感。

美学大师朱光潜认为，一个人纵然生来就有文学的禀赋，那也只是潜能，如果不下功夫对其爱好加以培养，他必定是苗而不秀，华而不实，潜能难以变成现实，更难以出类拔萃。①"文学阅读与创意表达"任务群通过审美的目标与定位，发挥着独特的、具有奠基作用的育人价值；通过审美的内容与形式，发挥着表现美、创造美的功能。

文学阅读，尤其是经典文本的阅读，不仅启蒙学生对文学的认识与想象，还影响着他们对文学的鉴赏与创造，以及他们对文化的理解与传承。学生运用感知、体验、联想、想象使文学作品的丰富内涵在头脑中发生具体化的活动，结合自己的经验、理解、欣赏初步评价语言文字作品，丰富自己的情感体验和精神世界。有研究表明，相当一部分受教育者在初中之后就基本停止了文学作品的接受和阅读。由此看来，义务教育阶段的文学阅读在以文化人中起到了审美启蒙和文化塑形的作用。

创意表达的核心是创意写作，但创意写作不是创意表达的全部。信息时代言语输出要整合口语表达、书面表达、图像表达等主要形式。在其功能与目的上，又要具备整合情感抒发、表现现实、安慰劝说、推荐辩论、娱乐学习等各种功能。唐代文学家韩愈有"唯陈言之务去"的说法，就是强调表达力求耳目一新，有新意、有个性、不落俗套。回归教学，创意表达旨在通过对表达主旨、内容、形式等的创新性要求，鼓励教师打破陈旧僵化的口语交际及写作教学内容与形式，以此来敫发和调动学生表达的积极性和创作的热情。同时，体现新课标面向未来、培养"素养型人才"的要求。

总之，"文学阅读"与"创意表达"相辅相成、密切相关。阅读是创意表达的前提，丰富的"文学阅读"是"创意表达"的基础；"创意表达"的经验又可以提高"文学阅读"的质量，是文学阅读的传递延伸与外在升华，两者形成输入与输出、吸收与表达的关系，且在相互回馈中作用影响、螺旋提升，提升学生的审美鉴赏力与审美创造力（见图7-1）。

---

① 安徽省作家协会. 文学皖军年选（2022）［M］. 合肥：安徽文艺出版社，2023：312.

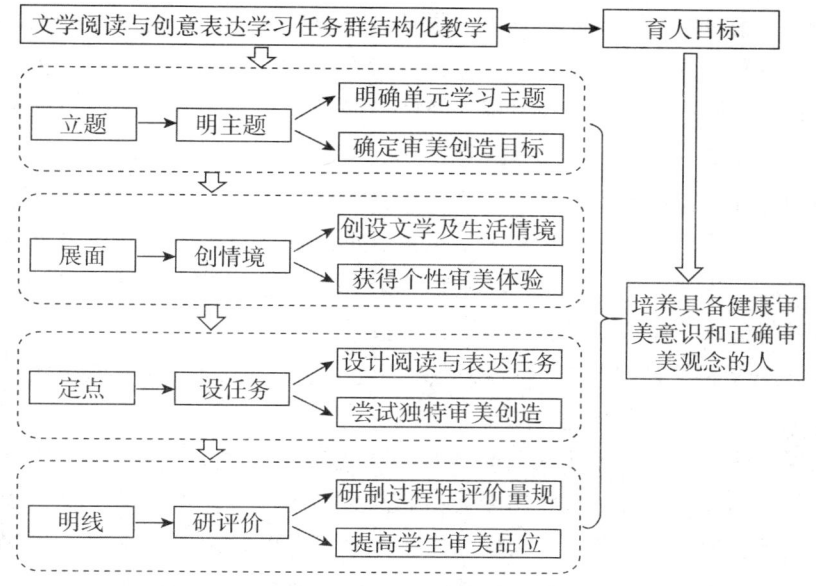

图 7-2　文学阅读与创意表达结构化教学框架图

一、教材解读：发现审美密码

《课标》指出"教师应全面把握核心素养的内涵，全面把握语文教学的育人价值，突出文以载道、以文化人"。在课标阐释框架下，"以文化人"是指将文本中的道理、精神和思想化入人心。其中，"文"是起点，是道理、精神和思想的载体，"化"是过程、是策略、是目的。"文学阅读与创意表达"对应"审美创造"内涵，要求在"文"中感受形象、体会情感、玩味意蕴、体察效果，蕴含着感受美、发现美、欣赏美、创造美等内容要求，培养学生高尚的审美情趣和积极向上的人生态度。

（一）四个对标

统编版语文教材的编排特点之一是"主题组元"。每个主题有许多具体的内容，它们是有机联系的，涵盖了中华优秀传统文化、革命文化、社会主义先进文化，又指向自我、自然和社会三方面。首先，对标课标，课标是编写教材和进行教学的依据，它详细规定了课程的性质、任务、教学目标。"文学阅读与创意表达"任务群在目标设定时，引导学生通过文学阅读与创意表达达成审美创造的目标。其次，要对标语文核心素养四方面的内涵，明确语文学科承载的育人方向。"文学阅读与创意表达"任务群指向"培养具备健康的审美情趣"的人，实现"以文化人"的学科育人价值。再次，要对标单元目标，统编语文教材是按单元编排的，解读单元人文主题时要明确其在各个学段螺旋式上升的情况，吃透每一个单元主题的内在联系，全面、整体地把握主题，领会这个单元的育人目的。要达成单元育人目标，此任务群包含着有序发展的心智层级：感知—体验—鉴赏—评价—表现—创造……此过程覆盖了该任务群从低阶到高阶、由简单到繁复的发展过程。最后，要对标课文（课时）目标，通过读透教材和教参，结合课后习题掌握课时的教学重点、难点和疑点，提炼教材中蕴含的情感、态度和价值观等育人要素，以便结合语言运用进行教学设计。因此，该任务群的教材解读，要从"审美创造"这一核心素养出发。

以五年级下册第四单元《青山处处埋忠骨》一课为例，按"新课标—单元—课文（课时）"解读过程如下：

新课标解读：本单元主题与新课标三大文化主题之一"革命文化"相关，展现了革命领袖、革命先烈的伟大人格和高贵品质，旨在引导学生深入感受爱国主义精神，学习英雄模范的高贵品质。本单元可以划入"文学阅读与创意表达"学习任务群，主要对应核心素养中的"审美创造"这一内涵。

单元解读：单元导语"苟利国家生死以，岂因祸福避趋之"，意在让学生感受自古以来的家国情怀，接受革命传统教育。以"家国情怀"为人文主题，以"通过课文中动作、语言、神态的描写，体会人物的内心"为语文要素。

课文（课时）解读：课后第二题要求"从课文中找出描写毛主席动作、语言、神态的语句，体会他的内心世界"正是这一单元的语文要素，是言语实践点和能力提升点。最后一题是对人物形象的把握和对诗句"青山处处埋忠骨，何须马革裹尸还"的理解，更是对文学阅读主题的总结与升华。

（二）三个层次

曹明海将教材文本区分为三个层次，第一层是"语言层"，即"形式层"，侧重培养语感，这是感受文本、获得审美体验的基础和前提。例如，统编教科书小学语文一年级下册第七单元课文《小猴子下山》，从语言层来说，这篇课文学生要认识一组动词"扛、摘、扔、捧、抱、掰、追、蹦"等，学生在归类或随文识字中去认识字音、字形，理解字义，通顺流利朗读课文，整体感知这个生动有趣的故事。第二层是"语象层"，即再现层，侧重感受文学语言形象和独特魅力，这是审美体验的中介和凭借。《小猴子下山》这篇小故事一共有5个自然段，在朗读理解中引导学生发现，前面四个自然段在蕴含着情趣的同时还包含着讲故事的规律，即"先讲小猴子下山来到哪里，再讲看见了什么，接着讲心情怎么样，最后讲做了什么"。学生通过故事文本经历感受美、发现美的过程，引导学生在朗读中发现故事的规律，搭建起整个故事的形象脉络，借助问题支架讲完整个故事，为走进语义层做铺垫。第三层是"语义层"，即表现层，侧重体会情感、思想和意义，这是审美意识的树立和形成。《小猴子下山》中，小猴子只留下个疑问的背影，空着手回家，这是为什么呢？这是文本语义层所传递的价值。创设情境任务："第二天，小猴子又下山了。它路过了一片香蕉林，一个葡萄园，一块冬瓜地。小猴子的故事又会怎样发生呢？"借助这样的情境支架，按照言语规律请学生创编"小猴子又下山了"的故事，在故事的创意表达中培养学生想象力，丰富孩子们对语义层深层次理解，在独特表达中体验文学阅读的乐趣，创造自己心中的美好形象。因此，要解读并体会文本的主旨思想，一定要抵达文本的语义层。该任务群的教材解读，是经历感受美到发现美的过程，系统把握教材中承载的育人内容，精准定位审美育人目标。

二、教学设计：经历审美过程

结构化的教学设计须是以"学习主题"为先导，串联"学习内容""学情分析""学习目标""任务活动""评价细则"的闭环结构。这个闭环结构里暗含文学阅读走向创意表达的"去哪里""怎么样"和"怎么去"，也回答了"学生应懂得的（基础内容）；应理解的（法则与原理）；应做到的（过程或技能）"。[①]

现阶段，社会上充斥着大量的"短视频""快餐式文本"等阅读形式，对学生的文学审美而言，呈现娱乐化、浅表化、碎片化的特性。在单元教学中，教师大多是从语文学科的一个点甚至是不相关的课例形式进行实践，触及的往往是认识性知识，缺乏全局性、系统性的智慧性知识和教养性知识培养，对表达的逻辑性、思辨性以及创意性来说，涉及面窄甚至是有所缺失。长此以往，很难全面提升学生的审美能力。如何处理好文学阅读与创意表达的关系，从"碎片散乱到系统有序"，从"被动学习到主动探究"，从"一篇课文到一类文体"，从"文学阅读到创意表达"，都应以结构化的视域来统整和实施文学阅读与创意表达学习任务群。

确定单元审美主题，这是文学阅读与创意表达学习任务群结构化教学设计的第一步。单元学习主题，统整学习目标与学习资源、学习任务与学习评价，改变了简单的知识点、技能点的罗列，或是依据小说、诗歌、散文等文体进行设计。"文学阅读与创意表达"学习任务群的单元学习主题设定，要在"审美创造"这一核心素养下，统领单元人文主题与语文要素、文本蕴含的核心知识与

[①] 盛建评."文学阅读与创意表达"的审美建构：基于《义务教育语文课程标准（2022年版）》的向度［J］.教育科学论坛，2022（34）：31-34.

人文价值、学生的现实生活与精神生活等因素，以此确定从阅读到表达的单元学习目标。

创设文学及生活情境，是指课堂教学内容所涉及的语境，包括文学情境、日常生活情境和跨学科情境。在情境创设中注重文学阅读的整体感知，获得独特的审美经验；在整体感知、联想想象中感受文学语言和形象的独特魅力；在鉴赏评价中，形成审美意识；在个性化的审美体验中，激发学生发挥创造力，成为好的表达者。使学生经历从关注语言到关注形象、从体会情感到体会意蕴、从主动吸纳到主动输出的学习过程。

设计阅读与表达任务，是指学生在真实的学习情境中自主学习。其实质就是通过文本的整体感知、联想想象、形象体会、意蕴品味中以任务驱动的方式"做事情"。任务设计之初就要设定可预见的结果，文学阅读与创意表达任务群设计，第一步是阅读任务驱动，让学生经历文学之美，获得个性审美体验，实现精神成长。第二步从阅读走向个性化的审美创造。

研制过程性评价量规，提高学生审美品位。"文学阅读与创意表达"学习任务群的"教学提示"明确指出："评价应围绕学生阅读文学作品的过程性表现进行。"教师要由关注学习的结果转为关注学习的过程，关注学生的学习状态和参与程度。根据文学阅读与创意表达任务群实施目标，设计科学合理的审美评价量规嵌入学习任务群的教学实践中，以评促教，以评促学，涵养良好的审美情趣，实现"教—学—评"一体化，形成对民族、时代等正确且完善的审美观念（见图7-3）。

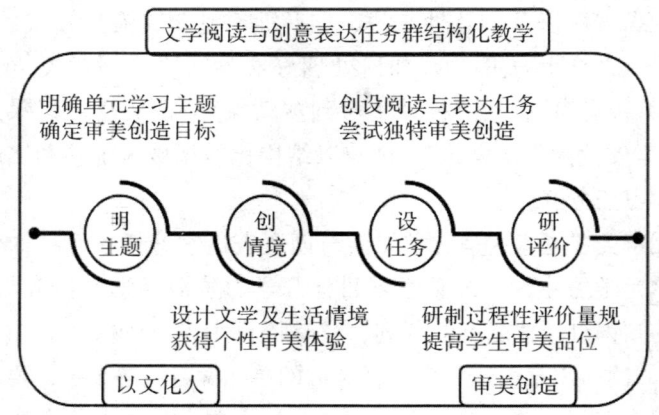

图7-3 文学阅读与创意表达教学设计流程图

统编教材单元按照"双线组元"进行编排，主要有四套系统，即课文、助读、练习和知识，聚焦单元主题的结构化教学设计框架。

（一）以单元人文主题为主导，确定单元审美目标

依托统编教材人文主题，确定单元教学的育人主旨，分析学生当下的情感认知，找到文本与学情的结合点，让单元教学系统化、精准化（见表7-6）。

表7-6 单元主题教学目标拟定依据表

单元主题教学目标	
单元主题	以统编语文教科书单元主题为依据
主题分析	1. 新课标学段要求及学业质量对本单元的基本要求是什么，如何落实这些要求？ 2. 本单元的编写意图是什么，单元主题是什么，是如何体现的？ 3. 本单元内容包括哪些，如何进行整合达成育人目标
学情分析	学生对主题已有的认知如何，新授内容哪些可以尝试自学达成，有哪些学习障碍需要提供帮助突破
锁定目标	1. 确定学什么：单元的育人目标是什么，单元的语文要素是什么，二者之间有何关系？ 2. 确定怎么学：搭建什么样的学习认知支架，情感、态度、价值观目标如何达成？ 3. 确定学到什么程度：学生的学习表现如何，学习结果如何
目标实施	单元整体教学思路（单元目标）—教学结构图（课文目标）—单元作业设计（评价目标）

以五年级下册第四单元的单元主题教学目标拟定为例。

提炼单元大概念，确定任务主题。根据本单元语文要素、课后习题、交流平台，提炼本单元的大概念为"抓住人物的动作、语言、神态，体会人物的内心"。单元主题的理解主要为感受革命领袖、革命先烈伟大的精神世界和人格力量——文化自信、审美创造。综上，本单元任务群的主题定为"多元活动探内心（文学阅读），能导会演担责任（创意表达）"。

整合单元训练要点，确定学习目标。第一，通过朗读、查阅资料、复述等方法，抓住人物的动作、语言、神态等细节描写，体会人物的内心情感，从而走近人物，更好地理解人物品质，培养自己的家国情怀，激发爱国之情。第二，从人物在特定情境中的面部表情、不同寻常的举动、语言、神态以及周围人的反应等角度，描写出人物在特定情境中的内心活动，并尝试写出其变化。

统编版小学语文五年级上册六单元以"舐犊情深"为主题，安排了精读课文《慈母情深》《父爱之舟》和略读课文《"精彩极了"和"糟糕透了"》。这

三篇文章围绕父母之爱这一主题,有的刻画了母亲对儿子无私的爱,有的讲述了父亲对孩子深沉的关怀,还有的以不同方式表现出父母对子女教育的关切。尽管爱的表达方式各不相同,但那流淌在血液里的爱和温暖却都能动人心弦,令人久久不能忘怀。此外,教材还编排了口语交际《父母之爱》,习作《我想对您说》以及由交流平台、词句段运用、日积月累组成的"语文园地"。本单元任务群围绕"舐犊情深"这一学习主题,可创设"寻找爱的表达密码"这一教学主题,从"发现爱的表达密码""解密爱的不同表达""说出爱的心里话"三大学习任务,在阅读与表达中感受爱的表达,经历爱的体验,尝试创作。

（二）以单元主题设计任务,让人文主旨与言语共生

要把"教什么知识最有价值"转化为"用什么知识育人最有效",即从以教为中心,转向以学为中心。教材也要从"教本"转向"学本",要从关注"硬知识"转向"软实力"(见表7-7)。

表7-7 单元主题教学设计模板

单元主题教学任务	
教师活动	学生活动
任务一:（根据单元主题教学的内容设置）	
教师活动1: 围绕单元主题,呈现学习情境,提出驱动型问题,确定学习任务类型;示范指导学习方法,搭建学习支架,关注课堂生成,恰当运用评价方式与评价工具促进学习	学生活动1: 围绕单元主题,学生在真实问题情境下展开学习活动,完成学习任务,包括评价与反思
设计意图说明（简要说明教学环节、学习情境、学习活动等的组织与实施意图）	
任务二:	
教师活动2 ……	学生活动2……
设计意图说明…… ……	
板书设计: 板书完整呈现教与学活动的过程,呈现建构知识结构与思维发展的路径与关键点。主板书呈现学习内容或主题,副板书呈现学习支架	
作业设计: 关注与单元主题有关的作业设计意图、完成时间等。发挥作业复习巩固的作用,引导学生深入领会主题;面向全体,分层设计;分析作业完成情况,作为教学改进的依据	

以五年级下册第四单元"家国情怀"主题教学任务设计为例：

任务主题：多元活动探内心，能导会演担责任。

突破问题：体会人物内心，贴标签易，内显难。

任务情境：校园红色艺术节即将开始，剧院要挑选小演员。这里有一份《演员的自我修养》手册，通关后便能拿到珍贵的"演员认证卡"。

单元任务群设计考量：单元主题是"责任"，单元语文要素是体会和表现"人物的内心"，本单元的几篇文本特点不同，文本表达方式不同，因此学习内容的侧重点也应有所不同。结合文本特质，可以"戏"设任务。《青山处处埋忠骨》是一篇史实短文，学生学习本文可以如同一位"导演"，精准捕捉毛泽东的丧子之痛和艰难抉择的画面。其任务主要是"导戏"，课文理解主要是捕捉画面，核心策略是变换角色朗读体会，进而与人物内心世界共情。《军神》一课的精彩在于沃克医生和刘伯承的对话，需要在细腻的角色表演中，与人物内心产生共振。其任务主要是"演戏"，课文理解的方法是还原对话的冲突感，核心策略是进行角色扮演。《清贫》是方志敏的一篇自述文章，类似于独角戏中的自白，因此要在理解、感悟的基础上与作者情感产生共鸣。其任务主要是"说戏"，核心策略是领悟作者表达的情感。而本单元的习作是《他_____了》，这是对前面几篇课文习得方法的综合运用，任务就像是在"写戏"，与笔下的人物共同成长。由此可提炼出本单元的主题"多元活动探内心，能导会演担责任"。整个单元学习经历"导戏—演戏—说戏—写戏"过程，由文学阅读到创意表达，由学习到迁移运用，形成任务群学习的闭环结构（见表7-8）。

表7-8 单元任务群整体设计表

"文学阅读与创意表达"任务群——多元活动探内心，能导会演担责任				
任务群设计	《青山处处埋忠骨》	《军神》	《清贫》	习作："他_____了"
任务目标	导戏	演戏	说戏	写戏
教学策略	捕捉画面感	还原冲突感	独白表现感	写作表达感
学习方法	内心体验	角色扮演	情感体悟	综合运用
情感体验	共情	共振	共生	共用
学习评价	注重过程性评价，聚焦文本学习重点，准确把握人物内心；注重"教—学—评"的一致性。			

统编义务教科书四年级上册第一单元的人文主题是"自然之美",语文要素是"边读边想象画面,感受自然之美"。本单元安排了两篇精读课文《观潮》《走月亮》,两篇略读课文《现代诗二首》《繁星》,习作《推荐一个好地方》。本单元包含了散文、现代诗,文辞兼美、富有想象,习作要求学生能推荐一个好地方。本单元可创设"跟着名家去旅行"这一情境,在文学阅读中想象画面,感受文学意蕴之美、山川之美,同时在阅读中发现文学语言之妙,习得名家表达的密码,再结合自己的生活体验,在习作时尝试用文学语言表达自己热爱自然、热爱生活的情感,写下推荐的好地方,完成习作创作,让人文主旨与言语实践共生共长。

(三)以课后习题为重点,搭建课文(课时)审美学习支架

课文(课时)主题的学习要集中于中层意脉和深层形式的把握,这往往是最难的,需要以课后习题为抓手,将课后问题转化为程序性的学习任务,搭建支架帮助学生理解(见表7-9)。

表7-9 课时主题教学任务设计表

课文(课时)主题教学任务	
课题	
教学内容分析	分析本课时教学内容在单元中的位置,与学科核心素养和单元语文要素、蕴含的价值观关联
学生学情分析	分析学生与本课时学习相关的学习经验、知识储备、能力水平。分析学生的学习兴趣与需求,理解本课主题教学时可能遇到的困难
学习目标确定	根据新课标和学生实际,指向学科核心内容、学科核心素养的发展阶段,描述学生经历学习过程后应达成的目标
学习评价设计	体现学科核心素养发展的进阶,细化单元学习过程性评价,通过学生的行为表现判断学习目标的达成度

如《青山处处埋忠骨》一文,通过设计三次"走进"(父与子、主席与志愿军战士、华夏儿女)和三次"拍摄"(常人情感、伟人胸怀、家国情怀)的学习任务,带领学生入情入境读文章,弘扬革命文化,传承红色基因,体会中国人的家国情怀。

设计的核心任务是"导戏",有三个子任务。任务一:镜头闪回,回顾画面。学生模拟导演要选择一个镜头来拍摄,选择镜头画面对应提取和概括的

能力。任务二：走进"父与子"，拍摄"常人情怀悲痛深"。抓拍毛主席悲痛的画面，关注文本最有表达特点的部分。任务三：走进"主席与志愿军战士"，拍摄"伟人胸怀矛盾艰"。小导演拍摄毛主席内心矛盾的画面，如从毛主席对毛岸英的称呼变化入手，抓矛盾冲突，通过捕捉镜头细节语言，走进人物内心。

又如，统编义务教科书小学语文四年级上册第六单元人文主题是成长故事，共编排了三篇课文。本单元语文要素是"学习用批注的方法阅读"以及"通过人物的动作、语言、神态体会人物的心情"。习作要素是"记一次游戏，把游戏过程写清楚"。根据单元要素及三篇精读课文的课后习题，本单元语文要素借助"批注"策略，课后习题从关注"批注"角度到借助"批注"品读人物的动作、语言神态走向人物内心，最后是习作表达，体现了从读到写的特点。结合单元主题和课后习题支架，确立"童年·童趣"主题，将"开往童年的列车"作为主要情境任务统领单元学习。制作《童年·童趣》成长集，设置以下四个子任务：任务一，童心箴言录。学习《牛和鹅》《陀螺》，初步探究批注角度，学会通过批注理解课文中蕴含的道理。任务二，童趣五味瓶。学习《一只窝囊的大老虎》，通过不同角度练习批注，借助批注多层次感受人物内心的五味杂陈；学习口语交际《安慰》，感受不同情境下合理、有效、贴心的表达。任务三，童乐记事本。完成习作《记一次游戏》，加入心情和感受，结合批注中学到的方法，进行书面创意表达。任务四，童真放映机。明确交流会形式，小组合作分享童年游戏经历，进行多样化口语表达，感受童年的欢乐。此任务群的设计从文本阅读走向创意表达，引导学生用批注的方法经历深度、个性化的阅读，从审美体验到审美创造。

三、教学评价：提升审美品质

文学阅读与创意表达学习任务群最终指向培养具备健康审美意识和正确审美观念的人。"以文化人"是单元主题教学的价值目标，因此在评价中必须凸显审美的"化育"导向。马扎诺认为，自我评价系统主要体现在四方面，即检验重要性、检验效能、检验情感反应、检验总体动机。[①] 因此，提升学生核心素养，应以促进学生知识结构与认知结构生成为目标。

---

① 黎加厚. 新教育目标分类学概论［M］. 上海：上海教育出版社，2010：34

（一）过程性评价

过程性评价贯穿学习的全过程。"文学阅读与创意表达"学习任务群的过程性评价，要关注学生学习的态度、情感等过程性表现；关注学生课堂发言、讨论中表现出来的价值观；关注学生阅读与表达中从知识建构到价值引领的健康审美观的形成。

例如，在执教《大象的耳朵》时，"人家是人家，我是我"。是大象经历了耷拉耳朵，竖起耳朵，再耷拉回耳朵之后明白的道理，传递的是"做自己，最快乐""适合自己的，才是最好的"的儿童哲学。孩子们在童话故事的朗读理解、复述演绎中会越来越清晰地感受到这个童话故事传递的真理。当我们在传递"做自己，最重要"的文学价值时，应回到本单元的主题词"改变"中来，到底变还是不变？也应根据不同情境而定。"妈妈叫你下楼丢垃圾，奶奶请你揉揉肩……当你不想做这些事情的时候，你也说'人家是人家，我是我'，你们觉得合适吗？"这样的成长价值引导，对孩子们来说是很有必要的。感受文学作品的形象，形成独特的审美观念，要注意引导和培养学生正确的人生观、价值观，进而培养具备健康审美意识和正确审美观念的人。

又如，执教统编小学语文教科书四年级下册第八单元《宝葫芦的秘密（节选）》时，发挥想象创编故事是课后习题要求。作为统编教材小学阶段最后一个完整的童话单元，落实该环节目标时，通过复习再现《在牛肚子里旅行》《卖火柴的小女孩》《总也倒不了的老屋》三篇童话故事，搭建童话故事创编支架，即一波三折的经历；反复的情节或反复的语言，可以推动童话故事生动有趣的发展。学生在自主创编童话故事时，借助评价表格支架，自主创编，以达成创编奇妙故事的目标，学生在审美鉴赏中完成自我审美建构，实现创意表达（见表7-10）。

表 7-10 故事创编自主评价表

评价标准	来历奇	经历奇	法力奇	一波三折	反复结构
故事达人（3☆）	☆	☆	☆		
故事大王（4☆）	☆	☆	☆	☆	
超级故事大王（5☆）	☆	☆	☆	☆	☆

（二）阶段性评价

这里的阶段性评价，是以单元整组为单位，以达成单元素养目标及育人目标为导向而设定的教学关键节点的评价，充分体现"从单元到单篇"的统整关系。阶段性评价贯穿感受美到发现美、欣赏美到创造美的全过程。

以统编小学语文教科书五年级下册第四单元的任务群学习评价为例，依据教学规律、知识结构以及学生认知结构，系统评价促进学生知识学习、心智成长的教学路径：指向"文学阅读与创意表达"任务群系统化教学，实现审美育人目标的结构化；基于本单元的篇章统整，实现育人内容的结构化；设计驱动性的任务组群，实现本单元育人任务的结构化。学生在任务完成的过程中，就像经历一位演员的自我修养提升过程；任务群的主题学习注重过程性评价，即通过冲突设置、细节把握、读写融合等，评价小演员能不能与人物共情、共振、共生、共长；评价主体是多元的，可以是教师、学生、家长等，学生既能以演员，也能以观众的身份进行自评与他评；其最终的证据和成果表现，是完成一篇习作，体现了任务群学习对"体会人物内心"这一挑战性任务的检验，形成了学习成果的迁移和运用，从而真正达成指向核心素养的"审美创造"的教学目的。

综上，在"文学阅读与创意表达"学习任务群视域下，引导学生通过文本阅读发现文字独特的表达密码与获得丰富的审美经验，再引导学生表达独特的体验与思考，从而实现"文学体验—审美经验—审美评价—审美鉴赏—审美创作"单元教学过程，使学生的审美能力得到提升。学生通过把握文本内核，理解主旨的能力得到提升；学生借助品析语言表达，感悟文本传递的思想；学生通过链接生活体验，能够对文本主题进行理解、内化，并形成迁移能力。通过"文学阅读与创意表达"任务群教学，助力学生完成知、情、意、行的发展和价值观形成，让学生将认知内化于心，外化于行，较好地达成了"以文化人"的效果，培养具备健康审美意识和正确审美观念的人（见表7-11）。

表7-11 "文学阅读与创意表达"学习任务群教学评价量表

一级指标	二级指标	指标描述	分值
文以载道（教材解读结构化）	价值取向（10分）	1. 具有正确的人生观、价值观和世界观（5分）	
		2. 有利于培养具备健康审美意识和正确审美观念的人（5分）	
	文本解读（20分）	1. 能理解文本的主题与中心（10分）	
		2. 梳理文本内在逻辑，选择合适的阅读策略和表达方法（10分）	

续表

一级指标	二级指标	指标描述	分值
以文传道（教学设计结构化）	学情分析（10分）	1. 准确把握学生已有阅读和表达水平（5分）	
		2. 根据学段要求，确定阅读与表达的教学重难点（5分）	
	主题把握（10分）	1. 阅读与表达主旨融合审美主题及语文要素（5分）	
		2. 根据主题设计阅读与表达语文实践活动（5分）	
	逻辑主线（10分）	1. 根据确定的学习主题，创设审美情境和学习任务（5分）	
		2. 阅读任务驱动，获得审美体验，尝试创意表达（5分）	
	认知发展（10分）	1. 感受文学语言和形象的独特魅力，了解文学作品的基本特点（5分）	
		2. 欣赏和评价语言文字作品，表达自己独特的体验与思考（5分）	
以道化人（教学评价结构化）	手段方式（15分）	1. 注重评价主体（教师、学生、家长等）的多元性（5分）	
		2. 重视过程性评价，有过程性评价和阶段性评价等（5分）	
		3. 结合学习单、量表、测评等多种方式进行评价（5分）	
	教学效果（15分）	1. 学生能通过文学阅读初步感受美、发现美（5分）	
		2. 学生能通过欣赏和评价语言文字，提高审美品位（5分）	
		3. 学生能运用语言文字表现美、创造美（5分）	
总分（100分）			

四、教学案例

文学阅读与创意表达
——以统编小学语文教科书二年级下册第七单元为例

一、单元解读

"文学阅读与创意表达"任务群第一学段的学习内容包括"学习儿歌、童话，阅读图画书，体会童真童趣，感受多姿多彩的生活，初步体验文学阅读的乐趣"。这部分旨在让学生通过对儿歌、童话的文本阅读，感受并发现语言文字趣味，串联真实生活，丰富精神世界，实现审美创造。

二年级下册第七单元以"改变"为人文主题编排了四篇童话故事，包括《大象的耳朵》《蜘蛛开店》《青蛙卖泥塘》《小毛虫》。《大象的耳朵》

和《小毛虫》在不断改变中丰富了对自我的认识,《蜘蛛开店》和《青蛙卖泥塘》围绕着他人的建议进行改变,却产生了完全不同的效果。故事富有思维价值,学生从妙趣横生的故事情节中体验"改变"给人带来的思考。童话以儿童化的情境语言,融汇奇妙的想象,传承人类经验与智慧,揭示人生哲理。小学低段的学生对童话兴趣浓厚,学生在丰富的童话故事中感受美、发现美,结合故事传递的文学价值对故事人物进行审美评价,形成个性化的审美体验。

"借助提示讲故事"是本单元的重点,在单元课后习题中,提供了多种形式的训练。《蜘蛛开店》一课引导学生借助示意图讲故事,《小毛虫》一课引导学生借助相关词句讲故事。在一年级教材的课后题中就已经出现讲故事训练。本单元是第一次从单元整体出发,提出"借助提示讲故事"的训练要求,教学时需要唤醒学生已有的认知,在学生已有基础上,引导学生借助提示,有顺序地讲好故事。从发现美到评价美,学生在审美体验中理解故事情节、体会人物感受、根据获得的审美经验复述故事或者创编童话故事,在品味童话故事的美好和趣味中提升审美能力,在独特的审美评价中达成童话的精神与成长价值引领,涵养情趣,提升审美品位。

二、单元设计

（一）单元主题

畅聊童话世界。

（二）单元情境

童话的世界十分神奇,童话故事总是曲折有趣,引人入胜,这是因为"改变"是童话世界的常态。在本单元,有在改变中,重新认识自己的大象;有在改变中,卖东西手忙脚乱的蜘蛛;有在改变中,将环境装扮得越来越美好的小青蛙;还有在改变中,不断努力,不断成长的小毛虫。让我们一起走进童话世界,发现童话的秘密,从而有序讲好童话故事,去探寻表达的密码,加入自己的想象把童话故事讲有趣,最后变身故事的主角,同他们一起苦恼、一起欢笑,加上动作和神态,把故事讲得更加引人入胜!

（三）单元教学目标

1. 能够根据示意图和相关词句,有顺序地讲故事,不遗漏主要情节。

2. 能够领会故事蕴含的道理,并结合生活实际说说自己的感想,体会童话故事的美好,培养积极向上的生活态度。

3. 能够根据故事内容进行表演,把故事讲给同学或家人听,并与他们交流自己的阅读感受。

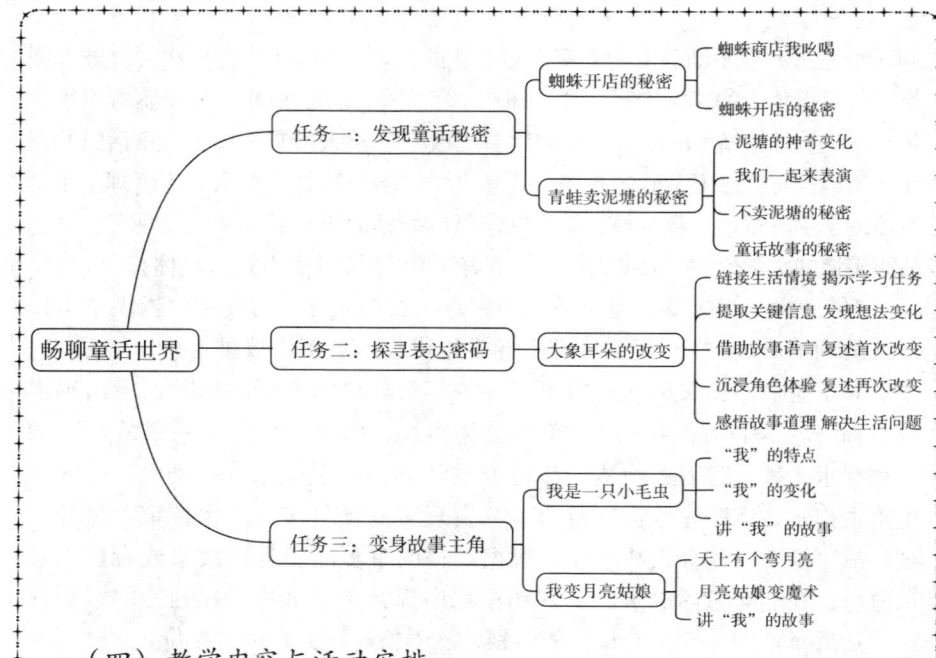

（四）教学内容与活动安排

任务一：发现童话秘密（4课时）

1. 蜘蛛开店的秘密

（1）蜘蛛商店开张了。阅读了解故事内容，借助示意图梳理归纳，发现蜘蛛先后卖了哪几种商品，有哪些顾客光顾过。发现三小段故事都是先写蜘蛛卖了什么，再写挂招牌，接着写顾客来了，最后写结果怎样。

（2）蜘蛛商店我吆喝。设置帮助蜘蛛卖商品的讲故事情境，聚焦童话故事情节反复的结构，借助示意图，分开讲清楚蜘蛛"卖口罩""卖围巾""卖袜子"的故事，再试着完整地讲一讲蜘蛛开店的故事。

（3）蜘蛛开店的秘密。提出问题：故事接下来会发生什么事；为什么蜘蛛如此辛劳，最后却失败了；为什么蜘蛛的招牌上写着"每位顾客只需付一元钱"？感觉蜘蛛思维简单，蜘蛛的想法总因为别人而改变。讨论：蜘蛛怎样开店才能获得成功？

2. 青蛙卖泥塘的秘密

（1）泥塘的神奇变化。阅读了解故事内容，借助示意图梳理青蛙卖泥塘时听取了谁的意见，青蛙为泥塘做了哪些事情，泥塘发生了什么变化？

（2）我们一起来表演。分角色朗读课文，体会动物们对话时的心情，注意不同人物的语气。分小组进行角色扮演。

（3）不卖泥塘的秘密。讨论：青蛙为什么不卖泥塘了？同样都是听他人的意见进行改变，为什么蜘蛛失败了，青蛙的泥塘却越改越好？感悟美好的生活要靠劳动创造，听他人的意见不一定会成功，还要学会自己思考。

（4）童话故事的秘密。讨论：你从《蜘蛛开店》和《青蛙卖泥塘》中发现了什么童话的秘密？引导学生发现童话故事情节，根据这个特点，可以有序地讲故事。根据示意图，将美好的《青蛙卖泥塘》的故事，讲给别人听。

任务二：探寻表达密码（2课时）

大象耳朵的改变

（1）链接生活情境，揭示学习任务。播放留言条，了解果果的烦恼。发布学习任务，读懂故事，用讲故事的方式劝慰果果。

（2）提取关键信息，发现想法变化。发现大象耳朵的变化。提出主问题：咦，大象的想法为什么会发生改变？

（3）借助故事语言，复述首次改变。读懂小动物的语言，体会小动物的疑惑。补白小动物语言，探寻童话故事表达的密码，理解大象想法改变的原因。借助支架，讲好第2~8段的第一次改变。

（4）沉浸角色体验，复述再次改变。入情入境，体会大象耳朵撑起来的烦恼，理解大象想法的第二次改变。想象大象放下耳朵后的安逸感觉。借助支架讲好第9~13段的第二次改变。

（5）感悟故事道理，解决生活问题。在真实情境中，完整地复述故事。联系生活，理解"人家是人家，我是我"。生活中，你有过像果果这样的烦恼吗？

【板书】

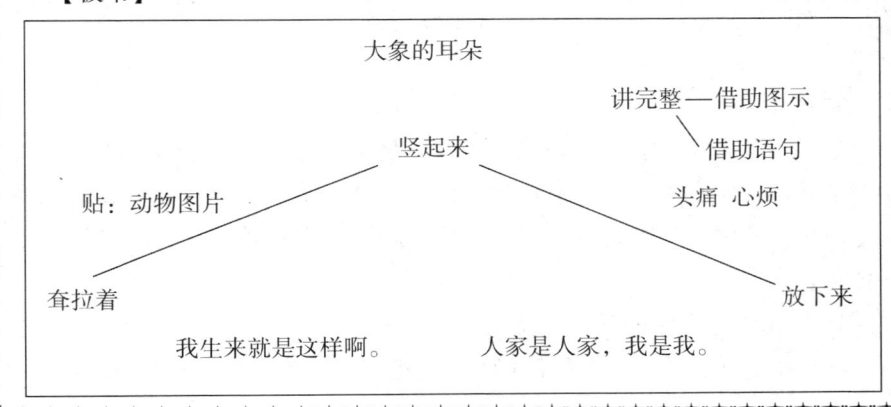

任务三：变身故事主角（2课时）

1. 我是一只小毛虫

（1）"我"的特点。联系上下文，对比其他昆虫，发现小毛虫可怜又笨拙的特点。

（2）"我"的变化。阅读了解故事内容，"你"作为小毛虫，经历了哪些变化，从什么变成了什么？画出相关的语句。课后题中的三幅图分别对应着"你"的什么样子，对应着课文哪几自然段？

（3）讲"我"的故事。我们读故事知道了小毛虫要遵循的规律，你能借助示意图和关键语句讲好故事吗？可以借助示意图按照顺序讲得一星，加上自己的想象和动作讲可以得两星。

《小毛虫》课堂复述评价表

星级	标准
☆	画相关语句，理故事脉络
☆☆	借助示意图，把故事讲清楚
☆☆☆	加入动作，把故事讲生动

2. 我变月亮姑娘

（1）天上有个弯月亮。找一找月亮姑娘为什么要做衣服？

（2）月亮姑娘变魔术。阅读了解故事内容，裁缝来量了几次衣服，月亮姑娘的身体产生了什么变化？画出关键语句。引导学生思考：月亮姑娘为什么三次都没有做成衣服？发现月亮姑娘能变魔术的秘密。

（3）讲"我"的故事。设置讲故事情境，借助关键语句，加上自己的动作讲故事。

三、单元评价

新《课标》强调教学评一体化。要立足单元总体任务及各阶段的语文学习活动，开展真实有效的单元学习评价，以促使学生掌握学习方法并将所学应用于实践。本单元将过程性评价、阶段性评价相结合，确保教学评一体化。

1. 单元学习活动过程性评价

在学生完成各阶段任务的过程中，借助"过程性评价标准"分阶段评估学生的学习效果。强调评价主体的多元化：构成以教师、学生及学习伙伴组成的评价主体，提高评价科学性。

"畅聊童话世界"学生使用过程性评价量表

学习活动	自我评价	同伴评价	教师评价	总评
任务一：发现童话秘密	☆☆☆	☆☆☆	☆☆☆	☆☆☆
任务二：探寻表达密码	☆☆☆	☆☆☆	☆☆☆	☆☆☆
任务三：变身故事主角	☆☆	☆☆	☆☆	☆☆

在三个学习任务中，聚焦"借助提示讲故事"核心素养设计评价量规。前两个任务侧重于学生对每一课所构建的复述支架的巩固与运用能力的评估，最后一个任务则进一步要求学生能够综合运用信息提取、图画、关键句等多种支架较完整地讲述故事。在表述中还结合欣赏与评价维度，例如，"青蛙为什么又不卖泥塘了""结合生活说说对'人家是人家，我是我'的理解"以及"借助小毛虫的心声讲故事"，都隐含审美情趣的熏陶与精神价值的引领，实现单元育人目标。

"畅聊童话世界"过程性评价标准

评价类型	内容	评级标准
过程性评价	任务一：发现童话秘密	☆认识《蜘蛛开店》《青蛙卖泥塘》中的生字，会写课文中的词语 ☆能感知故事结构反复的特点，根据示意图讲故事 ☆能分角色表演故事，说出青蛙为卖泥塘做了哪些事，最后为什么又不卖泥塘了
	任务二：探寻表达密码	☆认识《大象的耳朵》生字，会写课文中的词语 ☆能借助大象的话，说说大象两次想法是怎么改变的 ☆能结合生活实际，理解"人家是人家，我是我"的意思
	任务三：变身故事主角	☆认识《小毛虫》生字，会写课文中的词语 ☆能借助小毛虫的心声，用自己的话完整讲故事

2. 单元学习活动阶段性评价

在学生完成本单元学习后，借助"终结性评价标准"综合评估学生在本单元的学习中核心素养的发展。

（1）借助提示讲故事。这一评价维度直接体现了语文核心素养中的"语言运用"。学生是否具备良好的语言组织能力，是否能借助提示将故事较完整地传达给听众，是否能通过语气语调的恰当运用，增强语言的表现力和情感色彩，使故事讲述更加引人入胜。

"畅聊童话世界"学生使用终结性评价量表

学习活动	自我评价	同伴评价	教师评价	总评
借助提示讲故事	☆☆☆	☆☆☆	☆☆☆	☆☆☆
链接生活理解"改变"	☆☆☆	☆☆☆	☆☆☆	☆☆☆

（2）链接生活理解"改变"。这一评价维度充分展现了语文核心素养中的"思维能力"。学生具备基本的认知和理解能力，才能够理解"改变"这一抽象概念；具备丰富的想象力和创造力，才能够将"改变"的概念融入故事创编中，展现出独特的思维视角和见解；具备审美能力和批判性思维能力，才能够结合个人经历和社会现象，对"改变"进行深入思考并说出自己的见解，在评价与创造中提升审美意识，形成正确的审美观念。

"畅聊童话世界"单元终结性评价标准

评价类型	内容	评级标准		
		内容把握☆	语气语调☆	互动交流☆
单元总评	借助提示讲故事	能借助示意图、插图、表格等把握故事发展的顺序，较完整地讲述故事	勇敢、自信地讲述故事	有当众讲故事的勇气和信心
	链接生活理解"改变"	☆能结合生活实际，表达自己对"改变"的理解 ☆能联系生活实际，展开想象，创编故事 ☆能链接生活实际，表达自己独特的意见和看法		

（此案例由成都市东城根街小学袁嘉婧、王清筱提供）

第三节　思辨性阅读与表达：
培养具有理性思维和理性精神的人

著名心理学家皮亚杰认为，教育的最高目标是培养具有逻辑思维能力和掌握抽象复杂概念能力的人，教学不仅是传授知识，更重要的是让儿童学会如何思维。① 然而，我们的文化传统中似乎欠缺对逻辑思维的重视，哲学家黎鸣曾说："逻辑理性是中国传统文化'琴声'中最弱的一根'弦'。"传统语文课堂教学偏重于培养和发展学生的直觉思维与形象思维，对逻辑思维、辩证思维、创造思维等高阶思维的训练一直没有引起足够的重视，因此学生高阶思维能力普遍不足。

《课标》指出："思维能力是指学生在语文学习过程中的联想想象、分析比较、归纳判断等认知表现，主要包括直觉思维、形象思维、逻辑思维、辩证思维和创造思维。思维具有一定的敏捷性、灵活性、深刻性、独创性、批判性。有好奇心、求知欲，崇尚真知，勇于探索创新，养成积极思维的习惯。"这是从思维的方式、思维的类型、思维的品质、思维的习惯四方面建构对学生思维能力的培养要求。

思辨性阅读与表达学习任务群"旨在引导学生在语文实践活动中，通过阅读、比较、推断、质疑、讨论等方式，梳理难点、事实与材料及其关系；辨析态度与立场，辨别是非、善恶、美丑，保持好奇心和求知欲，养成勤学好问的习惯；负责任、有中心、有条理、重证据地表达，培养理性思维和理性精神"②。通过对这一任务群的分析，我们可以发现："思辨"就是辩证地思考，它始于质疑，回归于反思，是一个循环往复的过程。在这个过程中，好奇、好问、质疑、批判、反思等是伴随思维过程的重要思维倾向，比较、分析、概括、推断是伴随思维过程的具体思维方法，思维倾向和思维方法不可分割，二者相辅相成，共同构成理性思维的主体。课程总目标的第六条是"积极观察、感知生活，发展联想和想象，激发创造潜能，丰富语言经验，培养语言直觉，提高语言表现力和创造力，提高形象思维"，第七条是"乐于探索，勤于思考，初步掌握比较分析、概括、推理等思维方法，辩证地思考问题，有理有据、负责任

---

① 武淑霞. 向美而行：幼儿园快乐美术的实践与研究[M]. 昆明：云南大学出版社，2023：175.

② 中华人民共和国教育部. 义务教育语文课程标准：2022年版[S]. 北京：人民教育出版社，2022：5.

地表达自己的观点，养成实事求是、崇尚真知的态度"。① 思辨性阅读与表达任务群的学习目标体现了思维能力这一核心素养的发展需求，即在语言学习过程中培养学生良好的思维能力、思维品质和思维习惯。

从思辨性阅读与表达任务群的具体目标来看，第一学段培养学生的问题意识与思考习惯，让学生乐于表达；第二学段围绕具体问题展开思考，敢于质疑，能运用辨析、质疑、提问等思维方法进行思辨，同时敢于表达自己的看法；第三学段将文本与问题相结合，体会猜想、验证、推理等思维方法，学习有理有据地表达。阅读是表达的基础，表达是阅读的延伸，两者共同构成语文学习活动的核心。从阅读来看，思辨的重点是梳理观点、事实与材料及其关系：第一学段学生所形成的问题意识和思考习惯是思辨的基础，在此基础上第二、三学段聚焦实际问题学习思辨的方法。从表达来看，思辨的重点是做到负责任、有中心、有条理、重证据的表达：从第一学段敢于表达到第二学段运用口头和图文结合的方式表达，再到第三学段有理有据表达。这样的目标设定体现了思维能力的基础性、衔接性和进阶性，同时结构化的目标设定确保了学生思辨学习的完整性、统整性和真实性。思辨情境的真实性需要创设贴近学生真实生活的场景，如设计类、体验类、策划类、探究类等。学生在真实的学习情境中经历阅读、比较、推断、质疑、讨论等语文实践活动，在活动中学习并运用分析、概括、推理等思维方法，培养好奇、质疑、批判、反思等思维倾向，同时能做到负责任、有中心、有条理、重证据的表达，最终成长为一个具有理性思维与理性精神的人（见图7-4）。

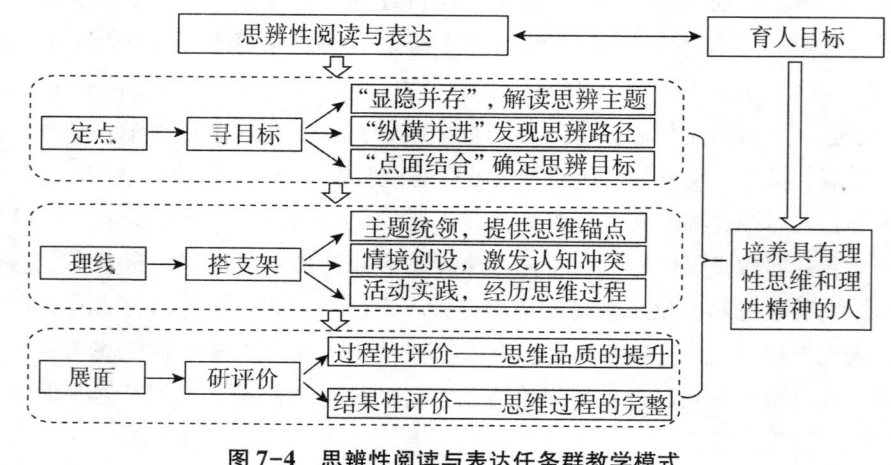

图 7-4 思辨性阅读与表达任务群教学模式

---

① 中华人民共和国教育部. 义务教育语文课程标准：2022年版 [S]. 北京：人民教育出版社，2022：6.

一、教材解读：发现思辨价值

薛法根老师认为语文教材中的课文，作为一般性的阅读文章，本身就具有阅读价值——读者可以从中获得信息，接受情感感染和人文熏陶。但这仅仅是文章未成为语文教材的原本价值。而一旦这些文章被选用到语文书里来，就具有了另一种价值——教学价值。① 所以同一篇文章从不同的角度解读会获得不同的教学价值，思辨性阅读与表达任务群应当侧重于从思维能力形成与发展的角度对教材进行结构化解读，建构文本独有的思辨教学价值，借助这一独特的思辨教学价值培养学生的理性思维和理性精神。

（一）"显隐并存"，解读思辨主题

统编小学语文教科书以"双线组元"的方式进行编排，即人文主题与语文要素。其中，人文主题体现出语文作为人文学科的本质特点，即关注人的精神和人的价值。② 因此，在解读文本时，我们应当关注文本的人文主题，实现以文化人。人文主题背景下的思辨主题存在显性和隐性两种。

显性思辨主题。纵观小学一到六年级的全部教科书，有些人文主题本身就指向思辨性阅读与表达，比如，二年级上册第五单元的"思维方法"，六年级下册第五单元的"科学精神"等，这些人文主题可以直接作为思辨主题来发挥其培养学生理性思维与理性精神的价值。以教科书二年级上册第五单元为例，本单元的人文主题是"思维方法"，编排了《坐井观天》《寒号鸟》《我要的是葫芦》三个故事。作为低段的阅读材料，三个故事内容浅显，形象鲜明，情节有趣，在激发学生阅读兴趣的同时，对深刻寓意的理解能很好地训练学生思维能力。《坐井观天》围绕"青蛙与小鸟的争论"引导学生初步懂得看问题要全面，体现思维的全面性；《寒号鸟》通过喜鹊与寒号鸟行为的对比让学生懂得要勤劳自勉，不能得过且过，体现思维的缜密性；《我要的是葫芦》以事与愿违的故事结果告诉学生要注意事物之间的联系，体现思维的逻辑性。三个故事都指向了对思维能力的培养，通过阅读故事让学生懂得生活中的一些基本道理，获得初步思考问题的方法，因此我们将本单元的思辨主题设定为"有趣的思维"。

隐性思辨主题。需要我们在充分理解人文主题的基础上对教材进行结构化解读，在解读中去凝练思辨主题。如三年级下册第二单元的人文主题是"寓言故事"，围绕这一主题编排了《守株待兔》《陶罐和铁罐》《鹿角和鹿腿》《池子

---

① 薛法根．备课：善于发掘教材的教学价值［J］．小学语文教学，2010（27）：28-29．
② 胡晓．把握编写理念 用好统编语文教科书［J］．中国民族教育，2021（10）：50-52．

与河流》四篇课文。这四则寓言涵盖古今中外，文体上有小古文，还有诗歌。通过对文本的解读，我们不难发现这四则寓言都以故事的方式讲述着各自蕴含的道理，而这些道理背后传递的就是人类的智慧，因此我们可以将这一单元的思辨主题设定为"寓言中的智慧"。

（二）"纵横并进"，发现思辨路径

统编小学语文教科书"双线组元"的另一条线是"语文要素"，即"语文素养"的各种基本"要素"，包括基本的语文知识、必需的语文能力、适当的学习策略和学习习惯，以及写作、口语训练等，它们被分成若干个知识或能力训练的"点"，由浅入深，由易及难，分布并体现在各个单元的课文导引或习题设计之中。[①] 学生思维能力的发展也遵循由浅入深，由易及难的客观规律。因此，在解读教材时，我们应当遵循课标对思辨性阅读与表达这一任务群的学习要求，关注教科书的整体编排，发现教科书中的助学系统、练习系统等与课程标准、课程内容、课程目标的关联，从学段纵向与单元横向两方面建构思辨路径。

我们以教科书四年级下册第二单元为例，本单元以"科普"为人文主题，单元语文要素是"阅读时能提出不懂的问题，并试着解决"。从学段纵向看，这是基于四年级上册第二单元"阅读时尝试从不同角度去思考，提出自己的问题"在阅读策略上的进一步发展，旨在增强学生主动提问的意识，养成阅读时积极思考、主动解决问题的良好习惯。同时在继续强化提问意识的基础上，提出了"试着解决"的要求。从横向看，《琥珀》一文课后提出"提出不懂的问题，并试着解决"的学习要求，并列举了一个问题做示范。《飞向蓝天的恐龙》课后提出"把不懂的问题写下来，并试着解决"的学习要求。《纳米技术就在我们身边》课后提出了"和同学交流"问题的学习要求。《千年梦圆在今朝》提出了"查阅资料"的学习要求。这些要求为学生解决问题提供了方法与途径。这样的思辨路径体现了本单元思辨学习在继续强化问题意识的基础上尝试解决问题的进阶要求，同时学习了和他人交流、查阅资料等解决问题的思维方法（见表7-12）。

---

① 温儒敏."部编本"语文教材的编写理念、特色与使用建议［J］. 课程·教材·教法，2016, 31（11）: 3-11.

表7-12 构建思辨路径

课标要求	保持好奇心和求知欲，养成勤学好问的习惯
纵向	四年级上册"尝试从不同角度去思考，提出自己的问题" ↓ 四年级下册"能提出不懂的问题，并试着去解决"
横向	《琥珀》：提出不懂的问题，并试着解决→《飞向蓝天的恐龙》：把不懂的问题写下来，并试着解决→《纳米技术就在我们身边》：和同学交流→《千年梦圆在今朝》：查阅资料

（三）"点面结合"，确定思辨目标

新《课标》背景下的语文课堂教学目标应当从知识本位走向素养本位，以核心素养为导向的语文课堂教学要实现"三点"目标：为学生学科核心素养而教是出发点，学生形成并发展学科核心素养是落脚点，学科核心素养应教尽教是着力点。[①] 思辨性阅读与表达侧重于形成和发展学生的思维能力，在解读教材时我们也应当关注学生思维能力形成与发展的"三点"目标。"在杜威的理论中，思维是为了某个目的而展开的连贯有序的头脑推理活动。它包括三个要素：一是'目的'，即需要解决或解答的问题；二是'过程'，即环环相扣的推理；三是'材料'，即与问题相关的事实和经验。"[②] 教材中供学生阅读的文本，学生阅读文本时产生的问题，学生探究问题的过程这三者构成了学生思维发展的要素。因此，要形成并发展学生的思维能力，就必然结合教材以结构化的方式建构学生思维发展的认知目标。

以统编小学语文教科书四年级上册第二单元为例，谈谈对教材的解读。

1. 解读单元整体目标，明确思维方向

教科书四年级上册第二单元为"提问"阅读策略单元。提问的本质就是在阅读、观察、讨论等学习活动中产生怀疑，这是思辨的基础。思辨性阅读与表达要求低段学生能大胆提问，这是培养学生质疑意识，而中段学生则要求其主动记录、整理、交流自己发现的问题，这是在强化学生提问意识的基础上学习质疑的方法，培养学生的理性精神。本单元的语文要素是"阅读时尝试从不同角度去思考，提出自己的问题"。结合本单元的语文要素，将本单元的整体目标

---

① 余文森. 以核心素养为导向：建立与义务教育新课标相适应的新型教学[J]. 中国教育学刊，2022（5）：17-22.

② 余党绪. 思辨意识·判断能力·理性表达：义教阶段"思辨性阅读与表达"教学的三个任务[J]. 语文建设，2023（1）：11.

定为"运用提问的策略进行阅读理解"。

2. 解读课时进阶目标，体现思维发展

围绕单元要素，本单元编排了《一个豆荚里的五粒豆》《夜间飞行的秘密》《呼风唤雨的世纪》《蝴蝶的家》四篇课文。《一个豆荚里的五粒豆》引导学生针对课文局部和整体大胆提问；《夜间飞行的秘密》重在引导学生从多角度提问，扩大提问范围；《呼风唤雨的世纪》引导学生学习筛选对理解课文最有帮助的问题；《蝴蝶的家》引导学生综合运用提问策略进行提问，并尝试解决问题。结合本单元的语文要素及课时要求，我们将课时目标设定如下（见图7-5）。

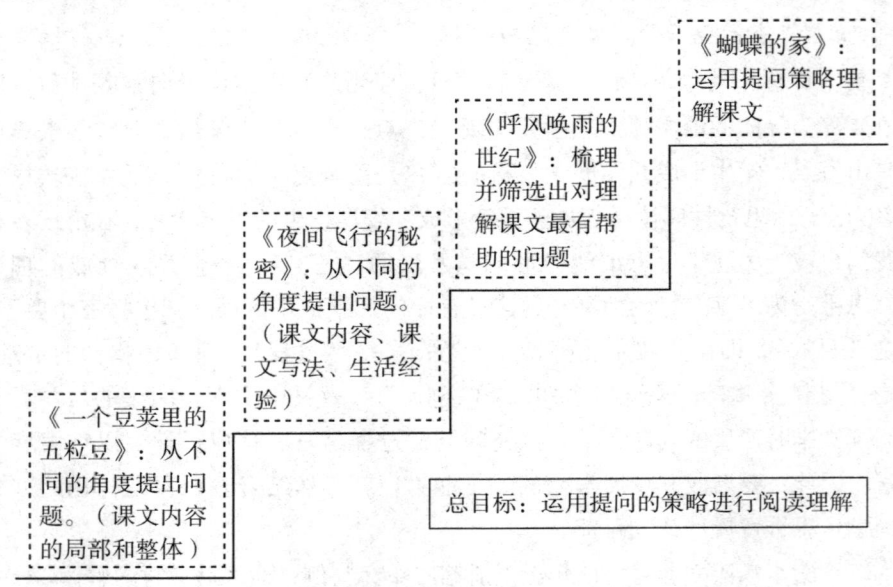

图7-5 统编小学语文教科书四年级上册第二单元目标

围绕思辨性阅读与表达任务群的"梳理观点、事实与材料及其关系"这一核心要素，我们不难发现，本单元中学生所提出的问题就是他们的观点，而文本内容及其生活经验就是材料与事实，从不同的角度提出问题以及梳理并筛选出对理解课文最有帮助的问题，这一思维活动的本质就是理清观点与事实、材料之间的关系。同时，学生提出问题的本质也是一种表达，结合文本内容，联系生活经验，提出问题本身就是一种有中心、有条理、重证据的表达。

本单元在保护学生提问兴趣的基础上继续强化学生的提问意识，这也是本单元思维素养的"出发点"。"不同角度"提示了本单元思维素养的进阶目标，即针对文本局部或整体内容提问，针对文本写法提问，联系生活经验提问等；"自己的问题"则更是明确本单元要发展学生独有的思维素养，既可以是基于阅读提出感兴趣或无法解决的问题,也可以是联系生活提出相类似的问题;"筛选"则包含了对"自己的问题"的记录、整理、交流等完整的思辨过程,这些既是本单元思维素养目标的"落脚点",也是"着力点"。以思维素养目标的达成为导向对教材进行结构化解读,才能更好地体现思维目标的基础性、递进性和衔接性。

二、教学设计:搭建思辨支架

《课标》指出:义务教育语文课程内容主要以学习任务群的方式组织与呈现。设计语文学习任务,要围绕特定的学习主题,确定具有内在逻辑关联的语文实践活动。[①] 思辨性阅读与表达任务群的教学设计也应当在学习主题的统领下,以学生的思维发展为锚点,创设能唤醒学生问题意识、认知冲突等的学习情境,设计能激发学生思辨兴趣,能学习并运用思辨方法的语文实践活动,促进学生形成良好的思维习惯,发展学生的思维能力,提升学生的思维品质。

(一)主题统领,提供思维锚点

学习主题是体现语文课程本质属性的内容提炼与概括,具有统整性、综合性和层级性等特点,其内部包含宏观、中观和微观三个层面的圈层结构。在开展学习任务群教学过程中,学习主题能够汇聚语文学科大概念,提供深度学习的思维锚点,指引学习目标统整、有序地表达,提高语文学习任务的结构化程度。[②] 思维锚点是一种思维连接点,它利用某一个思维点进行无限的发散和延伸,在发散与延伸的过程中,质疑、批判、分析、论证、生成、运用、反思、评价等思维要素得以聚合。学习主题统领下的思维锚点,不仅有助于学生用思维的方法解决问题,还能促进学生创造力的发展。思辨性阅读与表达任务群的教学设计要以学习主题为锚点,聚合思辨过程要素,并以单元目标和课时目标的方式呈现,在教学设计中以结构化的方式呈现。

以统编小学语文教科书三年级上册第四单元的学习主题为例。

1. 聚焦思维锚点,确定学习主题

本单元是阅读策略单元,语文要素是"一边读一边预测,顺着故事情节去猜想。学习预测的一些基础方法"。本单元人文主题是"预测","预测"是一

---

① 中华人民共和国教育部. 义务教育语文课程标准:2022 年版 [M]. 北京:人民教育出版社,2022:19.
② 张雅靓,徐鹏. 基于语文学习任务群的学习主题辨析 [J]. 中学语文教学,2023 (3):4—9.

种前瞻性的思维，它包含观察、分析、推理、论证等思维要素，结合文本进行"预测"需要学生在阅读中进行分析、推理，并通过阅读进行验证，这种阅读方式不仅可以激发学生的阅读兴趣，还可以让学生在阅读中学会思维方法。因此，结合本单元的人文主题，我们将本单元的学习主题设置为"预测让阅读更有趣"。学习主题中的"预测"为思维锚点，链接了阅读、理解、分析、推想等思维要素。

2. 聚合思辨过程要素，落实教学设计

以"预测"为思维锚点，将分析与论证、生成与运用等思辨过程要素作为思维的发散点，在教学设计中落实、落地。

（1）分析与论证

以反复结构叙述的《总也倒不了的老屋》用旁批的方式示范了预测的过程，围绕阅读、理解、分析、推想等思维要素，设计分析与论证的思辨过程。在学生预测故事内容这一环节时，我们做了如下设计。

①文本陌生化

把故事内容按发展顺序依次置于学生的预测出现之后，并让学生通过后续阅读来验证自己的猜测。

活动一：板书"老屋"，尝试猜测。由题目入手，通过猜测让学生明白读故事时可以依据已有的生活经验对故事内容进行预测。

活动二：借助图片，预测场景一。初次尝试预测，通过猜小猫，让学生明白读故事时可以根据插图进行预测。

活动三：联系上下文，预测场景二。通过课堂预测后的验证，让学生明白联系课文内容也能对故事进行预测，同时小结预测的方法，让学生初步掌握预测的基本方法。

活动四：运用方法，学习预测。让学生有意识地一边阅读一边预测，并运用前面学到的方法进行预测。

文本陌生化的教学设计既激发了学生思辨的兴趣，也确保学生经历了观察、分析、推理、论证的完整思维过程。

②表格梳理

待所有预测与验证完成后，我们还设计了表格对学习内容进行梳理与总结。学生通过观察表格发现：预测不是无端猜测，需要有文本内容的支持，需要结合生活经验做出有根据的判断；预测没有对错之分，要在阅读中不断完善自己的预测（见表7-13）。

表 7-13 "预测"梳理与总结表

故事内容	预测内容	预测依据
一个小小的声音在它门前响起	提出请求的是小猫	图片
等等，老屋！再过二十一天，行吗	老屋可能不耐烦了	生活经验
叽叽，谢谢	再见！好了，我到了倒下的时候了	故事内容

（2）生成与运用

本单元后两篇课文也是典型的可预测文本，《胡萝卜先生的长胡子》省略了故事的发展，《小狗学叫》呈现了不完整的三种结局。我们设计了让学生运用在《总也倒不了的老屋》一文中习得的预测方法学习后两篇课文的语文活动，比如《胡萝卜先生的长胡子》一课中利用故事情节预测胡萝卜先生的长胡子还会有什么作用，《小狗学叫》一课中联系生活经验预测故事的结局等。这样的学习活动让学生习得并运用了思维方法，经历了阅读、分析、理解、运用的思维过程。

《胡萝卜先生的长胡子》片段设计：

活动：胡萝卜先生的又一次神奇遭遇。

任务一：回顾预测的方法（联系上下文、插图、生活经验等进行预测）。

任务二：联系情节预测胡萝卜先生的经历（会遇到谁，那个人遇到了什么麻烦，会怎么解决？）

（二）情境创设，激发认知冲突

思辨性阅读与表达任务群的学习情境源于生活中语言文字运用的真实需求，服务于解决现实生活中的真实问题。思维能力的形成与发展离不开真实的思辨学习情境，学生只有在真实的思辨学习情境中开展学习活动，才能习得思辨的方法，才能在运用思辨方法的过程中形成并发展思辨的能力，最终成为一个具有理性思维和理性精神的人。学习情境的核心是与知识相对应的问题，因此，创设学习情境能够模拟地回溯知识产生的过程，从而帮助学生深刻理解教学内容，发展思维能力。[1] 从这一意义上来说，思辨性阅读与表达的学习情境能够更加有效地促进学生思维能力的发展。

---

[1] 赵蒙成. 学习情境的本质与创设策略[J]. 课程·教材·教法, 2005(11): 23-27.

统编小学语文教科书五年级下册第六单元以"思维的火花"为主题，编排了《自相矛盾》《田忌赛马》《跳水》三篇课文。这三篇课文都是故事性极强的文章，因此我们以故事情景再现的方式将学生引入三个故事中，让故事穿越时空界限，走出文本，走进生活。让学生扮演故事里的人物，通过角色扮演，实现学生与文本、故事人物的对话，在对话过程中探究人物的思维过程。《自相矛盾》设置"楚市奇闻"这一情境，让学生走入楚国市场，以鬻者和旁观者的身份参与这样一次叫卖活动；《田忌赛马》设置"赛马场上的较量"这一情境，让学生以观众、田忌、孙膑、齐威王等不同人的身份参与赛马活动；《跳水》设置"航行历险记"这一情境，让学生分别以船长、孩子、水手的身份讲述故事。本单元的习作话题是"神奇的探险之旅"，习作要求是根据情境编故事，把事情发展变化的过程写具体，所以本次习作设置了"团队探险记"这一情境，让学生经历组建队伍、遭遇困难、解决问题、完成探险的思维过程（见表7-14）。

表7-14 五年级下册第六单元整体情境创设表

内容	情境创设	认知冲突
《自相矛盾》	楚市奇闻	1. 鬻者言语中的前后矛盾 2. 旁观者话语背后的思维逻辑 3. 鬻者面对旁观者诘问时的内心认知 4. 学生作为读者对鬻者与旁观者的认知
《田忌赛马》	赛马场上的较量	1. 同样的马匹产生不同结果背后的原因 2. 孙膑反败为胜的思维逻辑
《跳水》	航行历险记	1. 孩子与猴子交锋时的情绪变化 2. 水手笑的价值与意义 3. 船长关键时刻选择背后的思维考量
习作《神奇的探险之旅》	团队探险记	1. 团队成员的选择对故事发展的作用 2. 探险地点、时间的确立与遭遇困难之间的因果关系 3. 解决困难背后的思维逻辑

丰富的学习情境建立了学科知识与学生实际生活和真实经验的联系，学生在真实的学习场景和经历中培养了必备品格和关键能力，从而实现学科核心素养的形成与发展。

（三）活动实践，经历思维过程

语言是思维的外壳，思维是语言的内核。思辨性阅读与表达的课堂教学要以学生的学习活动为主活动、主形式、主线路,教学设计时要在学习主题的引领下,安排具有内在逻辑关联的语文实践活动,在活动中经历思辨过程,引导学生学习发现、思考、探究问题的思路与方法。

以统编小学语文教科书六年级下册第五单元的语文实践活动为例。

为培养学生对文章的整体把握能力和根据具体情况思考问题、解决问题的意识,在教学设计中,设计了以下学习任务以及实践活动来实现思辨目标的达成。

板块一:回到过去,觅古人智慧

任务一:"学弈"展思维

(1)活动一:文的阅读——丰富文言语感,掌握阅读方法。

(2)活动二:言的习得——注重语言积淀,尝试创造表达。

(3)活动三:思的延展——训练高阶思维,呼应单元主题。

任务二:"辩日"善思辨

(1)活动一:梳理辩斗,了解特点。

(2)活动二:还原辩斗,明晰辩法。

(3)活动三:多元讨论,思辨价值。

任务三:揭秘"真理如何诞生"

(1)活动一:梳理观点。

(1)活动二:论证观点。

(3)活动三:迁移运用。

任务四:探寻"表里的生物"

(1)活动一:理清思路,把握主要内容。

(2)活动二:聚焦思维,梳理探究过程。

板块二:穿越到未来,叹科技进步

任务五:立足"未来",反观"现在"

(1)活动一:围绕核心问题,展开学习交流。

(2)活动二:结合生活实际,进行大胆想象。

任务六:"插上科学的翅膀飞"

(1)活动一:师生交流,感知科幻特点。

(2)活动二:创设情境,启迪学生想象。

(3)活动三:问题引导,构思角色情节。

板块三:跨越古今,感思维之妙

任务七:"雄辩善思展芳华"
(1) 活动一:理解辩题,做好准备。
(2) 活动二:尝试辩论,学习策略。
(3) 活动三:全班展示,提升质量。

本单元以"科学精神"这一主题为统领,围绕"穿古越今"这一情境,立足于思辨性阅读与表达,设置了7个任务。由学习任务驱动学习活动展开,将思辨能力贯穿始终,在文本的学习过程中,学生也经历了发现问题、分析问题、解决问题这一完整的思维过程。

三、教学评价:促进思维深度

思辨性阅读与表达的教学评价要始终围绕思维能力这一核心素养目标的发展要求,围绕学习主题,聚焦学生思考习惯、思维方法、思辨能力等学习目标,关注学生在学习过程中所表现出的思维倾向与思维品质。教学评价能促进学生根据外部获得的经验,学会独立评价自己的学习结果,这一行为本身就是一个思辨过程,因此适当、适时、适切的教学评价能促进学生更有深度的学习。

(一)过程性评价——关注学生思维品质的提升

思辨性阅读与表达的评价要关注学生在学习过程中的交流、研讨、分享、演讲等现场表现,要特别关注学生思维的过程和思维方法的运用。

教学活动本身可被视为一种过程性评价工具,学生在完成学习任务、开展语文学习活动时所呈现的思维状态就可以通过任务目标的达成度来进行评价。以统编小学语文教科书五年级下册第六单元为例。在完成《自相矛盾》一课的学习任务要求学生以旁观者的身份发表对鬻盾者的看法,课堂教学中有这样一个片段:

师:请以旁观者的身份来说说你对卖盾人的看法?

生1:他说的话是真的吗?

师:如果你能用古人的方式来表达你的观点就更好了。

生1(思考):汝言可真乎?

生2:一人闻之,赞之曰:"此盾甚好!"

生3:观者听之,笑曰:"此话谬矣。"

教学设计的目的是让学生能结合阅读材料有理有据地表达自己的观点,而在实际的教学活动中,教师恰当的评价和点拨让学生关注到了文本中语言表达方式的不同,学生通过对教材的梳理发现了文本的文体特点,即小古文,因此做出了用同样表达方式进行回答的思维判断,这就是深度思维的结果。这样的回答是学生在对文本内容充分把握的基础上对旁观者心理的揣摩,这样的揣摩过程包含发现、思考、质疑等思维要素,是学生在文言文学习场域中经历有深度的思考而形成的判断。老师的评价还激发了其他学生对这一问题的深度思考,因此恰当的教学评价,不仅能激发学生学习的兴趣,更能让学生在阅读、讨论、探究、演讲、写作等学习活动中建构更深层次的思维认知。

三年级下册第二十七课《漏》是一篇以反复结构进行讲述的民间故事,故事中"老虎"和"贼"的很多想法与行为具有相似性。课堂教学中在谈及"老虎被雨一淋,清醒了许多,想想不甘心,还是要回去吃驴,就转身往回走。贼被雨一淋,清醒了许多,想想不甘心,还是要回去偷驴,就下树准备往回走"这一情节时,有这样一个片段:

师:课文里的老虎和贼有相同的想法,做着同样的事,那可不可以加一个"也"字呢?

(学生阅读课文,寻找证据)

生1:不能加,如果是在同一段话里可以加"也"字。

生2:前面写老虎和贼的语言也是这样写的,所以这里这样写可以不加"也"字。

生3:"也"字表示一个先后顺序,似乎是老虎想了贼再想,而故事中很多时候是老虎和贼同时在想,因为他们彼此都不知道对方的存在。

在这个教学片段中,一个"也"字激活了学生思维,学生的思维活动始终围绕"观点、材料及其关系"展开,在阅读、比较、分析、推断中实现思维由浅入深、由表及里的进阶发展。

在思辨性阅读与表达学习任务群的教学中,我们始终关注学生在学习场域中的思维表现,抓住学习过程中的关键点,当场做出有针对性的点评或提示,促进学生思维素养的形成与发展。

(二)结果性评价——关注学生思维过程的完整

思辨性阅读与表达任务群的最终目标是培养具有理性思维与理性精神的人。因此,这一任务群的结果性评价也要指向这一点。思维过程的完整性可以通过学生在语文实践活动过程中产生的文字、表格、统计图、思维导图等物化学习成果来进行评价。

同样以统编小学语文教科书五年级下册第六单元为例,本单元习作为开展"探险故事"的创编,其重点在于能否把"遇到何种险情、如何解决"写具体。其实这是学生对本单元所学思维方法的运用:抓人物对话,观察环境及具体情况，寻找解决问题的办法，最终化险为夷。教师可从探险规划、言语内容、遇险解决等不同维度，对本单元任务群的实施和落实展开评价，以提升学生的思辨性表达能力。结果性评价可以用量表来评价学生的学习成果（见表7-15）。

表7-15 "神奇的探险之旅"评价表

习作话题	神奇的探险之旅	
评价项目	评价指标	思维能力
探险计划	队伍组建： 1. 依据人物的特长或特点，合理选择团队成员。 2. 成员的特点与故事情节之间存在必然的联系。 探险情境： 1. 选择合理的探险地点。 2. 选择合适的探险装备。 3. 预设将要遭遇的危险和解决方法。	逻辑思维： 1. 以已有知识储备和生活经验为基础进行想象。 2. 用恰当的语言生动、具体地描述探险经历
言语表达	1. 想象丰富且合理。 2. 把遇到的困难、求生的方法写具体。 3. 尝试把自己在探险过程中的心情变化写出来	

此量表从"探险计划"的制订到"言语表达"的习作完成，无不体现着思维能力这一核心要素，更是学生对在课文中习得的思维能力的一次综合运用。队伍的组建、探险地点的选择是《田忌赛马》中的选择思维、组合思维，探险遇到的困难决定装备的选择是《跳水》中的逆向思维。同时探险地点的选择决定所遭遇的危险是思维中的问题要素，团队成员的特点、合适的探险装备是解决问题的过程因素。这些思维要素都体现了学生思维的合理性、逻辑性、完整性，培养了学生的理性思维与理性精神。

"思辨性阅读与表达任务群"教学评价量表

一级指标	二级指标	指标描述	分值
文以载道 （教材解读 结构化）	价值取向 （10分）	1. 具有正确的人生观、价值观和世界观（5分）	
		2. 有利于培养学生的理性思维和理性精神（5分）	
	文本解读 （20分）	1. 文本内容、主旨解读准确，文本主题明晰（10分）	
		2. 关注文本的思辨价值、风格特征、表达特点等（10分）	

续表

一级指标	二级指标	指标描述	分值
以文传道（教学设计结构化）	学情分析（10分）	1. 准确把握学生思维发展水平，确定最近发展区（5分）	
		2. 根据学生思维发展特点，确定教学重难点及关键点（5分）	
	主题把握（10分）	1. 聚焦思维锚点，确定教学的主题（5分）	
		2. 聚合思维过程要素，强化对主题的理解（5分）	
	情境创设（10分）	1. 学习情境符合思辨性学习的真实需求，有利于学生学习并运用思维方法解决真实的问题（5分）	
		2. 学习任务要具有内在逻辑关联，学习活动有利于学生经历完整的思维过程（5分）	
	认知发展（10分）	1. 学生思维能力由浅入深、由单一向整体发展（5分）	
		2. 学生形成思辨意识，判断能力、理性表达能力得到培养与发展（5分）	
以道化人（教学评价结构化）	手段方式（15分）	1. 注重评价主体（教师、学生、家长等）的多元化（5分）	
		2. 重视过程性评价、阶段性评价和终结性评价等（5分）	
		3. 结合表格、统计图、思维导图等多种思维工具进行评价（5分）	
	教学效果（15分）	1. 学生能保持好奇心和求知欲，养成勤学好问的习惯（5分）	
		2. 学生能辨析态度与立场，辨别是非、善恶、美丑（5分）	
		3. 学生能负责任、有中心、有条理、重证据地表达（5分）	
总分（100分）			

四、教学案例

思辨性阅读与表达
——以统编小学语文教科书五年级下册第六单元为例

一、教材解读

统编小学语文教科书五年级下册第六单元以"思维的火花"为主题，编排了《自相矛盾》《田忌赛马》《跳水》三篇课文，展现了思辨与智慧。本单元语文要素是"了解人物的思维过程，加深对课文内容的理解"，引导学生在把握课文内容的基础上，进一步了解文中人物解决问题的思维过程，从而培养学生对文章的整体把握能力和根据具体情况思考问题、解决问题的意识。

思辨内容	思辨要求	思辨方法
有趣的短文	发现日常事物的奇妙之处，说出自己的想法，分享自己解决问题的办法，说出一两个理由	阅读、观察、请教、讨论、思考、探究
有关科学的短文，解决生活问题的故事	发现大自然的奥秘，表达自己的观点和思考，理解故事中的道理	阅读、辨析、质疑、提问、图文结合、列提纲、画思维导图
短论，简评，有关科学发现、技术发明的故事，哲人故事，寓言故事，成语故事等	发现多种语言现象的特点，体会不同的表达效果。有理有据地口头或书面表达自己的观点，学习思维方法	阅读、思维导图

通过对这一任务群的梳理、分析，我们可以发现思辨内容逐级递增，思辨要求逐渐提高，思辨方法由易到难。结合本单元的学习内容，我们可以明确，编排本单元意在引导学生树立结合实际思考问题的意识，知道要根据具体情况选择恰当解决问题的办法。

《自相矛盾》引导学生"关注卖盾者思维的矛盾之处"来体会悖论思维，学会化解矛盾；《田忌赛马》引导学生"揣摩孙膑赛马谋略"来体会组合思维，学会扬长避短；《跳水》则引导学生"推想船长思维过程"来体会逆向思维，学会变通。三个故事，三个人物，都是打破惯性思维，在争辩时一击即中，在失败时转败为胜，在危急时转危为安。而且三篇课文的课后习题也均指向概括思维故事、讲讲思维故事、说说人物思维过程，能力训练点基本一致。因此我们可以引导学生在把握课文内容的基础上，了解文中人物解决问题的思维过程，培养学生根据具体情况思考问题和解决问题的意识和能力。

本单元习作话题是《神奇的探险之旅》，要求学生创编探险的故事，根据情境展开丰富的想象，围绕探险的目的，把可能遇到的困境和求生的方法写具体，写出人物心情的变化。这同样也是一个分析问题、解决问题的思维过程。

二、教学设计

（一）单元目标建构

任务群视域下的语文学习，要围绕特定的学习主题，确定具有内在逻辑关联的语文实践活动。结合本单元的人文主题和语文要素，我们将本单元的学习主题设定为"故事里的智慧"。将单元整体目标定为引导学生在阅读、讨论、探究、演讲、写作等语文实践活动中经历"思维"的成长历程，学习思维的方法。在此基础上我们确定了本单元的学习总目标。

五年级下册第六单元学习总目标

1	根据事情的起因、经过、结果，把握课文的主要内容，感知思维
2	读懂故事中人物的思维过程，引导学生辨析思维
3	通过创编思维故事，提高观察、分析、想象的能力，发展思维
4	通过解决问题，培养在生活中运用思维的能力

（二）单元整体导学

1. 创设学习情境

单元整体以生活中的智慧为主任务情境，将故事与生活关联以故事再现的方式将学生引导到三个故事中去，让故事穿越时空界限，走出文本，走进生活。让学生扮演故事里的人物。通过角色扮演，实现学生与文本、故事人物的对话，在对话过程中探究人物的思维过程。

2. 构建大任务体系

这个单元的大任务可以有逻辑地分解为几个子任务，设计连贯的单元学习活动，建构新的单元学习流程，引导学生自主、合作、探究学习。相较于某个单独课时，构建语文学习任务群具有一定的系统性、关联性、综合性、递进性和相对独立性。在此理念的指导下，我们设计了五年级下册第六单元学习任务群。

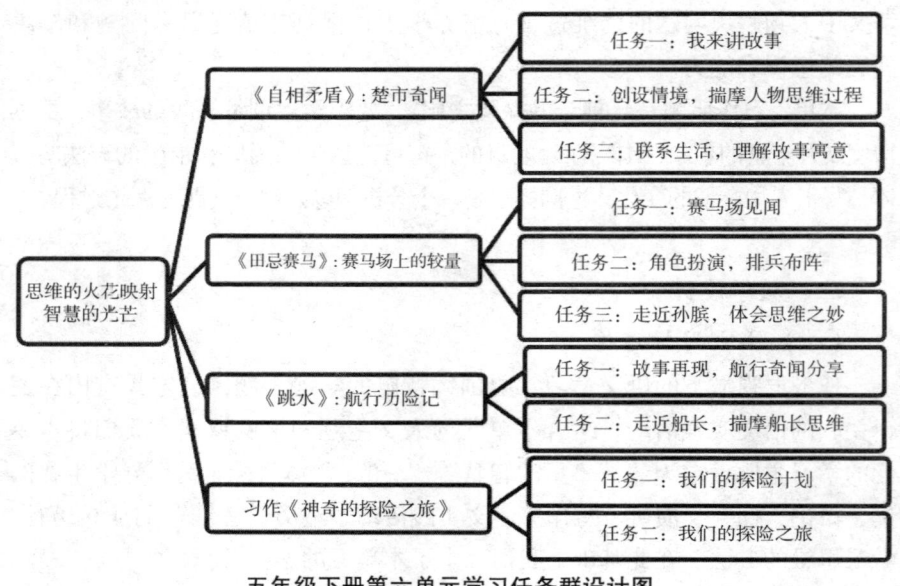

五年级下册第六单元学习任务群设计图

（三）设计实践活动

思辨性阅读与表达任务群第三学段的学习要引导学生分析证据和观点之间的联系，辨别总分、并列、因果等关系，有条理地表达自己的观点。因此，我们设计了以下实践活动。

1.《自相矛盾》

（1）任务一：我来讲故事

活动：讲一讲楚市奇闻

（2）任务二：创设情境，揣摩人物思维过程

活动一：一"誉"其盾

活动二：二"誉"其矛

活动三：以子之矛陷子之盾

（3）任务三：联系生活，理解故事寓意

活动一：助鬻者鬻其矛盾

活动二：理解"夫不可陷之盾与无不陷之矛，不可同世而立"

活动三：感悟韩非子的智慧

2. 《田忌赛马》

(1) 任务一：赛马场见闻

活动一：理清故事人物关系

活动二：讲述赛马的故事

(2) 任务二：角色扮演，排兵布阵

活动一：我是观众（以自己思维安排赛马）

活动二：我是田忌（以田忌思维安排赛马）

(3) 任务三：走近孙膑，体会思维之妙

活动一：找出孙膑观察所得

活动二：对比孙膑方法，感悟孙膑思维之妙

3. 《跳水》

(1) 任务一：故事再现，航行奇闻分享

活动一：我是孩子

活动二：我是水手

活动三：我是船长

(2) 任务二：走近船长，揣摩船长思维

活动一：品读描写船长的句子

活动二：找出有利和不利条件

活动三：结合条件揣摩船长思维

4. 习作：神奇的探险之旅

(1) 任务一：我们的探险计划

活动一：组建探险小队

活动二：选择探险目的地及探险时间

(2) 任务二：我们的探险之旅

活动一：遇到困难

活动二：解决问题

活动三：写一写探险之旅

活动四：分享探险之旅

三、课例《自相矛盾》教学设计

【教材分析】

本文选自《韩非子·难一》，讲述了楚国有个卖盾和矛的人，他在夸耀自己的盾和矛时，理由前后抵牾，不能自圆其说。故事虽简短，但结构完整，将故事的起因、经过、结果交代得清清楚楚。同时，故事以对话的方式推进情节的发展，楚人的两次叫卖都是尽其所能称赞"盾之坚""矛之利"，"物莫能陷也""于物无不陷也"，夸大其词却为自己挖了一个填不了的坑，也给后来的责问发难提供了有力的依据。更为重要的是旁观者在倾听中发现了鬻者的矛盾之处，"以子之矛陷子之盾"的责问不仅让鬻者"弗能应也"，更体现了旁观者观察的敏锐性和逻辑思维的缜密性。

【情境创设】

本文以对话的方式推动故事情节发展，要想揣摩鬻者和旁观者的思维，就应当让学生跨越时空的界限，回到两千多年前的楚国集市，去听一听鬻者的叫卖，去看看旁观者的反应。因此，我们设置了"楚市奇闻"这一情境，让学生通过文本回到两千多年前的楚国集市，在情景再现中发现文本中未表述的内容，再通过角色扮演将其表现出来，从而实现对鬻者及旁观者思维的揣摩，习得"以子之矛陷子之盾"的思维方法。

【教学目标】

1. 用自己的话讲述故事内容
2. 了解故事中"或曰"人的思维过程，理解故事寓意
3. 帮助楚人卖矛和盾，促进学生深度思考

【教学过程】

（一）回顾内容，梳理故事结构

1. 朗读小古文

2. 运用方法，复习字词

（1）借助注释理解：鬻、陷、或、夫

（2）组词理解：坚、利、应

（3）借助阅读经验：以

（4）联系上下文：誉、弗、立

3. 说说故事内容

（1）借助注释，说一说故事内容

（2）抽学生分享、交流

4. 厘清故事结构

故事的起因：楚人有鬻盾与矛者

故事的经过：誉之

故事的结尾：其人弗能应也

【设计意图：学生借助已有的小古文学习方法理解重点字词，再借助重点字词整体把握文本内容。】

（二）结合文本，学习思维方法

1. 创设情境，感受人物思维过程

(1) 创设情境（学生扮演鬻者与旁观者）

一个大声叫卖的商人，最后却弗能应也，到底发生了什么？让我们重现场景，一起走进人物内心，揣摩人物思维过程。探究楚人"弗能应也"的原因。我们穿越到2000多年前的楚国集市，让我在你们中间找到这个卖盾和矛的楚国人吧。

(2) 情境再现

任务一：一"誉"其盾

鬻者叫卖：楚国有个卖盾和矛的人，他来到了热闹非凡、人山人海的集市卖盾，请开始你的表演。

第一次叫卖（突出盾本身"坚"的特点）

引导：我们再回到文中，楚人"誉之曰：吾盾之坚，吾莫能陷也"。

"坚"，楚人抓住了这个盾的卖点是什么？

"莫"，这盾有多坚固呢？

第二次叫卖（突出叫卖者的特点）

"誉"，楚人夸赞时会有哪些神态、动作？

第三次叫卖（突出文言文句式的特点）

你是2000多年前的楚国人，请你用当时的方式来夸夸吧！

出示PPT：吾盾之坚，吾莫能陷也。

旁观者倾听：我看你听得很认真，你在想什么？你可以用文言的方式来表达吗？

预设1：赞扬、肯定

一人闻之，赞之曰：_____

预设2：有点疑惑

一人闻之，疑之曰：_____

任务二：二"誉"其矛

卖矛：你们会听又会讲，接着我们来看看楚人还要卖什么？

（引导用文中语言来叫卖）

出示：吾矛之利，于物无不陷也！
(学生同时誉矛和盾)
出示：吾盾之坚，吾莫能陷也。
吾矛之利，于物无不陷也！
采访围观者：听了他的叫卖，你怎么想？
预设1：肯定、赞美、想买。
预设2：质疑。
他夸得这么好，你为什么要质疑他呀？（引导关注PPT中夸奖的语言）
预设3：他说他的盾什么都刺不破，又说他的盾什么都能刺得破，觉得有点不相信！
你刚才不仅在认真听他的话，还带入了自己的思考，可以用这样的方式来表达你的发现吗？

一人闻之，思之曰："汝盾＿＿＿＿＿，物＿＿＿＿＿，汝矛＿＿＿＿＿，于＿＿＿＿＿，岂不＿＿＿＿＿乎？"

2000多年前的楚国人和你们一样会听也会思考，于是或曰："以子之矛陷子之盾，何如？"

任务三："以子之矛陷子之盾"
理解"以子之矛陷子之盾"的意思。
面对"以子之矛陷子之盾"究竟会发生什么呢？让我们来试试。
学生在情境中用矛去攻盾，讨论会出现的结果。
第一种结果：矛折，则"于物无不陷也"为假。
第二种结果：盾陷，则"物莫能陷也"为假。
第三种结果：矛折盾陷，则"于物无不陷也""物莫能陷也"皆为假。
师采访楚人：实验结束，楚人你有话说吗？
出示："其人弗能应也。"
师：楚人，你发现你的问题了吗？
预设1：我说话太满了，太绝对了。欠缺考虑……
师：围观的你们，还有补充的吗？

【设计意图：情景再现，让学生经历楚人鬻矛和盾的过程，在真实的经历中感知鬻者的思维过程，同时也以旁观者的身份去思考鬻者言语中的矛盾之处，经历完整的思辨过程。】

2. 联系生活，理解故事寓意

任务一：帮助鬻者卖矛和盾

我们发现了楚人的问题，你们可以用思维的火花帮助他来解决问题，帮他把矛和盾卖出去吗？

（1）学生思考可以有哪些方法能帮助楚人。

（2）全班分享交流。

方法一：改变叫卖的内容

预设1：我的盾可以抵御大部分的矛，我的矛可以刺穿大部分的盾。

师：大家觉得呢，你们觉得可行吗，为什么？

师：所以世界上存在什么都能抵御的盾和什么都能刺破的矛吗？

（回文：夫不可陷之盾与无不陷之矛，不可同世而立）

方法二：在不同的地点卖矛或盾

师：你们觉得可以卖出去吗？

（回文：夫不可陷之盾与无不陷之矛，不可同世而立）

方法三：在不同的时间卖矛和盾

师：你们觉得呢？不让矛和盾在同一个时间同时出现，可不可能卖出去？

（回文：夫不可陷之盾与无不陷之矛，不可同世而立）

任务二：理解"夫不可陷之盾与无不陷之矛，不可同世而立"

师：在2000多年前韩非子就用他智慧的语言告诉我们这个观点：

齐读：夫不可陷之盾与无不陷之矛，不可同世而立

【设计意图：从文本回归现实，学生联系生活揣摩不同的解决办法，在思辨中升华对寓意的理解。】

（三）点明故事哲理、了解作者

1. 这篇故事选自《韩非子·难一》，了解韩非子。

2. 回顾单元主题：思维的火花跨越时空，照亮昨天、今天和明天。

【设计意图：了解作者，激发学生对中华传统文化的认同，培养学生的文化自信，同时再次明确本单元学习主题。】

（四）背诵课文

1. 老师学生合作背诵。

2. 学生齐背。

（五）板书设计

自相矛盾
矛　盾
物无不陷　　物莫能陷
不可同世而立

【教学评价】

（一）过程性评价——关注学生理性思维的发展

本单元的教学设计主要围绕"思维的火花"这一人文主题展开，因此在过程性评价中我们重点关注了学生思维品质的提升。如在《田忌赛马》一课的教学中，理解"同样的马匹为何出现相反的结果"时，有这样一个片段：

师：用同样的马为什么孙膑就帮助田忌赢得了比赛？

（学生阅读，寻找证据）

生1：孙膑善于观察，他发现"大家的马脚力相差不多"，"都能分成上、中、下三等"。

生2：我再补充一点，孙膑没有盲目下结论，他是看了几场比赛后再做出判断的，说明孙膑不仅是一个会观察的人，还是一个会思考的人。

生3：所以，孙膑根据自己的观察，想出了让田忌改变马出场顺序的方法，最终帮助田忌赢得比赛。

师：那除了孙膑的观察与思考，还有没有其他原因呢？

（学生跳出孙膑的思维，以一个旁观者的角度再次阅读课文）

生4：课文第八自然段谈及"田忌很信任孙膑，决定全听他的"，这里"很"和"全"表现出了田忌对孙膑的信任，这也是田忌赢得比赛的关键。

生5：第一场比赛输了之后田忌的"不动声色，一点儿也不着急"也体现出了他对孙膑的绝对信任。

在这一片段中，关注孙膑在赛马过程中的表现，通过阅读、梳理课文中的关键信息，揣摩孙膑的思维是培养学生思维的深度。同时，我们还引导学生跳出孙膑思维，以一个读者的身份去揣摩田忌的思维，培养了学生的思维广度。

第十七课《跳水》的课后练习中有这样一个学习要求："课文多次描写水手们的'笑'，把相关语句找出来，说说这几次'笑'与故事情节发展的联系。"课堂教学片段如下：

师：在课文里，水手"笑"了几次，分别是怎样的笑？

生：三次，"惹得大家哈哈大笑""水手们又大笑起来""水手们笑得更欢了"。

师：课文中发生主要冲突的是孩子和猴子，为什么要写水手的笑呢？

（生阅读文本，寻找依据）

生1：在课文的第一自然段有这样一句话："它显然知道大家拿它取乐，因而更加放肆起来。"联系前面水手的笑，我理解正是因为水手这样笑，才让猴子可以肆无忌惮地逗孩子。

生2：第二自然段"水手们又大笑起来"之后，猴子更是变本加厉地撕咬孩子的帽子。

生3：第三自然段"水手们笑得更欢了"，孩子在水手们的笑声中爬上桅杆去追赶猴子，后面才遇到了危险。

生4：所以，我认为水手的笑是为故事的发展作了铺垫。

师：那我们可以认为水手的三次"笑"是从另一个角度推动了故事情节的发展。想一想，水手的笑还有什么作用吗？

（生再次阅读文本）

生：我还发现课文第二自然段中水手的"大笑"与孩子的"哭笑不得"以及第三自然段的"水手们笑得更欢了"与"孩子却气得脸都红了"形成了对比，水手们的笑衬托出了孩子无奈与恼怒。

在这样一个教学片段中，学生的思维活动始终围绕"观点、材料及其关系"展开，在阅读、比较、分析、推断中实现思维由浅入深、由表及里的进阶发展。

（二）结果性评价——**关注学生理性精神的形成**

本单元的思辨价值在于引导学生借助课文内容具体把握人物的思维过程，初步感受人物思维逻辑的缜密。在教学过程中，我们始终关注学生对文本这一材料的阅读与分析，比较与探究，让学生将文本中的相关语句作为推想人物思维过程的依据，并引导学生将思考过程用自己的语言表达出来。比如，《自相矛盾》可以从卖者夸耀自己商品的语句中，发现他的话里的矛盾之处，从而推测出围观者质问卖者时的思维过程；《田忌赛马》可以结合孙膑的观察所得以及孙膑的现场表现，揣摩孙膑的思维过程；《跳水》可以找出说明天气、人员等环境条件的语句，以及描写孩子当时处境的语句，从中推测船长的思维过程。同时关注学生在交流过程中梳理的信息是否完整、推测是否合理,引导学生联系实际情形及故事的结局,找出能够合理阐释人物思维过程的依据。《自相矛盾》的悖论思维,《田忌赛马》的组合思维,《跳水》的逆向思维所体现的都是对客观事实的尊重,学生在阅读中对人物思维的揣摩也是基于材料和事实的一种推测,这种推测的本质就是理性思维。学生对自我推测过程的表达同样是基于自己客观认知的事实。这样一种基于客观事实的思辨学习培养了学生的理性思维。结构化视域下的思辨性阅读与表达,让学生在经历完整的思维过程中发展自己的逻辑思维、辩证思维等高阶思维,最终形成理性思维与理性精神。

(此案例由成都市泡桐树小学林媛、朱敏、吴洪江、吕玉琳提供)

第八章

拓展型任务群结构化教学

第一节 整本书阅读：培养精神丰盈的人

为贯彻落实课标中整本书阅读学习任务群的课程内容和实施要求，突破当下整本书阅读教学"难入手、难开展、难落实"的困境，解决表层化、碎片化、形式化的教学现状；深度实现学生"积累整本书阅读经验，养成良好阅读习惯，提高整体认知能力"[①]，成为精神丰盈的人的育人目标，通过持续开展整本书阅读学习任务群课堂教学实践研究，宏观上探索出新课标理念倡导下以文化人的整本书阅读教学模式（如图8-1所示），微观上梳理出"母题节点式"解读文

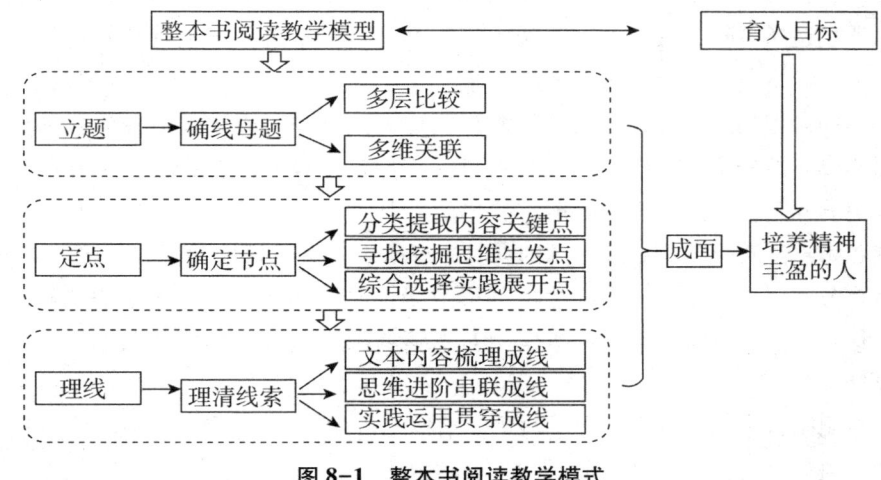

图8-1 整本书阅读教学模式

---

① 中华人民共和国教育部. 义务教育语文课程标准（2022年版）[S]. 北京：北京师范大学出版社，2022：32.

本,"理线悟题式"教学设计,"多维全面式"教学评价等可操作性强的教学实施路径,供一线语文教师在阅读参考、获得启发中加以实践。

精神丰盈之人,主要表现为超脱于物质世界之外,在阅读欣赏等文化活动熏陶中,具有开阔阅读视野,良好阅读习惯和修养,深刻思维认知,自我精神世界满足感高的人。

整本书阅读为培养精神丰盈之人提供了天然的文本媒介和实践养成,整本书侧重于阅读的广博,描绘出一个更为完整和开阔的文本世界,它的空间感和时间感更自由。宽度上,文学源于现实生活,整本书中具有许多读者可关照自我、关联他人、关系社会的联结点;深度上,整书相较于单篇、群文等具有更为丰富和深刻的文本内涵和思想主题可供解读和挖掘。整本书阅读在育人层面有以下特点。

文本内容的连贯性,育阅读视野开阔之人。相比于教材各单元分主题的文本内容呈现,整本书更具整合连贯性。它统一于母题之下,内容上通过目录的浏览即可从整体上窥见全貌,且各章节小标题前后内容勾连,具有较强的逻辑性。语言上,作者的语言风格相对统一且富有作家特色,更利于学生整体系统地学习,形成全局阅读视野。

阅读进程的推进性,育阅读习惯良好之人。首先,整本书的阅读内容更为丰富,学生需在制订阅读计划后,分步骤和时段完成对文本内容的整体把握;其次,读者对一本书从了解到熟悉再到领悟,需要较长的阅读时间,为后续深入思考创造条件;最后,整本书阅读进程的一步步推进,学生持续性地学习思考,为培养学生良好阅读习惯创造条件。

不同课型的进阶性,育阅读思维深刻之人。整本书阅读学习任务群的设计按照阅读阶段的不同大致分为三种课型。首先是导读课,在激发学生阅读整本书兴趣的同时,帮助其初步了解主要内容;其次是推进课,在学生疑难点、忽略点和困惑点着重推进解决问题的同时,有助于学生更好地阅读和理解一本书;最后是分享课,不仅要展示学生的阅读成果,而且要促使其形成新的认知,形成迁移运用。三种课型渐次推进学生对书籍的深入理解,实现其思维能力的进阶提升。

在明确整本书阅读课堂教学与培养精神丰盈的人二者天然契合点的基础上,教师可通过"母题节点式"解读文本、"理线悟题式"教学设计、"多维全面式"教学评价进行整本书阅读学习任务群课堂教学。

一、解读文本:"母题节点式"走进整书

教师进行整本书阅读课堂教学时,应以教材"快乐读书吧"为基础,适当筛选关联书籍,进行拓展阅读,使学生能够接触到不同时代、不同作家、不同类型的书籍,为后续"母题节点式"解读文本创造条件。教师可采取以下步骤开展"母题节点式"解读文本。

(一)比较关联,确立母题

1. 明确母题概念

母题原是神话学的概念,用来界定"构成神话作品的基本元素"的原型、题材或意象。因为文学母题的内涵与神话母题大致相近,因此它的概念后来逐渐延伸为"在文学作品中反复出现的人类基本行为、精神现象,如成长、反抗、挫折、死亡、爱情、冒险、野心等"①。本书母题侧重指在整本书阅读中,读者能从文本中感受到的人类共同体的集体意识,它是许多文学作品中最基本、最普适的意义范畴。

2. 明晰母题价值

母题的提出与现代教育具有很高的契合度,相较于主题,母题的关联性更强,主题多衍生于母题之中,具体表现在宏观层面,母题具有普适的基础性、广泛的开放性与多维的关联性,母题的探讨有助于加深学生对社会、历史与文化的理解;微观层面,母题具有个体切己性,体现了生活的同构性与生命的共通性,通过探讨有助于学生的精神发育与社会成长。

不仅如此,以母题切入整本书阅读,还有助于解决阅读教学中的随意性、碎片化以及由此导致的肤浅、片面等认知问题,因此,在整本书阅读教学中,母题是当下教师需着重思考的方向。

3. 母题确立路径

需要注意的是,母题不是一个泛化的概念,母题是"纲",起提纲挈领、关联文本内容、语言、事件、情感等要素的作用,关于确立母题的操作路径,余党绪提出:"从共性到个性,从母题到主题,离不开多元的关联、全面的比较和审慎的辨析,渗透在其中的,则是批判性的思考与构建性的探索。"② 李卫东将其概括为"母题阅读强调多元比较和多维关联的方法论"③。

---

① 余党绪. 母题阅读:大概念教学的探索与思考 [J]. 语文学习,2021(9):4.
② 余党绪. 母题阅读:大概念教学的探索与思考 [J]. 语文学习,2021(9):4.
③ 李卫东. 母题切入:整本书阅读的有效路径 [J]. 中学语文教学,2024(1):19.

本书参照余党绪的理念和李卫东的方法对全书母题进行实践确认，多元比较强调从文本出发，找寻信息的相同与不同，前后的变与不变。以《尼尔斯骑鹅旅行记》为例：这是一部关于"成长"的小说，因此，在"成长"这一母题下，确定了"探寻成长密码"的主题，深入思考"旅行中哪些关键情节、人物、环境"等因素促成了尼尔斯的成长；聚焦三次变回人的机会，统整比较三段经历的同与不同，引导学生多元比较、贯通阅读，以变化和多维的视角分析故事情节，解读人物形象，把握小说主题，发现旅行中的每一段经历都是促成尼尔斯成长的助推剂。

文本解读除了多元比较，还需多维关联。例如，解读《尼尔斯骑鹅旅行记》，除了要深度解密尼尔斯这个主人公成长变化的原因，还要让学生在关联文本中理解尼尔斯，在关联自我中成为尼尔斯，在关联社会中明白成长的意义，在关联作者中对这本书产生更为深刻的理解，这才是整本书的阅读意义所在。

（二）根据母题，确定节点

余党绪认为，在整本书阅读中，"应以母题作为大概念，在母题统领下设计结构性专题，围绕专题学习中的关键问题，引导学生展开基于文本的、有深度的思辨读写"[①]。一线教师对整本书的解读往往只停留于母题解读，在整本书文本解读阶段没有关联学生和课堂，也没有形成系统认知。因此，教师解读母题，构建专题之后，还需"确定节点"，这是推进整本书课堂教学、明确教学步骤和方法的关键，也是本书研究的突破性成果之一。

根据母题，本书将整本书阅读教学的节点总结为阅读和分析一本书的关键之处，主要表现在文本内容、思维能力和实践运用三方面。在文本内容上指一本书的人物形象点、情节转折点、情感变化点、道理阐释点等；思维能力上是疑问点、矛盾点、转折点、知识难点等；在实践运用方面，主要表现为契合文本可选择开展的课堂学习实践活动点。

1. 内容关键点

内容关键点简而言之就是构成整本书内容的关键节点，主要表现在人物形象点、情节发展点、语言训练点、哲理思辨点等。根据整书类型的不同，小学阶段学生在整本书阅读部分主要会接触到童话故事书、寓言故事书、神话故事书、科普读物、民间故事书、小说等几类文本，不同类型的整本书在内容关键点上会有共同点，也会有不同点。

---

① 余党绪. 整本书阅读的课程化及其学理考查[J]. 语文学习，2024（1）：4.

(1) 故事类

故事类主要包括童话、神话、民间故事、小说、寓言等。这几类书籍内容关键点主要表现在人物、情节、环境等方面，在母题解读之后，教师可以再次深入文本，寻找这几类内容关键点，在提取、分析、归纳和整理的过程中，分析出具有价值性、思考性的教学点，将教学点梳理成线，进而逐步推理出较为清晰的教学思路。

例如，解读《鲁滨逊漂流记》时，先解读出小说母题，鲁滨逊在荒岛上要生存就必须学会自己照顾自己，从狩猎、种植到建造住所，他不断挑战自己的极限，展现了人类顽强的生存意志和自救能力。因此，小说母题可以确定为"生存与自救"。母题解读之后，再次深入文本，寻找内容关键点：人物点——鲁滨逊，环境点——荒岛，时间点——28年，情节点——遇险、历险、脱险，从而确定推进课教学的主问题："一个人，一座孤岛，28年，何以生存？"

相较于童话、神话和小说等类型的文本，寓言故事还增加了一个文本内容的关键点就是哲理点，教师在解读文本时需格外关注。

例如，中国寓言故事是中国传统文化的重要组成部分，它以简短精练的故事形式，蕴含了丰富的哲理和智慧，传递着古人对人生、社会、自然的独特见解。因此，将母题确定为"小故事大智慧"。在深入文本的过程中，可发现以下内容关键点。

情节点：故事情节构思巧妙，例如，《自相矛盾》通过描绘一个卖矛和盾的商人的尴尬处境，揭示了说话做事要前后一致、实事求是的道理。

人物点：故事中的人物形象特征鲜明，如《滥竽充数》中的南郭先生，以其虚伪和欺骗的行为成为反面教材，警示人们要诚实守信、脚踏实地。

哲理点：每个寓言故事都蕴含着深刻的哲理，这些哲理既是对社会现象的批判和反思，也是对人生智慧的总结和提炼。如《刻舟求剑》通过讲述一个愚蠢的楚人失剑后在船上刻记号找剑的故事，启示人们要懂得变通、随遇而安。

(2) 科普类

科普类读物一般不涉及人物、情节、环境等要素，因而这类文本在内容点上可关注语言点、释义点、知识点等，教师可从这些角度出发，进行文本解读，进而思考教学点和教学内容。

例如，米·伊林的《十万个为什么》是一部经典的科普作品，通过问答的形式，将复杂的科学原理以简洁明了的语言呈现出来，让孩子们能够在轻松愉快的阅读中获取知识，同时激发他们的探索精神和求知欲。因而它的母题可以概括为"科学知识的普及与科学好奇心的培养"。

确定母题之后，可关注作品的语言点。米·伊林在书中采用了平实而富有亲和力的语言风格，使得深奥的科学知识变得生动有趣。他运用了比喻、拟人等修辞手法，让抽象的科学概念变得具象化，便于孩子们理解。同时，他还注重语言的节奏感和韵律感，使得文本读起来朗朗上口，增强了阅读的趣味性。

关注作品的释义点。书中对每一个科学问题的解答都准确而详尽，米·伊林不仅科学解释了表面现象，还深入探讨了其背后的原理和机制。他在释义过程中，注重逻辑性和条理性，使得孩子们能够清晰地理解科学知识的来龙去脉。

关注作品的知识点。这部作品涵盖了物理、化学、生物、天文等多个领域的科学知识，从日常生活中的小事到宇宙中的宏大现象都有所涉及。这些知识点不仅具有科学性，而且具有实用性和趣味性，能够满足孩子们的好奇心和求知欲。

2. 思维生发点

在整本书阅读过程中，学生思维的生发点主要表现在他们对文本的兴趣点、疑问点、矛盾点、转折点、知识难点等能够触发积极思考，持续进行探索学习，不断提高思维层级的节点上。

例如，《童年》对学生们来说，不仅是一部文学作品，更是一个能够引发他们深入思考、探索人性的窗口。对学生思维的启发可体现为以下几点。

疑问点：故事发生在 19 世纪末的俄罗斯帝国时期，那是一个充满动荡与变革的时代。学生们对书中反映的社会现象、政治环境等都会产生疑问点，例如，为什么那个时代的人们生活如此艰难，为什么外祖父等人物会有如此自私、残暴的行为？

转折点：书中人物的命运往往伴随着各种转折和变化，如阿廖沙的成长、外祖母的去世等。学生们会对这些转折点的意义和作用产生疑问，思考它们对于人物性格的发展、故事情节的推进等方面的影响。

矛盾点：书中家庭内部的矛盾冲突是一个显著的矛盾点。例如，外祖父与阿廖沙之间的对立、两个舅舅之间的争斗等。这些矛盾冲突不仅揭示了当时社会的阶级矛盾和人性弱点，也会引发学生对家庭关系、亲情等问题的思考。

可以发现，《童年》一书具有丰富的思维生发点，能够很好地调动学生的阅读兴趣并促使他们进行深入思考。

3. 实践展开点

课标指出：整本书阅读学习任务群"旨在引导学生在语文实践活动中，根据阅读目的和兴趣选择合适的图书，制订阅读计划，综合运用多种方法阅读整本书；借助多种方式分享阅读心得，交流研讨阅读中的问题，积累整本书阅读经验，养成良好阅读习惯，提高整体认知能力，丰富精神世界"[1]。针对整本书阅读学习任务群解读，主要从三方面进行关注：情境创设、学习任务、学习活动，其中情境创设是激发学生学习兴趣，调动学习经验解决问题的前提；学习任务和学习活动是课堂教学中的重头戏，它们是教师完成教学任务，学生获取学科知识、解决真实阅读问题的关键。

本书的实践开展点主要指教师在解读整本书的过程中，结合文本语言特点，拟定开展合适的语文学习实践活动，使学生在品词析句、吟咏诵读中能一步步感知作者的语言特色、作品的深刻主旨。因此，整本书阅读万不可忽视的一点就是找到契合文本开展多种课堂学习实践活动的节点。

以《西游记》为例，可启发教师如何紧扣文本特点设计相关学习实践活动。

复述或角色扮演：《西游记》的故事情节曲折离奇，每个章节都有独特的情节和人物表现。可以引导学生对全书的主要情节进行梳理，并选择其中的某个章节或片段，要求学生进行复述或角色扮演。这样的活动可以帮助学生熟悉故事情节，加深对人物形象的理解，同时锻炼他们的口头表达能力和记忆力。

课堂讨论或辩论活动：这部作品的主题思想丰富多样，包括修行与成长、善恶与报应、信仰与救赎、友情与团结等。可以根据这些主题思想设计课堂讨论或辩论活动，引导学生对文本进行深入解读和探讨。如可以讨论孙悟空的成长历程如何体现修行的重要性，或者分析唐僧师徒四人之间的友情和团结如何帮助他们克服困难。

文本赏析活动：《西游记》作为一部文学经典，其艺术特色值得深入探讨。教师可以组织学生开展文本赏析活动，重在分析文本的语言特点、描写手法、结构安排等。比如，可以思考孙悟空的语言特点如何体现他的机智和勇敢，或者探讨作者如何通过奇幻的描写手法来展现一个神奇的世界。

综合实践活动：除了以上几种实践活动，还可以设计一些综合实践活动，将《西游记》的学习与其他学科或现实生活相结合。比如，可以组织学生进行《西游记》的绘画或手工制作活动，让他们通过创作来表达对文本的理解和感受；可以引导学生将《西游记》的故事改编成现代剧本，进行戏剧表演或拍摄微电影等。

---

[1] 中华人民共和国教育部. 义务教育课程方案和课程标准（2022版）[S]. 北京：北京师范大学出版社，2022：31-32.

"母题节点式"解读文本，不仅能丰富学生阅读生活，开阔阅读视野，更重要的是通过教师的指导，学生在解读整本书的过程中，不断走进整本书，把握整本书的母题，并能根据书中的关键性节点，多点式地关注思考文本内容，这为成为精神丰盈的人奠定了基础。

二、教学设计："理线悟题式"走进整书

"理线悟题式"的教学设计呈现为多条线索纵向推进的主要特点，教师在文本解读明确母题和节点的基础上，由点出发，设计课堂教学时要充分梳理多条线索，例如，文本内容线、思维进阶线和实践运用线，最终在"分析节点—梳理线索—领悟母题"逐级推进的过程中，使学生成为善思考、深阅读之人。

由不同的整书节点出发，厘清课堂教学线索是教师教学思路清晰、教学过程全面的关键，可从以下方面进行落实。

（一）串点成线，理清线索

1. 文本内容梳理成线

在明确不同内容关键节点的基础上，可将节点进行分类，根据类别进行串点成线，形成多条与文本内容相关的教学线，这是不同课型下整本书课堂教学的主要脉络，教师教学思路清晰与否，与之有很大的关系。经过整合归纳后，梳理出以下几条典型的文本内容教学线供教师借鉴。

（1）串联人物点，理清人物线

初读整书，感知人物形象。教师在确立整书母题、明确节点之后，如整书中有多个人物，可从提取、分析人物线的思路出发先初读整本书，对各人物形象进行初步感知，在聚焦主人公的同时，对不同人物的性格特点和精神品质进行整体把握，留下初步印象。

归类比较，梳理人物线。初步感知人物形象后，教师可在文本细读的基础上先以书中的主人公为核心，对各人物进行归类，可以按角色身份进行分类，也可以按其与主人公的亲疏远近分类，还可以按照对主人公的影响程度大小等进行分类，以上多为举隅，老师可依整书特质开发其他分类方法，也可启发学生进行头脑风暴，探索新的分类方式。人物分类成果，建议可以从思维导图、人物关系图、人物圈层图等启发学生进行呈现。在对人物进行归类认识之后，教师可对不同人物进行比较，以此设计人物线的教学设计，进一步明确对主人公影响大小、亲疏远近的具体表现以及不同人物间性格的差异程度等，最终促使学生加深对人物形象和人物关系的理解。

例如,《汤姆·索亚历险记》一书中人物众多,对于此书的教学,首先需在学生自由阅读《汤姆·索亚历险记》的过程中,标注出主要人物及其相关事件,形成对人物的初步感知。然后,引导学生回顾阅读内容,提取书中的主要人物线:汤姆·索亚、波莉姨妈、乔·哈帕、哈克贝利·芬恩等。接着,引导学生通过书中的具体事件对不同人物的性格特点和精神品质进行整体把握,如通过恶作剧、探险等分析汤姆·索亚的性格特点,有勇敢、机智、调皮、富有想象力等。同时,讨论汤姆·索亚身上展现出的勇于探索、追求自由的精神品质。最后,以汤姆·索亚为核心,按照人物关系进行分类,对不同人物进行比较,进一步明确书中人物对汤姆·索亚影响大小的具体体现,亲疏远近的不同以及人物间性格的差异程度等。比如,通过对比希德与汤姆·索亚的异同,让学生认识到汤姆·索亚是一个个性张扬、追求自由和个性解放,具有强烈生命力的卓越儿童,而不是像希德一样被约束得失去自我的孩子。

(2)串联情节点,理清情节线

浏览整书,关注情节点。除了关注人物、梳理人物线,教师还可聚焦整本书的情节进行思考。建议从内容的关键情节点出发进行思考,如可通过快速浏览整本书,抓住情节的矛盾、冲突、空白、转变、重复等关键点,由节点出发大概了解故事情节。

概括勾连,明确情节线。要理清整本书中的主要事件,进行设计时还应该完成三步:第一步是提取关键信息,在关键节点之处,重点勾画对故事情节发展起决定性推动作用,对人物影响深远,且书中反复出现的文字,借此可以提取关键信息。第二步是概括主要事件,可结合书中这一事件所在章节的小标题以及提取出的关键信息,运用拟取小标题的方法,把主要事件罗列出来。第三步是前后勾连,可借用故事情节发展图或时间轴大事记等方式将情节线梳理出来,以此明确情节教学线。

例如,《尼尔斯骑鹅旅行记》一书的教学,首先,教师可在简述尼尔斯骑鹅旅行的背景,激发学生兴趣后,提出问题:"在尼尔斯的旅程中,有哪些关键时刻改变了他的命运?"让学生自主阅读,并标注出对故事情节发展起决定性作用,对人物影响深远的文字或段落。自读结束后,开展小组讨论:组内分享标注的内容,讨论为什么这些是关键信息,它们是如何推动故事发展的。其次,引导学生查看书中章节小标题,初步了解故事结构后,小组合作尝试为之前标注出的重要情节段落拟取小标题,概括其主要内容,并选派代表分享交流,全班共同讨论和完善,确保每个小标题都能准确反映关键章节的核心内容。最后,小组合作用故事情节发展图或时间轴的形式,将主要事件按时间顺序排列,并标出关键转折点，进行展示与交流。

（3）串联环境点，理清环境线

整合分析，感受环境特点。整本书中对于环境描写的文段一般结合故事情节发展变化进行分散式的呈现，因而，如要对环境进行整体感受，首先应先找到书中集中描写环境的句子，通过整合罗列的方式，纵向式地感受环境描写的整体特点，如有的环境整体较为紧张急凑，有的环境较为和谐舒缓，有的矛盾冲突与安宁祥和兼具等，通过整合分析，可有大概认知。

联系前后，梳理环境线。在整体感知书中环境特点之后，要梳理出一条清晰的环境线，可通过联系上下文的方式进一步梳理。有的环境特点是前后一以贯之的，有的环境特点是前后富于变化的，还有的更为复杂一些，每个场景之下，都有各具特色的环境特点，很难用简单的一两个词语概括出来。但需认识到，作者大多数的环境描写是为情节发展和人物形象服务的，如果比较难把握环境特点时，结合故事情节和主要人物，就能较为容易地梳理出一条环境线。还需注意的是，此时的环境多聚焦在大环境上，零散细碎的环境描写片段，作用较为微小，在梳理环境线时无须注意。

例如，《小英雄雨来》一书中集中描写环境的句子，不仅展现了自然风光的美丽，还巧妙地融入了情节发展和人物心境的描绘。通过整合这些句子，可以纵向感受环境描写的整体特点。首先，在学生仔细阅读《小英雄雨来》的节选材料并标注出集中描写环境的句子基础上，开展小组合作学习，每个小组在"宁静乡村""日落景色""静谧夜晚""季节更替"四类环境描写中选择一类进行语句提取与整理，讨论这些环境描写如何渲染故事氛围，对人物和情节有何影响。其次，各小组选派代表，利用多媒体展示整理的环境描写句子，并阐述其特点和作用。最后，教师引导学生通过整合罗列的方式，纵向比较不同环境描写的句子，感受其整体特点：画面感强——通过一幅幅生动的画面，让读者仿佛置身于故事发生的环境中；情感丰富——通过不同的景色变化来反映人物内心情感的波动和故事情节的发展；色彩鲜明——运用丰富的色彩词汇增强视觉冲击力，使得整个故事更加鲜活生动；含意深刻——通过对自然环境的描绘来揭示社会现实和人性光辉。

（4）串联语言点，理清语言线

品词析句，体会语言特点。针对语言线的梳理感知，首先应从对文本的品词析句开始，不论是人物形象的感受，情节特点的把握，还是文字语言特点的体会，都应从文本细读中来，在品词析句中，对于词句的选取，可以是新鲜感十足的句子，可以是起关键作用的句子，也可以是写作手法巧妙的句子，还可以是想象力十足抑或引人深思的句子，赏析过程中由词语运用得精妙恰当，到句子书写得各具特色，是一个逐渐领会的过程，颇有曲径通幽之感。

归纳整理，把握语言风格。在对词句品悟赏析的基础上，教师可结合教学需要，摘取可帮助达成教学目标的相关重要语句，归纳整理后，形成文本语言赏析线。这条语言线，相较之前分散式的个性化赏析，应更具目标性和条理性，语言脉络更为清晰，借助语言线的梳理，学生更容易把握作者的语言风格。

如在学习完《刷子李》后，引导学生阅读冯骥才的《俗世奇人》一书，此书语言风格独特，富有韵味，对人物形象的刻画和故事的叙述都运用了生动、质朴、幽默的语言。为引导学生品读鉴赏这样的语言特点，可设计以下四个学习任务：

学习任务一：寻找生动语言，感知人物形象。
学习任务二：朗读质朴语言，感受社会百态。
学习任务三：发现幽默元素，体会"津味"语言。
学习任务四：综合赏析语言，形成总结报告。

可从以上学习任务中看出一条清晰的语言线：寻生动语言—读质朴语言—品幽默语言—总结语言特色。

（5）串联哲理点，理清哲理线

读文品悟，领会其中哲理。文以寄情，文以说理，文本的背后多寄托作者的情感或义理，在寓言故事类的书中，多通过不同的故事言浅意深地传递出深刻的人生道理。因而，在读一些哲理类的书籍时，应该聚焦小故事，针对揭示哲理的语句进行重点赏析，然后抽丝剥茧地感受和领会作者想传达出的道理，明白文字背后所蕴含的理趣。

关联线索，明晰说理线。需要明确的是，说理线的明晰，不是凭空而来、一蹴而就的，而是藏在前后相互关联的文字之中。在整体把握作者想表达的哲理基础上，教师应在书中找到暗含或明示哲理的相关文字，也就是一条说理暗线和一条说理明线。一般来说，明线易找到，它主要表现在每个小故事揭示道理的最后一段中，作者直接点明哲理，而暗线多藏在遣词造句之中，需要在文本细读的过程中，抽丝剥茧地发现道理与文本间的关联之处，在阅读分析中逐步发现。

例如，《中国古代寓言》选编了我国春秋至明清时期的一些经典寓言故事，短小精悍、轻松有趣，每个故事都蕴含着深刻的道理，启迪人们明辨是非善恶，学会为人处世。首先，聚焦《买椟还珠》《卖油翁》这类具有哲理明线的小故事，快速寻找揭示哲理的语句，从字面意思、比喻意义、深层含义等角度进行分析，讨论这些哲理语句背后的道理，思考它们与现实生活的联系。其次，选取《滥竽充数》《叶公好龙》这类暗含说理的小故事，通过聚焦描写人物行为的语句，在深入分析、评价人物行为的对错中，逐步发现故事蕴含的道理。最后，引导学生将哲理与自身经历、社会现象相结合，形成更深刻的理解，认识到寓言故事中的哲理不仅是对古代社会的反映，也是对现代人生活的启迪。

（6）串联知识点，理清知识线

勾画圈点，寻找书中疑问点。科普类读物多分为两类图书，一种是整本书围绕一个主题或一个类型的问题进行撰写，另一种则是有多个主题、不同类型的问题，书中将这些问题以章节归类的方式进行详细解答。因此，不同类书籍中，在进行教学设计时，要理清不同的疑问点，这也是作者撰写此类书籍的主要原因。教师可以先通过勾画圈点的方式，将疑问点一一标注出来，再进行分类整理。

连点成线，理清书中知识线。在不同的分类之下，有不同的疑问点，此时，可以按类别将疑问点试着梳理成多条知识线，由此学生可以在这一教学环节中，感受到作者看似随意发问之下，背后具有的逻辑性和科学性的思维方式。

例如，苏联著名科普作家米·伊林的《十万个为什么》，内容大多以问题形式呈现，基本独立成篇。为激发学生对科学探索的兴趣，感受科学家提出问题、分析问题的严谨态度，培养学生批判性思维和逻辑思维能力，可设计开展以下学习活动。

初读感知，标注疑问。学生独立阅读《十万个为什么》节选，使用不同颜色的笔勾画圈点出自己不理解或感兴趣的疑问点；再在小组内交流分享各自的疑问点，初步讨论其可能涉及的领域，如物理、化学、生物、天文等。

梳理疑问点，分类整理。分组讨论，每组负责一类疑问点的整理，并制作一套分类卡片，每张卡片上记录一个类别的疑问点及初步分析。

深入思考，理清知识线。引导学生在深入阅读思考中，发现每个类别疑问点背后的科学原理或逻辑关系，领会到阅读科普类读物透过现象看本质，便能读出全新的理解，这样的阅读更深刻、更有滋味。

2. 思维进阶串联成线

《课标》具体指出："思维能力是指学生在语文学习过程中的联想想象、分析比较、归纳判断等认知表现，主要包括直觉思维、形象思维、逻辑思维、辩证思维和创造思维。"根据布鲁姆的认知层级理论，可知学习者在吸收和运用知识方面的能力由低到高依次表现为识记、理解、应用、分析、评价和创造六个层级，呈现出逐渐增强的特点。一般来说，教育界将分析、评价和创造归为高阶思维，除此之外，批判性思维、辩证思维、结构化思维也具有高阶思维的特点。因此在整本书阅读教学设计时，应对这些不同层次的思维能力进行着重关注，实现思维能力由低阶向高阶，由直觉到抽象，由单一到多维的进阶提升。

将思维能力串联成线时，首先可以思考本节整书课不同的学习任务之下涉及哪些思维能力。其次根据学习任务群具有逻辑关联、层层递进的特点明确各学习任务背后所培养的学生思维能力是不是依次递进、螺旋上升的。例如由最开始的学习任务中的识记和提取整书文本信息，到分析或赏析整书文本，再到归类梳理和评价探讨。最后到实现立论和实践创等学习任务，在此过程中，会自然而然地通过不同学习任务的达成，促使学生形成一条进阶提升的思维能力线。

例如，《爱的教育》整本书阅读活动就是按照思维进阶串联成线来进行设计的。

提取信息：在学生自主阅读了整本书的基础上，组织学生分享阅读感受，提取书中的主要人物、关键事件、时间线索等基本信息，绘制故事脉络图或时间线，学生记忆和理解整书内容。

筛选信息：选取书中的几个经典片段或场景，引导学生深入研读并分析其中的教育理念和爱的表达方式，探讨这些片段如何体现爱的力量、人性的美好以及教育的重要性。

归类比较：将书中的人物分类，可以按照人物关系划分，也可以按照人物所处境况归类，并探讨每类人物的异同，从而发现文中的"爱"既有国家、民族、社会的"大爱"，也有父母、师长、朋友的"小爱"。

拓展延伸：让学生基于自己对《爱的教育》的理解和感悟，提出一个关于家庭教育、学校教育或社会教育的观点，并鼓励学生将所学应用到实际生活中，如制订一个家庭教育改进计划，或在班级中开展一次关于"爱的教育"的主题讨论会。

3. 实践运用贯穿成线

不同学习任务的完成，依托于各种语文学习活动的开展，学习"新课标"之后，可以发现语文的学习活动主要可以分为"识字与写字""阅读与鉴赏""表达与交流""梳理与探究"四类语文实践活动。通过细读课标，明白四类实践活动，在不同的学习任务群中各有侧重，也有更为丰富的表现形式。

对于整本书阅读学习任务群教学中学习活动的建议，主要是在关联学生生活，以学习任务为驱动的基础上，组织多样的语文实践学习活动。整本书阅读课堂教学主要由导读课、推进课和交流课三类课型阶段性地推动学生进行学习，他们阅读的主要时段更多集中于课外,通过设计课堂教学实践活动,使之串联成线,持续助推学习任务群的达成。

首先,锚定学习目标,设计学习任务。教学设计应始终紧扣目标展开,教师应首先明确一个整书课型之下有几个学习目标,根据目标设计相应的学习任务,言外之意是整本书课堂中学习任务的设计应以助推学习目标的达成为导向。需要注意的是,学习任务的设计不是必须与目标一一对应,但不同学习任务层层解决之下,最终要指向育人目标的实现。在设计学习任务时,教师还应立足于真实的学习情境,设计驱动性较强且具有逻辑关联的学习任务。

其次,串联学习任务,开展实践活动。富有特色的学习任务多是由一种或两种适切性程度高的语文实践活动达成,因此,可以先串联不同的学习任务,构成紧密连贯的整本书阅读学习任务群,接着根据学习任务群,确定合适的学习活动,尽量保持形式多样,但应具有连贯性,如此实践线索才会更加清晰。例如,学习任务一采用的学习活动是自主朗读,学习任务二的学习活动为默读勾画,学习任务三的学习活动是诵读展示评比,可以看出都是"读"这种学习活动,但是任务一、二、三对应的"读"的方式是多样的。最终形式多样的语文实践学习活动串联起来将形成一条根植于文本又富有特色的实践线。

最后,关联课外阅读,形成迁移运用。在整本书不同阅读课型之下,学生解决了不同的学习任务,也开展了形式多样的语文实践活动,"授人以鱼不如授人以渔",实践运用贯穿成线,不应止步于课堂之上,针对整本书阅读,更应由课内拓展到课外,由指导学习变为自觉运用。因此,建议教师在进行整本书阅读教学设计时,在每节课的最后,给学生布置一些实践类的阅读作业,帮助其在课下也能够实现迁移运用,养成良好阅读习惯。

(二) 多线并进,感悟母题

多线并进主要指文本内容线、思维进阶线和实践运用线三类线索贯穿在教学推进过程中,共同构成整本书阅读教学课堂的广博,"三线"缺一不可。在整本书课堂教学设计下,学生既有对文本内容的解读感悟,又有思维的提升发展,还有对阅读方法的培养和实践运用。值得注意的是,多线并进的整本书阅读课堂教学,不仅对学生具有良好的培养效果,促进了其核心素养的发展,更重要的是此教学模式还有利于改变碎片化、浅层化的整本书阅读教学现状。

感悟母题主要指从纵向视角出发,对不同学习任务群下的学习线进行分析。例如,第一个学习任务是梳理人物关系有内容线和实践线,第二个学习任务是读懂人物的影响有内容线、思维线和实践线,第三个学习任务是感悟整书母题有内容线、思维线和实践线,纵向分析后,可以发现内容线和实践线贯穿整本书阅读课始终,思维线在第二个学习任务中出现,随后持续推进。此时,教师在教学设计时就应对三类学习线进行纵向分析梳理,重点理清每类学习线在学习任务群的持续性驱动中实现不断推进提升,最终促进学生对整本书母题的理解和感悟,真正地走进整书。

三、教学评价:"多维全面式"实现育人

"多维全面式"教学评价主要指整本书阅读的课堂教学评价应从多个维度全面指向整本书的育人目标,以此实现教、学、评的一致性,促使学生成长为阅读视野开阔、阅读习惯良好、阅读思维深刻之人,最终成为精神丰盈的人。同时,促使教师成长为会读整本书、会教整本书、会评价学生阅读整本书情况的人。

(一)强化学习评价,育精神丰盈之人

根据育人目标,整本书阅读课堂教学评价的维度可以设置为文本理解、阅读视野、阅读习惯、思维能力、实践运用、母题领悟等,结合不同评价阶段和方式,整合为以下内容(见表8-1)。

表8-1 整本书"多维全面式"学生评价表

评价维度	评价阶段	评价方式
文本理解	阅读前	问卷调查、预学单
	阅读中	读书笔记
	阅读后	练习试题
阅读视野	学期初	拟定阅读信息表/计划表
	学期末	检查阅读信息表/计划表
阅读习惯	课上学习	课堂表现
	课下阅读	专注程度、读书笔记
	家庭阅读	问卷调查
思维能力	课上	课堂表现
	课后	问题清单
实践运用	课上	小组合作学习评价量表式评价
	课后	量表式评价
母题领悟	阅读前	问卷调查
	阅读后	问题练习单、读后感、荐书稿、访谈调查

1. 文本理解

首先是读前评价，教师可以先设计一些主观性的问题进行课前了解，例如：读了这本书，你主要明白了什么呢；在这本书中，你最感兴趣的内容是什么；读书时，你比较困惑的地方有哪些……教师可以根据学生的回答，大概知晓他们对整本书的初步解读程度。其次是读中评价，新《课标》指出："主要考查阅读整本书的全过程，以学生的阅读态度、阅读方法和读书笔记等依据进行评价。"因此，阅读过程中的评价可从读书笔记这方面进行设计。最后是读后评价，教师可根据整本书的类型，设计一些选择题、填空题、画图题等练习题对学生的文本解读程度做出评价。

2. 阅读视野

这一维度的评价建议设置于学期伊始和期末两个时间段进行。首先，教师可设计包含书籍类型、书名、作家、阅读时间、完成度等信息表，学生在学期初，可根据教材的"快乐读书吧"确定必读书籍类型，其次结合学段阅读目标和个人喜好，拟定选读书籍类型，最后在不同的类型之下，明确自己需要阅读的具体书目。在学期末，学生需对阅读信息表的完成度进行填写，教师可结合完成度的作答情况，对学生本学期阅读视野（广阔、适中、狭窄）大致进行评估。

3. 阅读习惯

对于学生阅读习惯的评价可从以下方面进行，首先是课堂阅读习惯，重点观察学生的默读、朗读等基本表现，从问题解决的过程中评价学生阅读习惯的养成是否到位；其次是课间阅读习惯，可以观察学生的课后表现，是否热爱且专注地阅读书籍，是否通过勾画批注的方式能做好读书笔记等，以此了解学生的课间阅读习惯；最后是家庭阅读习惯，教师可以设计相关的问卷调查（阅读书籍、阅读时长、阅读专注度、阅读笔记等）从家长处了解学生在家里的阅读表现，以此对其阅读习惯做出综合评价。

4. 思维能力

对于学生思维能力的评价，可从两个时间段加以关注，一是课上，教师着重观察学生在不同学习任务下，他们对主要课堂问题的回答，根据回答情况，了解学生现有思维能力水平，再通过追问、引导、启发等不同方式引导学生思考，促进思维能力的提升。二是课下，此时教师可将课堂的主要问题整理在练习单上，请学生进行笔头作答，然后教师通过评阅的方式，重点关注他们对于不同层级问题的思考认识，从而纵向发现思维能力是否得到进阶提升。

5. 实践运用

相较于文本内容考查，实践运用能力的评价建议多设计为小组合作学习评价的方式，一是因为实践活动相对较为灵活，教师针对全班授课，大多较难实现一对一点评；二是因为小组合作学习评价优势明显，组员间在进行语文实践活动时，相互了解情况，在互评中实现多元化评价，而且学生在观察同伴练习的过程中，有利于组员对阅读方法及策略的熟悉和掌握。还有一种方法是量表式评价，主要针对课堂教学和课下运用。《课标》在"整本书阅读"的"教学提示"中提出："教师可以围绕读书的主要环节编制评价量表，制作阅读反思单，引导学生从阅读方法、阅读习惯等方面进行自我反思、自我改进。"[1] 此时，教师可设计包含"课堂表现""课后实践""阅读活动""阅读方法""阅读习惯""阅读反思"等评价内容的量表对学生课堂开展和课后运用的一些阅读实践操作加以评价。当然量表不一定都是教师评价，还可以带动学生或者家长参与评价，以期有更多的学习收获。

6. 母题领悟

这一维度的评价，建议采用不同的评价方式。第一种是前后对比评价，课前有设计关于母题理解程度的问题，教师课后附一道题——"在经过交流课学习之后，相较于之前，请问你对这本书的母题又有了哪些认识？"第二种是感悟总结式评价，教师可以在学生阅读和课堂教学之后，布置写读后感、荐书稿等作业对学生的学习加以评价，重点关注其对整本书母题的理解和领悟程度。第三种是访谈问答式评价，教师如果想尽快了解学生对整本书母题的领悟程度，可以随机抽取十名学生，通过访谈调查的方式进行评价。

（二）教师教学评价，促师生共同成长

研究发现，通过设计课堂评价量表能够促进教学质量提升。此量表主要包括两级指标，针对不同板块还有具体的指标描述，对教学手段和教学效果实现全方位评价。随着课堂观察评价的不断推进，相信最终会促进教师文本解读、教学设计、教学评价能力和学生整本书阅读能力、思维能力、实践能力的全面提升（见表8-2）。

---

[1] 中华人民共和国教育部. 义务教育语文课程标准（2022年版）[S]. 北京：北京师范大学出版社，2022：34.

表 8-2 整本书"多维全面式"教师教学评价量表

学校		班级		执教者	
时间		书名		课题	
课型	□导读课 □推进课 □交流课		课时	第（　）课时	

一级指标	二级指标	指标描述	分值
文以载道 （文本解读 结构化）	价值取向 （10分）	1. 具有正确的人生观、价值观和世界观（5分）	
		2. 有利于培养学生的语文学科核心素养（5分）	
	文本解读 （20分）	1. 文本内容、母题解读准确，文本主线梳理清晰（10分）	
		2. 关注文本写作背景、风格特征、表达特点等（10分）	
以文传道 （教学设计 结构化）	学情分析 （10分）	1. 准确把握学生已有认知水平，确定最近发展区（5分）	
		2. 根据学段要求，确定教学重难点及关键点（5分）	
	主题把握 （10分）	1. 根据提炼的母题，确定教学的主题（5分）	
		2. 以关键节点和问题推进对主题的理解（5分）	
	逻辑主线 （10分）	1. 按照文本内在逻辑展开教学，教学板块清晰（5分）	
		2. 以问题链和任务群形式推动教学活动开展（5分）	
	认知发展 （10分）	1. 学生认知由浅入深、由单一向整体发展（5分）	
		2. 学科核心素养课程育人目标的达成（5分）	
以道化人 （教学评价 结构化）	手段方式 （15分）	1. 注重评价主体（教师、学生、家长等）的多元（5分）	
		2. 重视过程性评价，有阶段性评价和终结性评价等（5分）	
		3. 结合学习单、量表、测评等多种方式进行评价（5分）	
	教学效果 （15分）	1. 激发学生阅读整本书的兴趣和动力（5分）	
		2. 掌握整本书阅读基本方法，准确理解文本母题（5分）	
		3. 学生的语文学科核心素养得到一定程度发展（5分）	
总分（100分）			

四、教学案例

整本书阅读学习任务群
——以《阿文进城》为例

（一）"母题节点式"解读文本

【内容概述】

凤鸣山、金马河、野荷塘，是一群乡下孩子的世外桃源。一场天灾之后，在外打拼的卖菜郎刘有才夫妇决定接儿子堂文进城念书。曾经的野荷塘孩子王、胡子道长的关门弟子，如同一头牛犊被人从水草丰美的草地给牵到了荒漠，陷入无尽的尴尬、惶恐和痛苦中，变成了"盲人"和"哑巴"，面对父母的卑微挣扎和艰辛付出，在耳闻目睹"高级白领的地下别墅""求爹爹告奶奶"和"烹制百草汤"之后，他在转学的过程中，渐渐地发生了一些转变，最终融入城市，和同学们一起创建出一片美丽的槐树林。

【确立母题】

《阿文进城》是刘晓军老师写的一部少年成长励志小说，小说主人公阿文从开始的蔑视、厌恶、逆反，到渐渐理解、逐步接受，直至幡然醒悟，真正体会到了"父爱的深厚博大""男子汉的担当"，最终成长，诠释了"人总要学着成长"这一母题。

【确定节点】

1. 内容上是对小说的人物、情节、语言和环境点展开赏析，主要借助阿文这一小说主人公的转学点、转变点和成长点展开。
2. 思维上是学生阅读过程中提取、分析、比较、统整的能力点。
3. 实践上是不同的学习活动点。

（二）"理线悟题式"教学设计

【理清线索】

1. 内容线：从小说的人物、情节和语言点出发进行学习，以人物点为核心，在梳理阿文由转学转变到成长这条线的过程中助推情节线和语言线的达成。
2. 思维线：将提取—分析—比较—统整信息的能力串联成线。
3. 实践线：听—说—读—思系列学习活动构成课堂纵向的学习活动实践线。

【领悟母题】
影响人成长的因素是复杂多变的，但纵使环境、身边之人如何改变，都不应忘记成长的初心，始终坚信："人总要学着成长！"

导读课

【教学目标】

1. 激发学生的学习动机，对《阿文进城》产生阅读兴趣。

2. 通过封面、目录、故事梗概等，让学生对阅读内容有基本的了解，为后续深入阅读做好准备。

3. 引导学生掌握阅读方法，提高阅读效率。

4. 欣赏精彩片段，引发学生的思考，拓宽阅读的深度。

【教学过程】

一、激趣导入，认识作者

由自身经历谈到前言，再谈到作者，激发学生阅读兴趣。

二、概览全书，聚焦人物

（一）关注封面

获取信息，板书读书方法——读封面。

（二）关注故事概要

1. 默读故事概要。

2. 学生简单交流了解故事内容。

（三）聚焦人物图谱

学习要求：

1. 读一读：默读人物图谱。

2. 想一想：你最想了解谁，为什么？

3. 说一说：和同桌说一说自己最想了解的人物和原因。

4. 小组分享交流。

三、聚焦目录，猜测情节

（一）读读题目，说说你发现了什么？

1. 读完目录，你最感兴趣的是哪一个，为什么，猜猜这个故事讲了什么？

2. 指名分享。
3. 翻书，找到你最喜欢的那个故事，读一读，看看有什么发现？
（二）关注主人公的成长变化
1. 出示离开野荷塘，来到大城市的文字片段。
2. 出示来到大城市，"我"的变化文字片段。
3. 成长的背后，阿文经历了什么？
正如书中所写：
山路十八弯，每一次拐弯都有人在凝眸。
山路十八弯，每一个拐弯都挺立着一棵思乡树。
山路十八弯，每一道弯里都蕴藏着大山的祝福和回乡的期待。
对比阅读，发现阿文的变化。

四、走进内容，品读语言

（一）语言优美
出示描写野荷塘片段，感受"优美"。
（二）语言幽默
出示幽默风趣的语段，品味"幽默"。

五、制订计划，开启共读

制订阅读计划。
开启共读。古人云：立身以立学为先，立学以读书为本。读书是快乐的，是精神享受，接下来，就让我们一起开启阅读之旅，享受阅读之乐吧！

（此案例由成都市实验小学西区分校陈红提供）

推进课

【教学目标】
1. 借助地点关键词，讲讲小说的主要内容，理清故事情节线。
2. 梳理和推进人物线、环境线，逐步加深学生对影响阿文成长因素的理解，在归类比较中培养学生的结构化思维。
3. 设置开放性和递进性的课堂问题，拓展课堂容量，在启迪学生思维的同时，促使学生对小说主题产生新的理解。

【教学重点】

梳理和推进人物线、环境线，逐步加深学生对影响阿文成长因素的理解，在归类比较中培养学生的结构化思维。

【教学难点】

设置开放性和递进性的课堂问题，拓展课堂容量，在启迪学生思维的同时，促使学生对小说主题产生新的理解。

【教学过程】

一、任务一：理清小说主要内容

（一）PPT出示学习要求

请你借助三个地点，讲讲这本书的主要内容。请学生代表发言。

（二）思考：阿文身边的那么多人当中，从影响力度来说，你觉得能进入前三的有哪些？

【设计意图：借助三个地点，讲讲小说的主要内容，这一学习任务的设计立足于对学生统整能力的培养，学生对问题的解决建立在通读整本书，熟知内容的基础之上。对人物进行排序，主要侧重于学生提取和筛选能力的训练和提升。】

二、任务二：读懂人物间的影响

（一）PPT出示自主学习要求

1. 找片段

2. 说影响

预设选父亲：引出读小说要关注变化，寻找变化背后的原因。

预设选夫子：品读语言中感受夫子对阿文的影响。

预设学生忽略胡子道长：引导学生四人小组合作学习。

（二）PPT出示四人小组合作学习要求

学会在"忽略之处，精读细想"。

（三）人物分类：出现在阿文身边许许多多的人，如果给他们归归类，你们会怎么分呢？

（四）统整影响：你在阿文身上看到了哪类人的影子？可以结合事例简单说说。如果去掉一个地方的人，可不可以呢？

得出这三个地方的人从不同方面、不同程度上都对阿文产生了影响的认识。

【设计意图：本环节设计的学习任务是"读懂人物间的影响"，主要侧重于学生思维能力的提升，在前一环节提取和筛选能力的基础上，实现由比较到归类再到统整能力的逐级提升，最终促进学生结构化思维能力的形成。】

三、任务三：感悟人物环境关系

除了人对阿文的成长产生了影响，还有环境。

（一）品读野荷塘文字

重在感受和分析野荷塘的特点和对阿文产生的影响。

（二）朗读地下车库和槐树林文字

感受这两处环境的特点及对阿文的影响。

（三）对比三处环境描写，感受作者语言特点

优美和幽默兼具的语言风格。

最后揭示在人与环境综合影响下，阿文实现成长的主题，引导学生感受成长励志小说的力量。

【设计意图：由人及地，关注主人公的生活环境，对人物形象的塑造和对人物成长的影响。引导学生发现这三个地方代表了三种精神的样态，提升认识：一个人的成长，离不开小时候的精神濡养，长大以后的困难与挫折，以及对未来的期盼与梦想，落实到对小说主旨的认识上。】

（此案例由成都市实验小学西区分校李婧提供）

分享课

【教学目标】

1. 整体回顾，理清整本书的故事内容，梳理人物的内在联系，感受阿文的成长及变化。
2. 聚焦环境描写，深入理解环境对阿文成长所起到的作用。
3. 关联学生生活，感悟成长，理解成长的深刻含义。

【教学重难点】

关联学生生活，感悟成长，理解成长的深刻含义。

【教学过程】

一、任务一：整体回顾，激发分享兴趣

谈话导入，说说阅读完整本书的整体感受。

1. 用一个词概括自己的阅读感受。
2. 用一句话谈谈自己的读后收获。
3. 用一段话来说说阿文身上发生的故事及他的改变。

二、任务二：聚焦环境，深入阅读

（一）读片段，交流主人公的生活环境

1. 出示野荷塘片段，全班朗读

引导学生关注野荷塘的闪回片段，思考：作者为什么会在文中不断闪回描写野荷塘的美丽风景？

2. 找到槐树林片段，在阅读中理解

思考：如果说阿文的淳朴来自那片美丽的野荷塘，那么槐树林又带给他什么呢？

3. 关注忽略之处片段，感受影响

思考：从这一连串"为什么"中，你们读出了什么？

关注 20 世纪 90 年代，农民进城务工的历史浪潮，引发思考。

（二）发现三个地点间的关系，感受影响的不同

野荷塘是他从小长大的地方，是他的精神源泉。每当他在城市中遇到困难、面临挑战时，他总会躺在地下车库的"龙床"上，梦回野荷塘，寻找精神慰藉。因为成长，需要美好的精神原点，需要对未来的无限憧憬，更需要面对困难与挫折去创造属于自己的那片槐树林。当然还有生活在那里的人，他们都给了阿文不一样的影响，影响他的精神与力量。

三、任务三：完善"人物圈"，洞察影响力量

（一）回顾人物圈

推进课上，根据地点，绘制出了人物圈。

你还可以依据什么，绘制出属于自己的人物圈？

（二）修改人物圈

可以从身份、关系远近和影响程度等方面进行完善。

四、任务四：分享"人物链"，分析人物形象

四人小组合作，交流人物圈中的人物链，研究他们对阿文的成长产生了怎样的影响？

小结：看来，这些生活在不同地点、不同亲疏关系、不同身份的人物都无形中推动着阿文的成长。

五、任务五：关联学生生活，感悟成长

（一）抒发成长感悟

1. 思考：我们该如何面对成长中所经历的美好、困难、挫折甚至磨难？请结合自己的生活实际谈一谈。
2. 交流自己的理解与思考。
3. 总结成长类小说的阅读方法。

（二）延伸阅读内容

借助阅读方法去阅读其他成长类小说。

（此案例由成都市文翁实验小学周立竹提供）

五、"多维全面式"教学评价

（一）导读课评价

问卷调查问题设计举例

1. 亲爱的孩子，学患无疑，你在没有阅读这本书时，内心产生了哪些问题呢？
2. 在未读书时，这本书最吸引你的是什么？
3. 结合书名、封面、插图和目录，这本书中你最想了解什么？

通过以上问题，充分了解学生对于这本书的兴趣点和困惑点，以此展开导读课教学设计（见表8-3）。

表 8-3　阅读计划表

日期	书名	阅读页码	阅读时长	阅读困惑或感受

（二）推进课评价

一方面，教师可查看学生读书笔记及阅读计划表了解阅读进程和阅读问题。

另一方面，可设计预学单进行精准评价，发现学生阅读的具体困难点（见表 8-4）。

表 8-4　《阿文进城》推进课预学单

预学内容		学生作答	预学情况（打勾）
人物	你还记得书中出现了哪些人物？		□A. 优秀 □B. 良好 □C. 中等 □D. 一般
情节	选择你印象深刻的三个人物，结合故事情节，谈谈他们对阿文产生的影响？		□A. 优秀 □B. 良好 □C. 中等 □D. 一般
环境	请问阿文转学前后在哪些地方生活、学习呢？借助这些表示地点的关键词简单写写这本书的主要内容		□A. 优秀 □B. 良好 □C. 中等 □D. 一般
环境	书中有许多描写环境的语句，请选择你喜欢的段落，工整地摘录下来		□A. 优秀 □B. 良好 □C. 中等 □D. 一般
环境	除了阿文身边的人对他产生了深远影响，环境对他产生了什么影响？请你结合书本内容简单写写		□A. 优秀 □B. 良好 □C. 中等 □D. 一般
综合评价等级		□A. 优秀　□B. 良好　□C. 中等　□D. 一般	

（三）分享课评价（见表 8-5）

表 8-5 《阿文进城》"你问我答"问题清单

问题层级	具体问题	学生作答	评价等级
提取信息	1.《决心书》是谁写的？		□A. 优秀 □B. 良好 □C. 中等 □D. 一般
	2. 文中阿文后来遇到的狗是泥鳅吗？		
	3. 野荷塘在哪里，它对阿文重要吗，为什么？		
	4. 书中有哪几个主要地点？		
概括信息	1. 书的主要内容是什么？		□A. 优秀 □B. 良好 □C. 中等 □D. 一般
	2. "我"是怎样适应转学生活的？		
	3. 阿文是个怎样的孩子？		
比较信息	1. 阿文来到城市之后，环境有什么变化？		□A. 优秀 □B. 良好 □C. 中等 □D. 一般
	2. 你喜欢书中的哪个章节？说说理由。		
	3. 你认为书中哪个人物对阿文影响最大，为什么？		
关联创造	1. 在书的最后一页，如果你是阿文，会怎么想？		□A. 优秀 □B. 良好 □C. 中等 □D. 一般
	2. 如果由你来创编故事结局，你会怎么写？		
	3. 联系生活实际，想想你从阿文身上学到了什么？		
综合评价等级		□A. 优秀　□B. 良好 □C. 中等　□D. 一般	

第二节　跨学科学习：培养用语文解决真实问题的人

《义务教育课程方案（2022年版）》建议在课程中用不少于10%的课时进行跨学科主题学习，且要通过教学设计这一方式给予保障。课标中则设置了基础型、发展型和拓展型三个层面的六大"学习任务群"。其中"跨学科学习"任务群作为拓展型任务群之一，"旨在引导学生在语文实践活动中，联结课堂内外、学校内外，拓宽语文学习和运用领域；围绕学科学习、社会生活中有意义的话题，开展阅读、梳理、探究、交流等活动，在综合运用多学科知识发现问题、分析问题、解决问题的过程中，提高语言文字运用能力"①。

"在语文实践活动中，联结课堂内外、学校内外，拓宽语文学习和运用领域"阐明了跨学科学习任务群的完成方式是借助语文实践活动，联结学生的学习、生活情景，其目的之一是拓宽语文学习和运用领域，有利于加强学科间相互关联，强化课程协同育人功能。社会是复杂的，现实生活中的问题是真实而具体的，因此，通过跨学科学习的方式融会贯通更有利于学生学习生存、生活和创造。

"围绕学科学习、社会生活中有意义的话题，开展阅读、梳理、探究、交流等活动"明确了跨学科学习的主题指向和活动类型，有利于优化课程内容结构。"在综合运用多学科知识发现问题、分析问题、解决问题的过程中，提高语言文字运用能力"则理清了学生在跨学科学习活动中要经历的学习过程：发现问题—分析问题—解决问题，强调解决生活中的真实问题；确定了跨学科学习的最终目的：提高学生的语言文字运用能力和综合解决问题能力，为跨学科学习活动的落地提供了正确的方向和具体的实践操作路径。

参考世界范围内积极倡导"跨学科学习"的主要机构——国际文凭组织给出的"跨学科学习"定义："跨学科学习是这样一个过程，即学生对两个或两个以上学科或学科组的知识体系和认识方法产生理解，并对它们加以整合，从而创造出新的理解。"②

本文中的跨学科学习是以语文学科知识为核心，超越学科局限，运用其他

---

① 中华人民共和国教育部. 义务教育语文课程标准（2022年版）[S]. 北京：北京师范大学出版社，2022：34.
② 何捷. 跨学科学习任务群在教学中的理解与执行[J]. 小学教学研究，2022（22）：5.

学科的思维，进行跨学科主题内容的学习，旨在通过跨学科学习来增强语文学科学习的有效性，同时，提升学生的语文核心素养、综合思维以及分析和解决问题的能力。

由于跨学科学习任务群内容整合程度相对较高，教学难度较大，为突破当下跨学科学习面临的学科本位对跨学科学习的隐形排斥、学习目标偏离"语言文字运用"、学习主题选择缺乏整体规划等现实困境，解决随意式、拼盘式的教学现状，本书基于结构化视域，开展对跨学科学习任务群的实践探索研究，以期从宏观上探索出以文化人的跨学科课堂教学模式。在微观上以案例研究为基础，梳理出文本解读、教学设计和教学评价等具有指导意义的实践路径，最终以跨学科学习任务群的持续性推动，达成"培养用语文解决真实问题的人"这一育人目标。

为培养用语文解决真实问题的人，跨学科学习任务群的教学实施路径可凝练为"立题定点，两点两跨"的教材解读，"四 LI 寻点，锚点定线"的教学设计，"以点为据，指向素养"的教学评价，具体操作路径如下图 8-2。

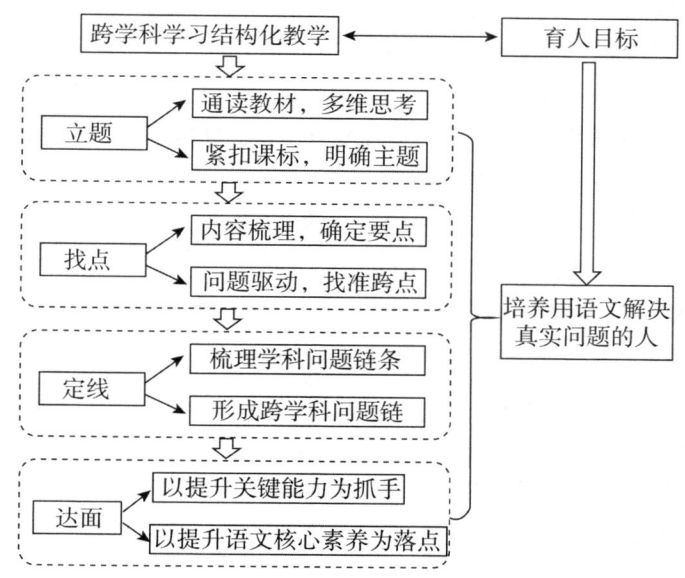

图 8-2 跨学科学习结构化教学路径图

一、教材解读：立题定点，两点两跨

在语文跨学科学习中，要牢牢抓住语文的学科属性，明确语文跨学科学习活动设计要基于学科，源于学科，为了学科，以问题解决为导向，明确学习主题，厘清"两点"，确定"两跨"。其中"两点"指学科"原点"和学科"跨点"，"两跨"指依据跨点"跨出去"和指向素养"跨回来"。在跨学科学习教学中，本书探索出教材解读的具体实施路径。

（一）确定主题

1. 什么是学习主题

"主题"一词，源于德国，本为音乐术语。在《辞海》中，关于"主题"的含义主要有三：其一，主要内容，中心问题；其二，主题思想，如文艺作品中蕴含的基本思想；其三，音乐术语。① 在日常生活中，"主题"主要指的是文章的中心思想。苏联文学家维诺格拉多夫认为"主题"是作者所选择的，所描写的生活现象，叫作作品的"主题"。美国学者克洛夫认为"主题"是中心思想或主要观点，它表明了学习的关键内容。可见"主题"一词内涵丰富。

"学习主题"作为专用名词，首次出现在新《课标》"课程理念"和"课程内容"部分，但均未具体解释，其含义须参照课程标准在下文的具体所指去理解，如出现在作为课程内容的"文学阅读与创意表达""思辨性阅读与表达""语言文字积累与梳理""跨学科学习"4个"学习任务群"中的"教学提示"。仔细辨析可以发现新课标中的"学习主题"有两个含义，一是"人文主题"，二是"活动主题"。② 在跨学科学习活动中，"学习主题"指的是以结构化的、适合学生展开主体学习活动的方式呈现的有内在关联的学习内容和活动主题。

《义务教育课程方案（2022年版）》在基本原则部分提出，"加强课程内容与学生经验、社会生活的联系，强化学科内知识整合，统筹设计综合课程和跨学科主题学习。加强综合课程建设，完善综合课程科目设置，注重培养学生在真实情境中综合运用知识解决问题的能力。开展跨学科主题教学，强化课程协同育人功能"③。为落实课程方案，课标按照不同学段给出学习内容、学习主题、学习方式等相关建议。

2. 如何确定学习主题

新《课标》对于学习主题的规定处于中观层面，在教学实施过程中需要将其转化为微观层面的学习主题与内容，具体可从研读学业质量、梳理教材内容、关注学生成长、聚焦学习生成等方面入手，确定跨学科学习主题。

---

① 陈至立．辞海：缩印本［M］．7版．上海：上海辞书出版社，2022：3008．
② 王荣生．语文课程"学习主题"辨析：语文课程标准文本中的关键词［J］．课程·教材·教法，2023，43（3）：71．
③ 中华人民共和国教育部．义务教育课程方案：2022年版［M］．北京：北京师范大学出版社，2022：5．

(1) 研读课标，梳理教材

在跨学科学习主题筛选过程中，可结合课标中对各学段主题选择的建议、学业质量描述，以及本年级教材内容确定跨学科学习主题。

研读课标中跨学科学习板块的学习内容，可以发现不同学段可围绕不同的学习主题展开跨学科学习活动（见表8-6）。

表8-6 跨学科学习主题梳理

学段	学习主题
第一学段	围绕爱图书、爱文具、爱学习等主题。 留意身边的传统节日、风俗习惯等
第二学段	关注传统节日、风俗民情、民间工艺、历史传说等，了解非物质文化遗产。 关注日常生活中各方面的问题，包括语言行为、校园卫生、交通安全、家庭教育等
第三学段	积极参与文化活动，包括戏曲、书法、篆刻、绘画、刺绣、泥塑、民乐等。 关注人工智能时代的未来生活，包括衣食住行、学校、地球、太空等

研读和梳理课标中关于跨学科学习活动的学业质量描述，可以发现在跨学科学习质量描述中，不仅包括学生学习的效果描述，还包括学生学习的方法描述。

表8-7 跨学科学习质量描述

学段	跨学科学习质量描述
第一学段	在跨学科学习和探究活动中有好奇心和求知欲，喜欢观察、提问，能用自己喜欢的方式呈现学习所得
第二学段	参加跨学科学习活动，乐于观察、提问、交流，能参与简单的活动策划、组织工作；能根据不同学习活动主题搜集、整理信息和资料，提出自己感兴趣的问题；能用照片、图表、视频、文字等展示学习成果，并与他人分享
第三学段	积极参加跨学科学习活动，能利用多种信息渠道获取资料，在简单的调查、访谈等活动中记录真实生活；能根据活动需要，结合自己的知识积累和生活经验提出想要探究、解决的主要问题，能借助跨学科知识和相关材料，与同学合作探索解决问题的具体方法，运用相关知识解释自己的想法，记录探究的过程及结论，写简单的研究报告；能组织讨论和专题研究，发表自己的观点，在交流反思中辨别是非、善恶和美丑；能根据校园、社会活动的需要，独立或与同学合作撰写活动计划、实施方案或活动总结

语文跨学科学习并不是以学科多取胜，应更强调学习内容源自"学科学习、社会生活中有意义的话题"，因此教师需要根据课标中的描述和不同学段学生生活的范围、学习兴趣和能力，精心选择和确定学习主题。如第一学段跨学科学习内容提及，在"借用、购买、整理图书和文具的过程中"，学习识字、说话，学习与他人沟通、交流，将语文"识字"与口语表达等语文活动囊括其中，紧紧抓住了语文跨学科学习的主题"原点"。

具体来说，教师可以以综合性学习单元为抓手，解读教材，明确学习主题。如《课标》中提及第二学段需要"尝试运用科学、艺术、信息科技等相关知识和技能，富有创意地设计并主动参与朗诵会、故事会、戏剧节等校园活动"，"关注传统节日节气、民俗风情、民间工艺、历史和传说等"。三年级综合性学习单元主题与传统节日有关，可以引导学生走进中华传统节日，去搜集传统节日的相关资料，交流节日的风俗习惯，写一写过节的过程；四年级综合性学习单元的主题则与现代诗歌有关，鼓励学生创作一本诗歌集，并举行诗歌朗诵会，这些活动主题均符合课标要求。从这个学段可以发现，综合性学习单元是开展跨学科主题学习的重要抓手，这不仅和学习内容有关，更与综合性学习的学习组织形式相关。

（2）关注学生，聚焦需求

确定跨学科主题学习的主题及相关内容，也可以关注学生学习成长中的关键节点事件及其重要需求（如入学、入队、毕业等），寻找各学科相关的内容，把学习与生活、学科与活动紧密联系在一起。

例如，六年级下册"难忘小学生活"跨学科学习主题和相关内容的确定，六年级下学期的学生面临毕业，而毕业是学生人生中的重要转折点，面对即将到来的离别，学生需要一个正式的告别仪式，面对将要迎来的崭新的初中学习生活，学生在各个方面都需要做好准备。对此，我们确定"难忘小学生活"这一主题，寻找各学科相关的内容，试图通过跨学科主题学习，帮助学生回忆小学六年的校园学习生活，与同学、老师、学校好好告别，让学生为迎接人生的下一个新阶段做好准备（见表8-8）。

表8-8 "难忘小学生活"主题下各学科相关学习内容

学科	相关内容
语文	梳理、筛选成长资料，并对资料进行分类整理。策划毕业晚会活动，撰写策划案，并分工合作

续表

学科	相关内容
数学	整理成长资料，按照时间顺序填写个人成长时间轴；优化时间轴，将个人成长线和集体时间轴并轨
美术	设计成长纪念册封面，彰显个人风格和班级元素；设计成长纪念册内页时，需要根据具体内容进行装帧设计
音乐	梳理班级联欢晚会中的所有音乐选择，包括开场、串场、结束等环节，还包括各个节目的背景音乐，保证与环节或节目适配，增强舞台效果

（二）明确"两点"

"两点"包括学科"原点"和学科"跨点"。"原点"是跨学科学习的起点，也是本学科学习的基本点，"跨点"是跨学科学习的生成点，也意味着学生本学科学习时的问题点、困难点。"原点"是跨学科学习的基础，"跨点"是问题的延伸、思维的发展。

1. 学科"原点"

（1）什么是学科"原点"

语文姓"语"，跨学科学习要从语文出发，以语文学习为落脚点，以提高语言文字运用能力为归宿。因此，学科"原点"源于本学科的学习内容。具体来说，教材内容是跨学科学习的重要载体，语文要素是学科"原点"的内核，教学目标是学科"原点"的外显。

以五年级下册第三单元《遨游汉字王国》为例，教师通读完整个单元内容后，发现本单元以"汉字真有趣"和"我爱你汉字"为学习主题，具体学习内容原点如下。

知识原点：到五年级下册，学生已经认识近三千个汉字，对汉字有了丰富的感性认识。在此基础上，需要增进对汉字的了解，提升对汉字的兴趣。

方法原点：学生需要在了解汉字的过程中搜集资料，掌握资料搜集的多种方法并尝试运用。

能力原点：学生将在学习活动后完成一份简单的研究报告，形成对汉字的个性化认识，加深对汉字的了解与热爱。

（2）如何寻找学科"原点"

要快速确定学科原点，进行跨学科学习主题活动设计，需要经历以下三步（见图8-3）：

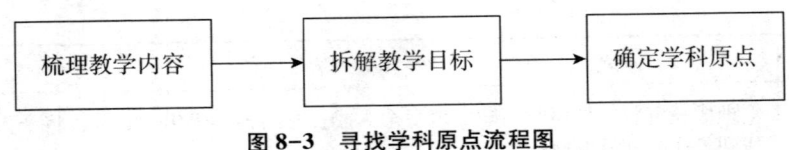

图 8-3 寻找学科原点流程图

第一步，梳理教学内容。以二年级上册第三单元为例，本单元以"儿童生活"为主题，主要编排了四篇精读课文《曹冲称象》《玲玲的画》《一封信》《妈妈睡了》，口语交际《做手工》，以及"语文园地"。

第二步，拆解教学目标。从每课的教学目标和重难点看，《曹冲称象》要求用顺序词说出曹冲称象的过程，感受他的聪明才智；《玲玲的画》要求通过紧抓三个表示心情的词语，讲述故事，感受道理；《一封信》则要求通过圈画的方法，梳理第二封信的内容，体会亲情；《妈妈睡了》要求牢扣关键词，体会妈妈与孩子之间的爱。口语交际《做手工》要求按照顺序介绍制作过程。从写话的要求看，本次写话的目的在于引导学生写出玩具的样子和好玩之处。

第三步，确定学科原点。基于前两步分析，可以确定二年级上册第三单元的学科原点如下：

1. 知识原点。认识生字 55 个，多音字 4 个，会写字 38 个和词语 29 个；了解关键词句的意思，能用指定的词语写句子。

2. 方法原点。学生需要借助表示顺序的词语说出曹冲称象的过程，抓住表示心情的关键词语讲述故事，因此本单元的方法原点是借助词句，尝试讲述课文内容。

3. 能力原点。学生需要在复述故事过程后，感受人物的聪明才智，体会故事中的道理或亲情，因此本单元的能力原点为阅读课文，说出自己的感受或想法。

2. 学科"跨点"

（1）什么是学科"跨点"

为了解决问题、完成本学科学习而引入的其他学科内容或方法为学科"跨点"。在对教材内容进行梳理、整合的过程中，会发现有必须运用其他学科知识、方法或能力才能完成的学习任务时，"跨点"便出现了。需要注意的是，"跨点"的确定并非为"跨"而跨，否则极易成为拼盘式的组合学习，在设计跨学科学习任务时，要牢牢瞄准"原点"与"跨点"，以"原点"为根本，以

"跨点"为突破，让学生在学习中真正感受到综合运用各学科知识、方法或能力解决真实问题的魅力。

如五年级下册第三单元《遨游汉字王国》中，学生需要通过多种形式的资料搜集，了解汉字的历史、文化等，增强对汉字的自豪感，感受中华优秀传统文化，树立规范使用国家通用语言文字的意识，并撰写一份简单的研究报告。

在达成目标的过程中，跨点随着学生问题的提出而出现。比如：学生发现撰写研究报告光靠文字阐述不够有说服力，怎样做才能让研究报告更有可信度？

跨点一：学生发现可以借助数学中的统计图来呈现真实的数据情况，以此提升研究报告的可信度，让表述更科学严谨。又如：当学生尝试搜集资料时，发现搜集方法多种多样，究竟哪一种更适合当下的研究？

跨点二：借助数学知识对搜集方法进行比较筛选，借助书籍、网络可以更高效地获得数据类信息，通过参观博物馆、实地调查等则可以获得更直观的体验。

基于以上对学科原点的分析与发现，我们发现可以引入美术学科知识，帮助学生进行古代美术作品欣赏（包括书法、篆刻、剪纸等），这是与美术学科的跨点；可以引入音乐学科知识，进行古代音乐欣赏，从中感受中华优秀传统文化，这是与音乐学科的跨点；可以引入数学学科知识，为撰写研究报告、统计相关数据做准备，这是与数学学科的跨点。

（2）如何找跨点——在"问题解决"中寻找"跨点"

①从学习内容中找跨点

细读单元文本，寻找学科跨点。教师在学习主题的统整之下，确定单元学习核心任务，形成核心问题；从学习内容、思维方法、关键能力等多个维度进行探寻，提前预设学生在解决核心问题的过程中，需要哪几门学科介入、何时介入以及借助其他学科的知识、方法或理解来解决何种问题。以四年级下册第三单元"轻叩诗歌大门"为例。

知识跨点：指向知识的共性处。四年级下册第三单元《轻叩诗歌大门》中，要引导学生初步了解现代诗的一些特点，体会诗歌表达的情感。诗与乐是密切相连的，它们都有音律美。因此，学生可以借助音乐欣赏诗歌，感受诗歌中的情感。借助配乐诗朗诵或音乐作品等来理解和欣赏诗歌，这是知识上的跨点。

方法跨点：指向方法的联结处。本单元还需要收集现代诗相关资料，初步学习整理资料的方法。搜集资料涉及运用书籍、网络等方法进行信息提取，信息技术不可或缺，这是方法上的跨点。

能力跨点：指向能力的拓展处。整理资料时，不仅涉及语文学科中对信息的理解、分析，还涉及数学中的数据统计和呈现形式，这是能力上的跨点。

②在真实情境中寻跨点

在跨学科主题学习活动的设计中，找到"跨点"是整个设计的关键与核心，因为明确了"跨点"就明确了所跨学科、所跨层级和所跨程度。在学习过程中，学生会遇到学习困难点，教师要尊重学生的真实学习境遇，及时调整跨点设计，帮助学生有效解决真实问题。在此过程中教师可以遵循"主题—内容—难点—跨点"的学习路径来发现和确定"跨点"（见图8-4）。

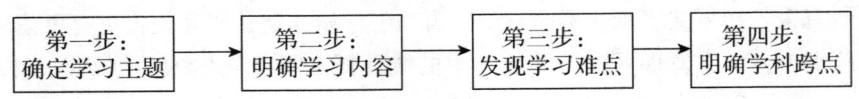

图8-4 寻找"跨点"路径图

以四年级下册第三单元《轻叩诗歌大门》为例，在跨学科主题学习活动的设计中：

首先，确定学习主题，即学习现代诗，初步了解现代诗的一些特点，体会诗歌的情感。

其次，理清学习目标，明确学习内容。初步了解现代诗的一些特点，体会诗歌表达的情感；根据需要收集资料，初步学习整理资料的方法；合作编小诗集，举办诗歌朗诵会。

再次，在真实学习情境中，确定学习难点。现代诗对学生来说并不陌生，但是要想合作编小诗集，对学生来说难度较大。在合作编写诗歌集的过程中，涉及诗集的构成要素、诗集的设计与装帧、诗集的内容选择等难点。

最后，依托学习难点，找到学科跨点。学生可以通过网络搜索等方式明确诗集构成要素；学习并理解设计和诗集主题、内容一致的封面和内页，需要借助线条、色调、风格等美术学科学习的知识、方法和技能，以"跨"突破学习难点，实现知识融通，形成对学习意义的理解。

通过"主题—内容—难点—跨点"这一路径，"跨点"自然浮出水面，不再是为跨而跨的"假"跨学科，而是基于学生真实问题、学习难点而寻求其他学科辅助解决的真实跨学科学习。

还应注意的是，跨学科学习与常规教学的不同之处是要借助其他学科来达成本学科的学习目标，提升本学科的核心素养。但是在教材解读之初，我们不能只看"跨学科"，而忽略了"跨学科"之前的"语文"二字，否则极易走入为跨而跨的"伪"跨学科学习中去，看似有其他学科加入，但若去掉其他学科内容，也丝毫不影响学习目标的达成，这与跨学科学习的初衷相违背。

（三）明确"两跨"

"两跨"中，一跨为"跨出去"，二跨为"跨回来"。"跨出去"以解决真实问题为目的，以其他学科知识、方法等为辅助；"跨回来"以提升学生语言文字运用能力为指向，以学生核心素养的提升为评价标准。

1. 跨出去：以问题解决为目的

（1）什么是"跨出去"

"跨出去"指为了解决具体问题，不再拘泥于语文学科，而是主动打破学科边界，综合运用其他学科的知识、技能、方法等，有效解决实际问题。

（2）为何要"跨出去"

①解决问题的需要

在跨学科主题学习活动中，学生置身真实情境中，学会如何发现问题，整合问题、任务与资源，在不断发现问题与解决问题中，将"发现问题—解决问题"这一过程内化为问题解决的具体操作路径，将已习得的语文能力迁移运用到生活中。这体现出跨学科学习具备较强的操作性，而现实生活不是按照学科划分的，融会贯通才能生存、生活和创造，因此语文跨学科学习必须主动"跨出去"。

②实现学生知识进阶的需要

跨学科学习不是多学科知识的简单堆砌。跨学科学习需要发现问题，这需要熟悉相关的事实性知识。发现问题后需要界定问题，这需要运用概念性知识。界定问题后进而思考如何解决问题，这需要灵活运用程序性知识和元认知知识。三个阶段之间呈现出由低阶素养向高阶素养进阶，以高阶素养带动低阶素养的样态，因此跨学科学习中的知识呈现为一种网状的立体结构。① 这种立体的网状知识结构有利于学生解决问题时举一反三、前后勾连，因此语文跨学科学习必须主动"跨出去"。

2. 跨回来：以核心素养为落点

（1）什么是"跨回来"

"跨回来"指以语文核心素养为落点，紧扣本学科学习目标，帮助学生在解决问题的过程中，提高语言文字运用能力，提升语文学科核心素养。

（2）为何要"跨回来"

①知识层面：有利于解决语文学习中的真实问题

跨学科学习基于学生学习过程中发现的问题展开，因此需要通过经历跨学

---

① 任明满，申小艳. 小学语文"跨学科学习"任务群的价值探析与设计策略［J］. 小学语文，2023（3）：10.

科学习的过程去回应：是否解决了该问题，是否明确了解决该问题需要调动的其他学科知识和相应路径。

②能力层面：有利于提升综合运用多种方法解决问题的能力

跨学科学习任务群的设计与实施，围绕学科学习、社会生活中有意义的话题展开，基于学生真实的问题去推进，学生在广阔的学习和生活情境中学语文、用语文，积极调用各学科知识，在真实的情境中寻找解决办法，有利于提升学生综合运用多种方法解决问题的能力。

③价值层面：有利于形成多角度认识世界的意识

跨学科主题学习具有情境的真实性、问题的高阶性、学科知识的融合性等特点。基于本学科，融通其他学科去解决真实世界的复杂问题，有利于加强学科知识与现实世界、学科知识与学生成长的联系。学生经历跨学科学习后，获得了跨界整合的经验，更容易用整体的眼光、多维的视角去看待问题，思考问题，学会融会贯通，主动迁移。

需要注意的是，语文跨学科学习要"在综合运用多学科知识发现问题、分析问题、解决问题的过程中，提高语言文字运用能力"，其最终落点是语言文字运用能力的提高。除此之外，帮助学生形成对跨学科学习的正确认识同样重要，只有明白跨学科学习背后的推进逻辑，才真正清楚跨学科学习的意义，并有助于学生形成正确的解决真实问题的思考路径，最终达成"培养用语文解决真实问题的人"这一目标。

二、教学设计：四 LI 寻点，锚点定线

根据"四 LI 寻点，锚点定线"的跨学科学习推进模式，确定学科原点，寻找其他学科跨点，锁定学生思维生发点，把任务内容串联成线，把问题解决思路梳理成线，理清借由跨点跨出去后能解决何种问题，运用多元、多维、多样的评价方式，确定跨回来后落点仍是语文，促进学生在跨学科学习过程中，提升综合运用语言文字和解决真实问题的能力。

在跨学科学习的结构化教学中，可以采用"四 LI 寻点，锚点定线"的教学设计模式。

（一）四 LI 寻点，明确设计流程

1. "厘"清育人目标

以提升核心素养为目标，以"以文化人"为途径，让育人目标清晰化。在厘清育人目标时，要注意区分层次，从宏观的核心素养目标确定，到中观的单

元目标解读,再到微观的课时目标分析,要清楚目标的设定依据。

如统编义务教科书小学语文四年级下册第二单元以"自然科技"为主题,以"阅读时能提出不懂的问题,并试着解决"为语文要素,编排了4篇课文,这些课文可以培养学生的科技兴趣,激发想象力、创造力。以《纳米技术就在我们身边》为例,其育人目标如下。

宏观:关注和参与当代文化生活,初步了解和借鉴人类文明优秀成果。在学习过程中有好奇心、求知欲,养成积极思考的习惯。

中观:阅读时能提出不懂的问题,并试着解决;增强主动提问的意识,养成阅读时积极思考、主动解决问题的良好习惯。

微观:能把课文中的科技术语读正确;能提出不懂的问题与同学交流;能运用多种方法查找资料,并借助资料加深对课文的理解。

2. "理"清教学内容

以课标为纲,梳理课标中跨学科学习相关要求;以教材为载体,梳理综合性学习单元内容,发现学科原点;以解决问题为导向,倒推解决过程,发现必须引入其他学科知识进行学习,以此明确跨点,让教学内容结构化。

如四年级下册第三单元紧扣核心问题"如何做一本诗歌集并举行诗歌朗诵会",去倒推学生前期需要做的准备,将过程细化,在此过程中发现跨点,即必须借由其他学科知识、能力或方法才能解决之处,进而将教学内容中的跨学科学习部分与本学科内容自然统整,成为有机融合的整体。

3. 经"历"教学流程

以"备—研—建—导"为实施流程,让设计实施流程化。备:学习主题,研:学习方式,建:学习支架,导:过程监督。研究如何搭建学习支架时,以学情为起点,以学习目标为终点,明确到达终点的途径和方法,预设过程中可能出现的问题,结合学生特点选择恰当的方式为学生提供辅助性的"脚手架",则能更加高效地完成任务。

4. 磨"砺"反馈评价

学习评价的标准需要再三研究打磨,方能真正反映学生学习的效果。可从以下三方面进行:一是评价内容,重视证据收集,促进过程性评价;二是评价形式,丰富评价主体,进行多元评价;三是评价指向,立足核心素养,以育人目标、解决真实问题和提升语言实践效能为导向,让反馈评价结构化。

如四年级下册第三单元,该单元综合性学习的核心任务是"如何做一本诗歌集并举行诗歌朗诵会"。要完成该项核心任务,需要将其拆解为若干子任务,而针对子任务的评价方式是多样而具体的,如诗歌摘抄的具体要求、诗歌集制作的注意事项。要达成这一核心目标，需要经历较长的学习进程，在评价时要注重收集过程性评价，设计可见的评价方式和明确的评价标准（见图8-5）。

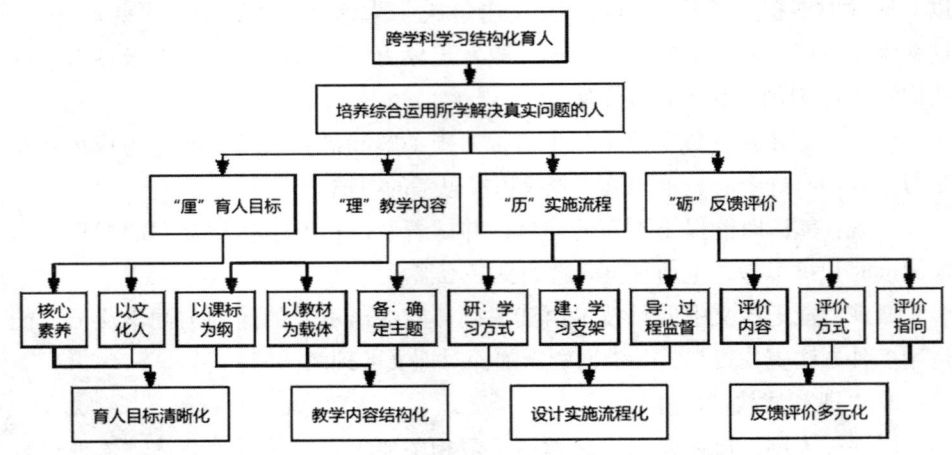

图8-5 跨学科学习结构化解读教材的实施路径图

（二）锚点定线，紧扣设计要点

确定"两点"之后，需要"锚点定线"。第一步：确定已找到的原点和跨点，并以此为锚点。第二步：梳理原点的层次（知识、方法、能力），确定跨点出现的时机。第三步：将原点与跨点进行整合，连"点"成"线"，形成具体的操作路径。"线"即融合教学任务，将核心问题进行拆解，把子问题串联成线，形成问题串；明确子任务，把子任务串联成线，形成任务链。第四步：跨学科学习在连"点"成"线"的基础上有序推进，最终汇"线"成"面"，提升学生解决真实问题的能力和语文核心素养（见图8-6）。

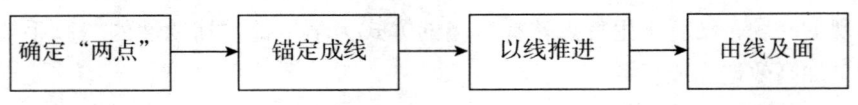

图8-6 "跨出去"路径图

1. 线——以问题串为线，跨出去

跨出去意味着需要运用其他学科的知识、方法或理解，解决本学科无法解决的问题。其他学科要参与到辅助语文学科学习的过程中，需要先梳理其他学科的相关问题，形成问题链，再将该问题链转化为跨学科学习的问题链条，最后依据问题设计驱动任务。

在五年级下册第七单元《金字塔》教学中，教师发现学生在理解金字塔的塔高、重量、面积、体积的过程中有困难，于是依据学生真实问题，发现数学学科的跨点，形成核心问题：如何让学生感受物品的高度、重量、面积和体积？基于该核心问题进行拆解，形成了子任务：在生活中进行测量，感受一米有多高，一千克有多重，一平方米和一立方米有多大。在此基础上，再去换算600万吨等于多少千克，想象塔的具体重量，以此类推，学生切实感受到了金字塔建造的不易与伟大。

2. 面——以核心素养为面，跨回来

语文跨学科学习的最终落点是语文，以提升关键能力为抓手，以语文核心素养的提升为落点，最终达成"培养用语文解决真实问题的人"，而提升学生的核心素养不能只关注单方面，应从文化、语言、思维、审美等维度全面促进学生语文核心素养的发展。

（1）明确跨学科学习的统整性

在跨学科学习中，需要突破学科壁垒，面对真实复杂的问题，用多维视角来观察、思考，综合运用不同学科的知识、技能和理解来解决问题。因此结构化的方式有利于将课程内容进行有机整合，让跨学科课堂真正融入各学科知识、技能与方法，通过发现、利用语文学科与其他学科在主题、内容、能力等维度的深度关系，构建跨学科学习立体化网络，更好地提升语文核心素养，提升学生运用结构化思维来解决问题的能力。

五年级下册第七单元《金字塔》的跨学科学习，最终以"金字塔讲解员"的方式呈现学生学习过程中的关键能力，紧扣跨学科学习的统整性。因为学生在讲解金字塔的过程中，从输入转变为输出，需要运用列提纲的方式有序讲解。除此之外，学生对金字塔相关知识的学习不再停留于表面的识记，还增加了自己的理解，讲解时还需根据听众反应随机应变地调整侧重点，极大锻炼了学生的语言文字运用能力。

（2）紧扣跨学科学习的探究性

跨学科学习是围绕特定主题或为了解决具体的真实问题展开的探究性、实践性的学习活动。它既是一种学习方式，也是一种综合性的主题学习活动。在跨学科学习活动中，结构化的方式有利于引导学生更全面地考虑影响问题解决的因素，可视化地呈现可供选择的方法，方便学生直观地发现问题与方法之间是否存在对应的解决关系，让跨学科课堂中的真实性、实践性与探究性更为彰显。这也是跨学科学习在教学方式上的突破，从学科知识教学形态转向跨学科核心素养教学形态，探索任务型、项目化、主题式和问题解决等综合教学方式，更多地体现做中学、悟中学、用中学和创中学。

以四年级下册第三单元《轻叩诗歌大门》为例，本单元学生要初步了解现代诗的一些特点，体会诗歌表达的情感。在朗读诗歌、品味诗歌中想象画面，感受诗歌所蕴含的情感。用工整美观的字迹抄写诗歌，创作诗歌。以小组合作的方式发布诗歌，举办诗歌朗诵会，形成班级诗歌集。

以任务链为抓手，尝试"跨回来"。从一个核心问题"如何走进现代诗"开始，引发若干回答：悦读诗歌—摘抄诗歌—创作小诗—形成诗集—发布诗歌，梳理形成子任务，整合后成为联系紧密、层次分明的学习任务链：怎样找到喜欢的诗歌，怎么摘抄诗歌更美观，如何合作编一本小诗集，如何举办诗歌朗诵会（见图8-7）？

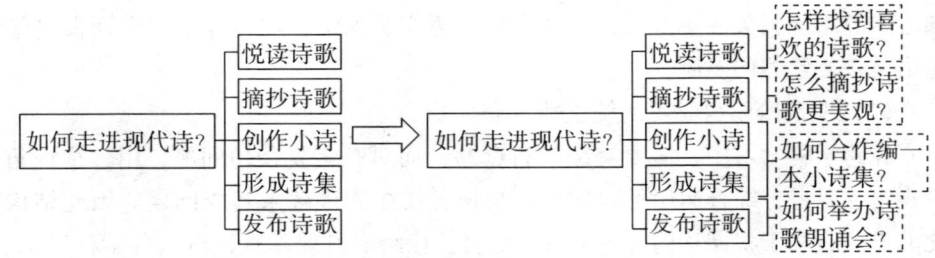

图8-7　四年级下册第三单元"轻叩诗歌大门"学习任务链

（3）指向跨学科学习的育人性

跨学科学习具有整体育人优势，学生在广阔的学习和生活情境中学语文、用语文，学习资源更为综合、开放，学习情境更为真实、多样，学习方式更为灵活、丰富。以文化人的跨学科课堂，是"育人、成人、完人"的课堂，其最终目标是"人"，将文本中的道理、精神和思想化入人心，才能在教学中实现学科育人价值。

在四年级下册第三单元《轻叩诗歌大门》中，学生借助美术学科和音乐学科"跨出去"，又以学生的全面发展为目标，通过完成学习任务链，提升学生语文核心素养，从"跨出去"又"跨回来"。

跨学科学习的教学目标决定跨学科学习最终要培养什么样的人，本次跨学科学习教学目标如下：

第一，能多渠道收集喜欢的诗歌并摘抄，通过阶段性交流，进一步丰富现代诗收集的渠道和类型，加深对诗歌的感受和体验。

第二，结合本单元学习，尝试通过续写、仿写等方式写诗，表达自己的感受，并和同学交流。

第三，能对自己收集的诗歌进行整理，初步学习整理资料的方法，与同学合作编小诗集。

第四，举办班级诗歌朗诵会，能用合适的语气朗读，表情、体态自然大方。

从教学目标中，我们能窥见对学生方法、能力和素养等全方位的培养。

三、教学评价：以点为据，指向素养

根据语文核心素养培养目标导向，语文跨学科学习教学中要注重运用表现性评价的方式，紧扣语文跨学科学习的特点，建立多元、多维、多样的评价方式，以促进学生在学习进程中自我反思、自我建构。

（一）聚焦"两点"，据点评价

评价内容要牢牢抓住学科"原点"和"跨点"来进行，指向语文跨学科学习的突出表征，体现语文跨学科学习的综合性、实践性、开放性等。

1. 学科"原点"要清晰

评价学科"原点"是否清晰准确，一看跨学科学习主题是否围绕学科学习、社会生活中有意义的话题，可参考新《课标》中针对不同年段学习主题的具体建议。如三年级下册第三单元以《中华传统节日》为跨学科学习主题，就紧扣课标要求"关注传统节日"。二看学习内容是否符合年段特征，是否满足新课标中对相应年段的学业质量描述，也可参考教师用书中的教学建议和学习目标。

以四年级下册第三单元《轻叩诗歌大门》为例，其中的学习内容评价包括对诗歌摘抄、诗歌分享和诗歌朗诵的评价标准。

（1）诗歌摘抄评价标准（见表8-9）

表8-9 诗歌摘抄评价表

	内容	评改依据
要求	1. 明确选材	从现代诗中摘抄喜欢的诗
	2. 书写工整	能正确、工整地摘抄，保持卷面整洁
	3. 排版美观	摘抄的诗歌在卷面居中，排版恰当

（2）诗歌分享评价标准（见表8-10）

表8-10 诗歌分享评价表

字音准确，语句流畅	☆
字音准确，语句流畅。朗读时情感饱满，能用恰当的语气和动作	☆ ☆

续表

字音准确,语句流畅。朗读时情感饱满,能用恰当的语气和动作。能选择恰当的配乐	☆☆☆
字音准确,语句流畅。朗读时情感饱满,能用恰当的语气和动作。能选择恰当的配乐。能总结诗歌收集过程中的方法	☆☆☆☆

（3）诗歌朗诵评价标准（见表8-11）

表8-11　诗歌朗读评价表

读准字音,读好停顿	☆☆☆
朗读时感情饱满,能用恰当的语气和动作	☆☆☆
能选择适合的配乐为朗读增色	☆☆☆
能和组员合作朗读,分工明确,搭配合理	☆☆☆

2. 学科"跨点"要准确

评价学科"跨点"是否找得合理、准确，一看该"跨点"出现的时机是否正确合理，该"跨点"的出现是否源于学生解决问题时出现的真实困难点，即用本学科知识无法完全解决该问题，必须借助其他学科知识、方法或理解才能有效解决。如五年级下册第三单元"遨游汉字王国"中的跨点之一：引入数学学科知识，利用饼状图、柱状图等方式来统计相关调查数据，为更加科学地撰写研究报告做准备。要想弄清楚汉字使用时的真实情况，了解生活中汉字错误使用的类型和比例，必须基于数据统计才能真实、准确。此时数学知识的进入成为必然。

二看该"跨点"引入的其他科目是否必要。如四年级下册第三单元中评价诗歌集的完成情况，就包含了美术学科的相关知识，如装帧设计是否符合该诗歌集的整体风格。而在评价诗歌朗诵会完成情况时，则包含了音乐学科的相关内容，如需要关注学生是否选择了恰当的音乐辅助朗读。这两个学科的进入，都有其必要性。

（二）基于"两跨"，多维评价

1. "四 LI 定点"，指向多维

在教学设计上，可以从活动目标、活动内容、活动流程、活动评价这四个维度去进行评价。

活动目标要清晰，尤其注意目标的指向性和层次性；活动内容要明确，以课标为纲，以教材为载体，以解决问题为导向，倒推问题解决过程，梳理教学内容，明确学科跨点，让教学内容结构化；活动流程完备，以"备—研—建—

导"为实施流程，明确学习主题、研究学习方式、搭建学习支架、指导过程监督，让设计实施流程化；反馈评价要多元，评价内容要重视证据收集，促进过程性评价；评价形式要丰富多元；评价指向真实问题解决，语文核心素养提升（见表8-12）。

表8-12 "四Li"教学设计评价表

活动目标清晰：指向语文核心素养，紧扣语文要素，目标层级划分清晰正确	☆☆☆
活动内容明确：依据课程标准明确学期内容，紧扣语文教材，明确单元内容，聚焦具体任务，明确课时内容	☆☆☆
活动流程完备：确定学习主题，研究学习形式，建立学习支架，优化过程监督	☆☆☆
反馈评价准确：重视过程性评价收集，多元主体评价，评价指向核心素养提升	☆☆☆

2. "锚点定线"，重视量表

在学习过程中，是否能依托"两点"主动"跨出去"，并指向语文核心素养有效"跨回来"，需要重视评价工具的设计，合理利用量表等评价工具，以利于在跨学科学习过程中收集客观证据，为后续帮助学生进行反思、调整和改进提供数据支持。跨学科学习的课堂观察量表有利于帮助教师更好地掌握教学状态，得到真实的教学反馈（见表8-13）。

表8-13 跨学科学习课堂观察量表

一级指标	二级指标	指标描述	分值
文以载道（教材解读结构化）	价值取向（10分）	1. 围绕学科学习、社会生活中有意义的话题，选择符合本年段学生身心发展规律、关联本学段教材的学习内容（5分）	
		2. 体现语文核心素养（至少2项）：文化自信、语言运用、思维能力、审美创造（5分）	
	文本解读（20分）	1. 以学习主任务为依据，寻找学科间的关联，发现适合的跨点，准确解读跨学科学习内容（10分）	
		2. 以语文学科为本位，解读语文学科与其他学科、语文学习与学生生活之间的关系，揭示跨学科学习对学生语文核心素养提升的积极意义（10分）	

续表

一级指标	二级指标	指标描述	分值
以文传道（教学设计结构化）	学情分析（10分）	1. 关注学生的年龄、学习环境、身心发展水平开展教学（5分）	
		2. 学习内容符合学生认知水平，根据学生最近发展区设计教学环节（5分）	
	主题把握（10分）	1. 主题具有真实性、综合性、开放性等特点（5分）	
		2. 围绕主题，以子任务的形式推进主题的理解和落地（5分）	
	逻辑主线（10分）	1. 教学内容以子任务形式层层推进，子任务之间形成关联，最终指向总目标达成（5分）	
		2. 子任务教学线索清晰、有层次，和跨学科学习主题紧密关联，具有必要性（5分）	
	认知发展（10分）	1. 引导学生逐步形成正确的人生观、世界观、价值观（5分）	
		2. 围绕主题，通过任务驱动，引导学生思维从浅层走向深入，从单一走向丰富（5分）	
以道化人（教学评价结构化）	手段方式（15分）	1. 评价主体多元，有教师评价、自我评价和同伴评价等（5分）	
		2. 重视过程性评价，有阶段评价和终结性评价等（5分）	
		3. 评价方式多样，有口头、书面、量表等（5分）	
	教学效果（15分）	1. 激发学生主动学习的动力，在生活中积极发现问题、分析问题（5分）	
		2. 帮助学生获得跨学科学习的知识和方法，并能将其进行内化和迁移（5分）	
		3. 提升学生综合运用多学科知识解决问题的能力，并最终指向学生语言文字运用能力的提升（5分）	
总分（100分）			

四、教学案例

跨学科主题学习
——以统编小学语文教科书六年级下册第六单元为例

一、教材解读

（一）明确学科"原点"

1. 学段目标

在新课程标准学段目标中，第三学段【梳理与探究】板块提及。

（1）感受不同媒介的表达效果，学习跨媒介阅读与运用，初步运用多种方法整理和呈现信息。

（2）初步了解查找资料、运用资料的基本方法。利用图书馆、网络等渠道获取资料，解决与学习和生活相关的问题。尝试写简单的研究报告。

（3）策划简单的校园活动和社会活动，对所策划的主题进行讨论和分析，学写活动计划和活动总结。

2. 单元目标

本单元语文要素是"学习整理资料的方法"，能够策划简单的校园活动，学写策划书，意在引导学生在这一过程中回味、感受，获得情感体验，表达对母校和师友的感激与惜别之情。

年级	相关语文要素
三年级下册	收集传统节日的资料，交流节日的风俗习惯，写一写过节的过程
四年级下册	根据需要收集资料，初步学习整理资料的方法
五年级下册	学习搜集资料的基本方法
六年级下册	综合运用学过的阅读方法进行阅读；根据需要搜集资料
六年级下册	运用学过的方法整理资料

通过梳理相关单元的语文要素，教材的学习要求逐渐明晰起来：学生经过了三年语文学习实践，已经掌握了基本的资料搜集方法，故而在原有基础上需要"运用学过的方法整理资料"。

(二)明确学科"跨点"

1. 数学跨点

(1)整理资料,填写时间轴

首先,要制作属于自己的成长纪念册,需要回顾自己小学六年的学习生活时光,可以先确定资料来源,如班级 QQ 相册、父母朋友圈等;其次,需要从众多资料中,选择和确定关键事件;最后,梳理出合理的时间节点,形成属于自己的时间轴。

(2)优化时间轴,个人与集体并轨

时间轴除了个人成长时间轴,还需考虑班级成长时间轴,这样才算完整,因此需要在整理资料时,梳理班级大事记,并把大事记加入个人成长时间轴中。

2. 美术跨点

(1)设计成长纪念册封面

封面的设计需要符合个人气质,能呈现个人特点,还可以加入个人喜欢的各种元素,让个人风格得到最大化彰显。除此之外,班级元素仍然不能丢掉,可以加入班级 logo 形象,让班级特色在个人成长纪念册中有所呈现。

(2)设计成长纪念册内页

内页设计与封面的不同之处是,内页的内容更为具体,因此要根据具体内容进行页面的装帧设计,可以绘画,也可以加入照片,还可以结合一些实物来呈现个人的成长。

3. 音乐跨点

班级联欢晚会是一个大型的班级甚至校级活动。其中音乐的选择包括主持人的开场、串场、结束等环节,还包括各个节目的背景音乐。这些音乐需要与节目内容适配,起到增强舞台效果的作用。

二、教学设计

(一)设计实施流程化

以"备—研—建—导"为实施流程,明确学习主题、研究学习方式、搭建学习支架、指导过程监督,让设计实施流程化。

备:确定主题。解读教材,确定主题可通过"五步"进行:第一步,梳理单元内容，了解单元概况；第二步，找到语文要素与本单元结合点，明确培养重点；第三步，重点分析素养达成的基础点、障碍点及延伸点；第四步，研究学习策略，设计学习活动；第五步，研究单元分层作业设计。

研：学习形式。可供选择的跨学科学习模式：第一，推进模式，指活动围绕一个主题，分成若干阶段，层层推进，逐步深化。第二，发散模式，指活动围绕一个主题，进行发散性思维，以不同活动任务来实现主题目标。第三，分解模式，指活动围绕一个主题（母题），分解为若干子主题，子主题又进一层分解成若干分主题，最终完成目标。

建：学习支架。在跨学科学习过程中，学生将调用程序性支架、策略支架，根据实际情况综合解决问题。

导：过程督促。教师在学生学习过程中的角色：倾听者。听学生真实想法，听每个学生想法。指导者。支持并促进学生走向深入，引导学生从"学会"到"会学"。反思者。反思学习活动是否成为课堂学习的中心，反思"教"是否及时支持、促进学生的学。

（二）锚点定线跨出去

基于学科"原点"和"跨点"，可以梳理学习任务，形成任务链条，最终达成跨学科学习目标。

1. "成长纪念册"学习任务结构图

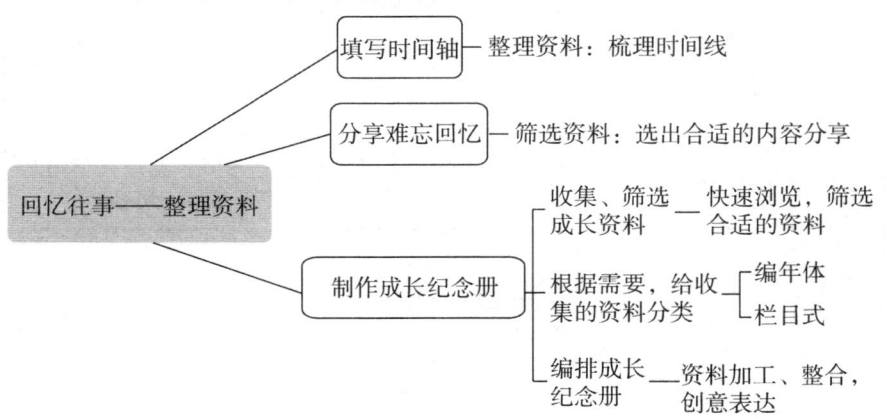

本单元学习任务链为"填写时间轴""分享难忘回忆""制作成长纪念册"，整个学习过程可以分为四个阶段，每个阶段融入不同的学科，共同完成最终的学习任务。

2. 具体教学流程：

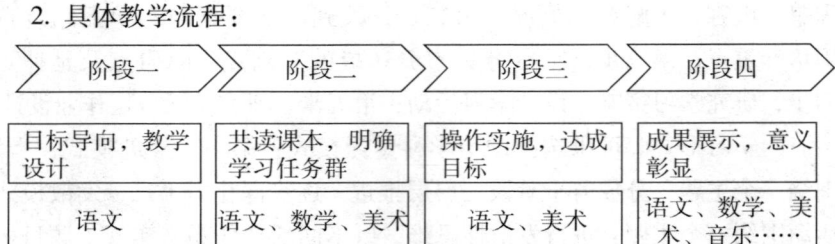

三、教学评价

（一）过程性评价重视量表

确定恰当评估证据就是考虑学习的证据。如何才能知道学生已经达到预期结合和内容标准？如何知道学生真正理解了核心观点？用什么作为熟练的证据？在活动开展过程中收集评估证据，以评价量表给予跟进和反馈。

时光轴评价表

话题		我的小学生活
要求	内容	评改依据
	1. 明确选材范围	收集、筛选成长材料，根据需要给收集的资料分类。选择自己最难忘的一件事
	2. 安排详略，重点突出	写清时间点、主要事件（或人物，或事物）
	3. 情感真挚	尝试运用不同的表达形式，运用人物描写方法，表达自己对所写之事的情感

毕业赠言评价表

同伴评价	言之有人（☆）	言之有物（☆）	言之有情（☆）
赠予对象			

成长纪念册评价表	
突出珍藏小学记忆的主题，设计富有情谊的纪念册	☆ ☆ ☆
内容丰富，注意资料的整理，能编写清晰的时间轴	☆ ☆ ☆
图文并茂，美观大方，完成独具创意、富有个性的成长纪念册	☆ ☆ ☆
能积极参加班级个人纪念册展览	☆ ☆ ☆

《"毕业联欢活动"小组策划书》评价表	
能围绕活动主题撰写策划书	☆ ☆ ☆
活动策划书内容与格式符合基本要求	☆ ☆ ☆
策划书分工职责明确，活动流程清楚	☆ ☆ ☆
策划书内容新颖，有创意	☆ ☆ ☆

（二）终结性评价多样化

1. 班级时光轴

在编写班级时光轴的过程中，学生设计了形式多样的时间线索图，在整个过程中，学生搜集、筛选的资料全面反映了班级的成长过程，有基于教材事例类的树状、花朵状时间线索图；也有将时间线索设计为火车的情境化线索图；有基于信息整理类，按照时间顺序编排的线索图；也有创意表达类的时间线索图，如：阶梯状寓意永不止步，从种子到花朵的变化展示了成长的历程，放飞的孔明灯好像放飞的希望。

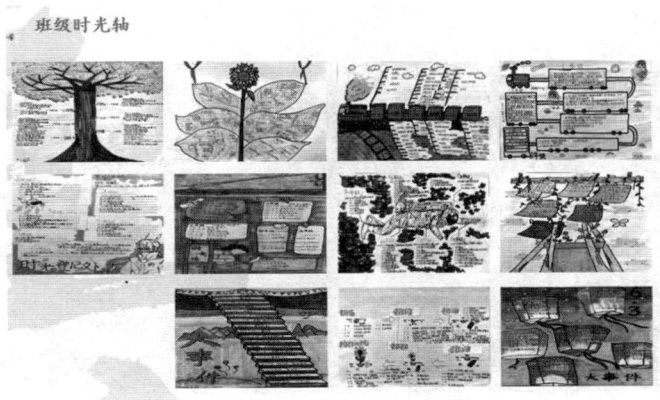

2. 个人时光轴

在编写个人时光轴的过程中，为确保资料分类的清晰与准确，可以选择编年体的方式编排，也可以选择栏目式的方式编排。

3. 手绘·时光印记

在编辑班级时光轴和个人时光轴的基础上，学生设计了"手绘·时光印记"活动，用手绘的形式记录成长的校园景致。学校是学生成长的乐园，每一寸土地都是幸福的土壤，挥汗如雨的操场、富有诗意的情缘廊、散发着油墨香的图书室、书声琅琅的教室，这一草一木、一砖一瓦，皆是一段段难忘的回忆。

4. 手写·校园小确幸

学生用图画加文字的形式记录生活场景,开展了"手写·校园小确幸"的活动,一段段故事种下了校园中长不大的记忆,留下了岁月中忘不掉的纯真。

(此案例由成都市东城根街小学贾欢欢、田小萌提供)

后 记

"指向以文化人的小学语文结构化教学"研究的阶段性研究成果之一《以文化人：语文结构化教学新思维》于 2025 年编写完成。回顾历程，既是挑战，亦是收获。

追溯缘起，自 2014 年起，研究团队就开始了小学语文结构化教学相关研究，随着《义务教育语文课程标准（2022 年版）》的颁布，再次明确了课题研究的核心为以素养培养为育人导向，以结构化教学为育人方式，方能实现小学语文以文化人的育人目的。在此过程中，研究团队历经"建构""实践""论证""反思""重构""打磨"如此反复的过程，最终获得了可喜的成果。"指向以文化人的小学语文结构化教学"课题获四川省课题阶段性成果评选一等奖；"指向结构化思维的群文阅读问题链设计与实践研究"获得成都市阶段性成果评审一等奖；"指向语文要素落地的课堂学习支架设计研究"等 5 项子课题在市级立项和获奖。

研究开展以来，课题成果通过多形式、多层次、跨区域进行推广，受益人数众多。以教材培训、主题交流、项目培训、课例研讨、课题指导等形式推广应用，示范操作。进行相关国培、省培、区域培训上百次，各级骨干教师、种子教师、语文教师等数万人通过线上讲座、线下培训等形式，参与学习和交流，促进了成果的落地。成果辐射广东、贵州、重庆、浙江等全国多省市，西昌、自贡、雅安、三州地区等省内 20 多个市区县，数十所学校。在成果应用中，数百名学生在各类比赛活动中获奖，在四川省爱国主义主题征文活动、创新作文大赛、读写诵经典比赛等活动中，上百名学生取得了优异的成绩。

怀揣着小语人"立德树人""为国育才"的初心使命，我们期望将历时 10 年的研究成果以书籍的形式进行固化，为广大一线小学语文教师提供切实可依的参考资源。

欣喜之余是感动。感动于一大批醉心小学语文教学研究的一线教师倾心付出，才有了这部 20 余万字智慧结晶的诞生。书稿的编写经过一次次"研讨"

"论证""打磨",最终在成都市青羊区小学语文界诸位同仁齐心协力下,主编率十余位编委合力完成了本书编写工作。

书稿统筹:王琪　刘文可

稿件审改:刘文虎

第一章:薛江屏　张娟　董晓红

第二章:刘欣仪

第三章:樊晓莉　廖洪英　米珈

第四章、第五章:马毅　张倩影

第六章:马佳

第七章:李世春　叶敏　纪彬　蒋毅

第八章:刘亚丽　李婧　刘宇　黄馨　黄莺

感谢编委会成员的辛勤付出,感谢每一位撰稿者的努力与智慧,正因如此,才有了以文化人的小学语文结构化教学研究理论与实践的深度结合,建构出不同教学样态下教材解读、教学设计与教学评价的结构化教学体系。

特别感谢成都市青羊区教育科学研究院领导对本书出版的关心与帮助。感谢成都市青羊区教育科学研究院邵开泽院长、叶剑副院长、王琪副院长、张航副院长对本书编写提供的指导和支持。还要感谢出版社的责任编辑,他们的专业精神与责任态度是本书能够顺利出版的重要保障。同时,本书选用了许多区域内外教师们的课例成果,以期交流互鉴,在此一并表达诚挚的谢意。

陶行知说:"教育是国家万年根本大计",教育兴则国家兴。盼望此书的出版能够给广大一线教师提供可参考、可借鉴的理论和实践指导,落实学生核心素养的培养,实现以文化人的育人目标。未来,作为青羊教育人,我们会依然不忘初心,坚定地坚持科研兴教,让每一位孩子做全面发展的新时代学子。

刘文虎

2025年2月